U0924922

主　　编　曹士兵　中国应用法学研究所所长
副 主 编　关　毅　国家法官学院科研部主任
　　　　　刘　畅　国家法官学院科研部副主任
主编助理　边疆戈　国家法官学院科研部编辑
　　　　　苏　烽　国家法官学院科研部编辑

《中国法院年度案例》编辑人员（按姓氏笔画）
边疆戈　朱建伟　刘　畅　关　毅　苏　烽
杨小利　罗胜华　赵丽敏　袁登明　唐世银
曹士兵　曹海荣　梁　欣　程　瑛　谭　红

本书编审人员　曹海荣

中国法院

2019年度案例

国家法官学院案例开发研究中心◎编

买卖合同纠纷

中国法制出版社
CHINA LEGAL PUBLISHING HOUSE

《中国法院年度案例》通讯编辑名单

凌　巍　北京市高级人民法院
刘晓虹　北京市高级人民法院
王　婧　天津市高级人民法院
陈希国　山东省高级人民法院
王　佳　河北省高级人民法院
郭宇凌　河南省高级人民法院
李　玮　内蒙古自治区高级人民法院
刘芳百　黑龙江省高级人民法院
刘洪颖　吉林省高级人民法院
周文政　辽宁省高级人民法院
牛晨光　上海市高级人民法院
马云跃　山西省高级人民法院
戴鲁霖　江苏省高级人民法院
张晓娟　江苏省高级人民法院
沈　杨　江苏省南通市中级人民法院
周耀明　江苏省无锡市中级人民法院
章光园　江西省高级人民法院
杨晓彤　湖北省宜昌市中级人民法院
唐　竞　湖南省高级人民法院
童飞霜　湖南省高级人民法院
吴　婧　安徽省高级人民法院
杨　治　浙江省高级人民法院
李相如　福建省高级人民法院
林文君　福建省高级人民法院
文靖之　广东省高级人民法院
陈熙禄　广西壮族自治区高级人民法院
唐　洁　广西壮族自治区高级人民法院
李周伟　海南省高级人民法院
杜玉兰　四川省高级人民法院
游中川　重庆市高级人民法院
杨新斌　陕西省高级人民法院
施辉法　贵州省贵阳市中级人民法院
郑天柱　云南省高级人民法院
饶　媛　云南省昆明市中级人民法院
石　燕　新疆维吾尔自治区高级人民法院
王　琼　新疆维吾尔自治区高级人民法院生产建设兵团分院
孙启英　青海省高级人民法院

序

法律的生命在于实施，而法律实施的核心在于法律的统一适用。《中国法院年度案例》丛书出版的价值追求，即公开精品案例，研究案例所体现的裁判方法和理念，提炼裁判规则，为司法统一贡献力量。

《中国法院年度案例》丛书，是国家法官学院于2012年开始编辑出版的一套大型案例丛书，之后每年年初定期出版，由国家法官学院案例开发研究中心具体承担编辑工作。此前，该中心坚持20余年连续不辍编辑出版了《中国审判案例要览》丛书近90卷，分中文版和英文版在海内外发行，颇有口碑，享有赞誉。现在编辑出版的《中国法院年度案例》丛书，旨在探索编辑案例的新方法、新模式，以弥补当前各种案例书的不足。该丛书2012～2018年已连续出版7套，一直受到读者的广泛好评，并迅速售罄。为更加全面地反映我国司法审判的发展进程，顺应审判实践发展的需要，响应读者需求，2014年度新增3个分册：金融纠纷、行政纠纷、刑事案例，2015年度将刑事案例调整为刑法总则案例、刑法分则案例2册，2016年度新增知识产权纠纷分册，2017年度新增执行案例分册，2018年将刑事案例扩充为4个分册。现国家法官学院案例开发研究中心及时编撰推出《中国法院2019年度案例》系列丛书，共23册。

总的说来，当前市面上的案例丛书百花齐放，既有判决书网，可以查询各地、各类的裁判文书，又有各种专门领域的案例汇编书籍，以及各种案例指导、案例参考等读物，十分活跃，也各具特色。而《中国法院年度案例》丛书则试图把案例书籍变得“好读有用”，故在编辑中坚持以下方法：一是高度提炼案例内容，控制案例篇幅，每个案例基本在3000字以内；二是突出争议焦点，剔除无效信息，尽可能在有限的篇幅内为读者提供有效、有益的信息；三是注重对案件裁判文书的再加工，大多数案例由案件的主审法官撰写“法官后语”，高度提炼、总结案例的指导价值。

同时，《中国法院年度案例》丛书还有以下特色：一是信息量大。国家法官学院案例开发研究中心每年从全国各地法院收集到的上一年度审结的典型案例超过10000件，使该丛书有广泛的选编基础，可提供给读者新近发生的全国各地的代表性案例。二是方便检索。为节约读者选取案例的时间，丛书分卷细化，每卷下还将案例主要根据案由分类编排，每个案例用一句话概括裁判规则、裁判思路或焦点问题作为主标题，让读者一目了然，迅速找到需求目标。

中国法制出版社始终全力支持《中国法院年度案例》的出版，给了作者和编辑们巨大的鼓励。2018年新推出数据库增值服务，2019年继续提供数据库增值服务并充实完善数据内容。购买本书，扫描前勒口二维码，即可在本年度免费查阅使用上一年度案例数据库。我们在此谨表谢忱，并希望通过共同努力，逐步完善，做得更好，真正探索出一条编辑案例书籍、挖掘案例价值的新路，更好地服务于学习、研究法律的读者，服务于社会，服务于国家的法治建设。

本丛书既可作为法官、检察官、律师等司法实务工作人员的办案参考和司法人员培训推荐教程，也是社会大众学法用法的极佳指导，亦是教学科研机构案例研究的精品素材。当然，案例作者和编辑在编写过程中也不能一步到位实现最初的编写愿望，可能会存在各种不足，甚至错误，欢迎读者批评指正，我们愿听取建议，并不断改进。

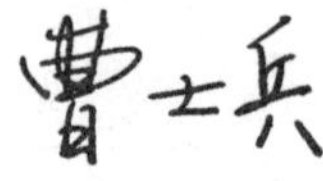

目　录

Contents

一、标的物质量

1. 包装引用《本草纲目》对食品原料医疗功效的记载不违反食品安全标准 …… 1
——胡某玲诉北京美廉特国际贸易有限公司买卖合同案

2. 标签瑕疵与食品安全 …… 5
——吴某澎诉锦江麦德龙现购自运有限公司、锦江麦德龙现购自运有限公司厦门湖里商场买卖合同案

3. 对商品包装标识存在瑕疵是否属于销售欺诈的认定 …… 9
——王某诉天津市人人乐商业有限公司、天津市人人乐商业有限公司西湖道购物广场买卖合同案

4. 经营者未告知车辆出厂前PDI信息是否构成欺诈 …… 12
——石某林诉北京奥祥瑞汽车销售服务有限公司买卖合同案

5. 平行进口车买卖中原产地认定的欺诈问题 …… 16
——游某容诉重庆爱尚汽车销售有限公司买卖合同案

6. 将展车作为新车出售的情形下举证责任如何分配 …… 19
——尚某领诉山东吉通汽车销售服务有限公司买卖合同案

7. 欺诈行为的认定 …… 24
——许某海诉厦门新成功路捷汽车有限公司、捷豹路虎（中国）投资有限公司买卖合同案

8. 特定时期的“千足金”检测为“足金”，不构成欺诈 …… 30
——刘某清诉北京翔福缘珠宝店买卖合同案

9. 知假买假中有关欺诈的认定 …… 34
——宋某诉北京城乡商业（集团）股份有限公司城乡华懋商厦买卖合同案

10. 网络电商平台商品销售价格欺诈行为的司法认定 …… 38
——古某诉北京某在线电子商务有限公司买卖合同案

11. 食品安全法第一百四十八条但书的理解与适用 …… 42
——金某然诉长沙众群食品贸易有限公司网络购物合同案

12. 进口商品未贴中文标签不适用“假一赔十”规定 …… 46
——田某诉四川广安思源酒店有限责任公司、四川艾威尔顿商贸有限公司买卖合同案

13. 买卖双方约定的质量检验期应在合理期限内 …… 49
——上海奥宁电子科技有限公司诉北京神州数码有限公司买卖合同案

14. 出卖人对保修期内的房屋质量问题负有修复义务 …… 53
——陈某妮诉武汉新世界康居发展有限公司买卖合同案

15. 产品责任纠纷中产品质量缺陷的认定不以鉴定为前提 …… 57
——张某英等诉苏州杰翔电动车有限公司、弘毅尚品（北京）经贸有限公司产品责任案

二、买卖合同的订立

16. 非要式情形下买卖关系成立的认定规则 …… 62
——三明市华鼎酒业有限公司大田分公司诉雷某荣买卖合同案

17. 买卖合同关系的合意 …… 65
——东阿县华通轴承配件有限公司诉楼某达买卖合同案

18. 网聊记录可以作为证据，但应当确定使用者身份且与其他证据形成证据链 …… 69
——张某诉王某菡买卖合同案

三、买卖合同的效力

19. 表见代理强调相对人主观上“善意无过失”的合理注意义务，该“过失”宜界定为“轻过失” …… 72
——昆明市盘龙区高明副食经营部诉昆明统一企业食品有限公司买卖合同案

20. 表见代理行为在司法实践中应如何判断与认定 …… 76
——云南富宝贸易有限公司诉云南远航建设工程集团有限公司等买卖合同案

21. 如何判断《对账单》上签字行为人是否构成表见代理 …… 80
——芦山县兴鑫建材厂诉四川莌星建筑工程有限公司买卖合同案

22. 行为人是否是本人公司员工并非构成表见代理的必要条件 …… 86
——厦门坤岩石业有限公司诉沈阳沈飞集团铝业幕墙工程有限公司买卖合同案

23. 工程合同中表见代理行为的认定 …… 91
——王某诉彭某栋等买卖合同案

24. 建设工程施工合同中实际施工人表见代理的认定 …… 95
——锡山区厚桥凯之盛建材经营部诉江苏顺通建设集团有限公司、张某生买卖合同案

25. 表意人多重身份下，“自己代理”行为的认定 …… 99
——江阴天马镍网有限公司诉孙某平等买卖合同案

26. 当事人约定不得起诉效力的认定 …… 102
——刘某磊诉刘某方买卖合同案

27. 二手车交易公司以格式条款免除车辆重要参数的如实告知义务应认定为无效 …… 106
——张某诉北京某旧机动车经纪有限公司买卖合同案

28. 分期付款协议与以物抵债协议同时存在时的效力认定 …… 110
——无锡市海绿石材经营部诉江苏龙升节能科技股份有限公司买卖合同案

29. 买卖、变相买卖小客车指标合同的效力认定及法律后果 …………………… 113
——王某锋诉王某磊买卖合同案

30. 人防车位买卖合同应为无效合同 …………………………………………… 116
——周某诉张某、济南泽源房地产经纪有限公司买卖合同案

31. 疑似诈骗的合同效力认定 …………………………………………………… 119
——上海证方国际贸易有限公司诉中能乾港（北京）实业有限公司、洛阳智凯集团有限公司买卖合同案

四、买卖合同的履行

32. 买卖合同付款条件成就的举证责任 ………………………………………… 123
——无锡市天成机电设备厂诉酒泉市博世秾种业有限公司买卖合同案

33. 买受人未在约定和法定期限内验收的不能以此为由拒付货款 …………… 126
——凯睿达粉体工程（上海）有限公司诉淄博岜山化纤材料有限公司买卖合同案

34. 卖方迟延交货时实际损失的认定与违约金调整的标准 …………………… 130
——北京杰必信科技发展有限责任公司诉绍兴上虞英达风机有限公司买卖合同案

35. 平行进口车辆卖方有特殊的交付单证义务 ………………………………… 133
——深圳市国兆投资发展有限公司诉深圳前海牧得隆平行进口商贸有限公司、甘肃华银远融贸易有限公司买卖合同案

36. 合同先履行方部分履行义务的，后履行方不得对已受领部分行使后履行抗辩权 ……………………………………………………………………… 137
——俊泰行（北京）通信技术有限公司诉上海甬丰电子设备有限公司买卖合同案

37. 供货方未开具发票的行为不影响对收货方延期支付货款的认定 ……… 141
——神华天泓贸易有限公司诉中建一局集团第三建筑有限公司买卖合同案

38. 不适用七天无理由退货的网络销售产品需有显著的确认程序且经消费者单次购买时确认 …… 146
——杨某诉北京苏宁云商销售有限公司买卖合同案

39. 代办托运合同的货物风险转移及责任承担 …… 150
——无锡大中旭装饰配套有限公司诉临沂东泰建筑陶瓷有限公司买卖合同案

40. 第三人代为履行和债务转移的区别 …… 154
——厦门杭叉叉车有限公司诉厦门市川闽物流代理有限公司买卖合同案

41. 返还货款不适用“接受货币一方”为合同履行地管辖 …… 158
——溧阳市天助环保能源设备有限公司诉济南龙腾新能源重型设备有限公司买卖合同案

42. 履行期间届满后达成的以物抵债协议是诺成性协议 …… 161
——滨海安华混凝土有限公司诉东台市东宇环保设备厂买卖合同案

43. 夫妻一方对外主动承担的债务是否能认定为夫妻共同债务 …… 164
——王某、祝某荣诉孙某等买卖合同案

44. 夫妻作为股东的公司债务责任承担的认定 …… 167
——广州市南沙区松岭管业制品厂诉柳州市渊博贸易有限公司等买卖合同案

45. 委托他人讨债是否受到法律保护 …… 170
——李某能诉韦某锋买卖合同案

46. 股东出资期限尚未届至情况下的责任承担 …… 173
——中山市胡氏蛋制品有限公司诉中山市小榄镇宝威食品有限公司等买卖合同案

47. 公司法人人格否认类案件的合并审理及举证规则 …… 176
——深圳市山富五金配件经营部诉深圳市鸿楷兴塑胶制品有限公司等买卖合同案

48. 公司滥用劳动关系中的优势地位要求员工为公司业务提供担保违背自愿原则，员工不承担保证责任 …… 181
——北京蓝天飞跃科技有限公司诉高某玉、藁城市第一水泥厂买卖合同案

49. 合同未约定付款期限时诉讼时效期间的起算 …… 185
——廊坊富鹏五金制品有限公司诉北京布莱迪自动化仪表有限责任公司买卖合同案

50. 高度可能性证明标准的适用 …… 188
——洪某发诉卢某华买卖合同案

51. 公平和诚实信用原则可作为分配举证责任的根据 …… 192
——黄某洪诉张某江买卖合同案

52. 举证责任倒置原则下被告不能提供相应证据的情况下以鉴定结论作为依据 …… 196
——赵某帮、司某强诉刘某国买卖合同案

五、买卖合同的变更、转让和终止

53. 公司注销后的债权债务处理 …… 201
——刘某恩、刘某华诉江西省上善若水投资发展有限公司等买卖合同案

54. 公司注销后遗留债权的认定与处理 …… 204
——郭某春、郭某满诉河南中博信息技术有限公司买卖合同案

55. 可否以默示意思表示来认定债权人同意债务转让 …… 208
——冯某焕诉陈某秋等买卖合同案

56. 涉嫌盗抢、诈骗的二手车买卖合同中买方享有法定解除权 …… 212
——常某伟诉北京子文政旧机动车经纪有限公司、北京市旧机动车交易市场有限公司买卖合同案

57. 债的加入与转让的区别及认定 …… 216
——福建圣力智能工业科技股份有限公司诉河南中成机电集团有限公司、中国机械工业建设集团有限公司买卖合同案

58. 违约方应对合同解除承担全部责任 …… 219
——翟某诉北京水之归处生物科技有限公司、张某买卖合同案

六、买卖合同的违约责任

59. 产品标签对消费者构成误导销售者应承担退款责任 …… 223
——宋某丽诉北京京客隆首超商业有限公司买卖合同案

60. 迟延支付购房款不必然导致买方根本违约 …… 227
——庄某花、徐某诉钟某青、倪某发房屋买卖合同案

61. 买卖合同中加价条款的约定可以认定为违约条款 …… 232
——北京鑫盛豪金属材料销售有限公司诉青海黄河有色金属有限公司、内蒙古鑫旺再生资源有限公司买卖合同案

62. 预期违约可期待利益损失的认定 …… 235
——广钢林德气体（广州）有限公司诉广东粤新海工科技有限公司买卖合同案

63. 约定违约金过高的认定 …… 238
——上海启润实业有限公司诉如皋奥尼斯特贵金属有限公司买卖合同案

64. 多项不同类型违约责任并存主张时的处理 …… 242
——华电（厦门）分布式能源有限公司诉格菱动力设备（中国）有限公司、中国工商银行股份有限公司靖江支行买卖合同案

65. 混合过错原则的认定与适用 …… 247
——厦门建发原材料贸易有限公司诉漳州市海新饲料有限公司买卖合同案

66. 符合诚实信用原则的救济途径更应被司法裁判确认 …… 254
——无锡市金珊瑚科技有限公司诉中国矿产有限责任公司无锡分公司、中国矿产有限责任公司买卖合同案

七、其他

67. 出借人仅提供账户供他人转账对损失无过错不承担民事责任 ……………… 258
——辽宁天龙实业集团有限公司诉江阴天海贸易有限公司、彭某伟买卖合同案

68. 符合买卖合同特性的网上“代购”双方之间不是委托代理关系 …………… 261
——朱某慧诉王某泉、王某冉买卖合同案

69. 买卖合同约定不明情况下交易习惯的认定与适用 ………………………… 265
——周某东诉北京冰城利轩铭餐饮管理有限公司买卖合同案

70. 关于网络交易平台披露经营者信息有效性的认定 ………………………… 268
——周某诉朱某龙、浙江淘宝网络有限公司买卖合同案

71. 居间合同与买卖合同的认定 ……………………………………………… 272
——李某忠诉厦门市翼晖新型建材有限公司买卖合同案

72. 以订立买卖合同的方式来担保借款之性质认定 …………………………… 275
——郑某平诉郑某忠、钟某英买卖合同案

73. 合伙解散时以合同形式进行清算的法律关系识别 ………………………… 281
——韦某谈等诉韦某见等买卖合同案

74. 自认规则中“书面材料”的认定 …………………………………………… 284
——大连升隆机械有限公司诉贵州常春机械设备有限公司买卖合同案

75. 网络购物纠纷案件的管辖法院 …………………………………………… 289
——陈某微诉北京宝瑞通典当行有限责任公司、浙江淘宝网络有限公司买卖合同案

一、标的物质量

1

包装引用《本草纲目》对食品原料医疗功效的记载不违反食品安全标准

——胡某玲诉北京美廉特国际贸易有限公司买卖合同案

【案件基本信息】

1. 裁判书字号

北京市第二中级人民法院（2017）京02民终2091号民事判决书

2. 案由：买卖合同纠纷

3. 当事人

原告（上诉人）：胡某玲

被告（被上诉人）：北京美廉特国际贸易有限公司（以下简称美廉特公司）

【基本案情】

2016年6月10日，胡某玲在美廉特公司经营的“芦城美廉特生活超市”购买了一桶多力一级浓香花生油5L装，单价为129.9元，美廉特公司赠送了多力黑芝麻糊一袋、多力一级浓香花生油400ml装一桶。涉案多力黑芝麻糊的包装上记载：“据《本草纲目》记载：‘芝麻久服，轻身不老。补中益气润养五脏，补肺气，细研涂发另长。”

胡某玲对商品质量无异议，但认为该处引用《本草纲目》的宣传违反食品安全标准，欺骗误导了消费者，故依据《中华人民共和国食品安全法》第一百四十八条提起诉讼，诉讼请求为：1. 美廉特公司退还货款129.9元，胡某玲退还美廉特公司货物；2. 美廉特公司支付十倍赔偿金1299元。

美廉特公司辩称，胡某玲购买的是花生油，所支付的129.9元是花生油的价款，而诉争的是美廉特公司赠送的黑芝麻糊。赠品没有价款的概念，胡某玲主张的价款及十倍赔偿与黑芝麻糊没有任何关系。摘录《本草纲目》的引用语，是在客观描述原料（黑芝麻）特性的同时以原文复制的形式进行相关科学知识的宣传，并未含有虚假内容及涉及疾病预防及治疗功能，根本没有说黑芝麻糊产品有此功能。《本草纲目》是收录草本植物等资讯的历史巨著，而黑芝麻属于草本植物及药食同源的原料，选用《本草纲目》摘抄也是合情合理。美廉特公司提交了生产企业的营业执照、生产许可证、检验报告，证明涉案商品符合食品安全标准。

【案件焦点】

1. 美廉特公司赠送的多力黑芝麻糊是否符合食品安全标准；2. 美廉特公司是否应据此退货退款并赔偿十倍货款。

【法院裁判要旨】

北京市大兴区人民法院经审理认为：胡某玲从美廉特公司经营的超市购买了商品，双方成立事实上的买卖合同关系，应为合法有效。关于美廉特公司赠送的多力黑芝麻糊是否符合食品安全标准，根据《中华人民共和国食品安全法》第七十一条的规定："食品和食品添加剂的标签、说明书，不得含有虚假内容，不得涉及疾病预防、治疗功能。"食品安全国家标准《预包装食品标签通则》第3.6条也规定："不应标注或者暗示具有预防、治疗疾病作用的内容，非保健食品不得明示或者暗示具有保健作用。"而本案多力黑芝麻糊包装上系引用《本草纲目》中关于芝麻的记载，并不属于暗示涉案食品具有预防、治疗疾病作用的内容，也符合《中华人民共和国广告法》第十一条第二款的规定："广告使用数据、统计资料、调查结果、文摘、引用语等引证内容的，应当真实、准确，并表明出处。引证内容有适用范围和有效期限的，应当明确表示。"因此，根据《中华人民共和国食品安全法》第一百四十八条第二款的规定："生产不符合食品安全标准的食品或者经营明知是不符合食品安全标准的食品，消费者除要求赔偿损失外，还可以向生产者或者经营者要求支付价款十倍或者损失三倍的赔偿金；增加赔偿的金额不足一千元的，为一千元。但是，食品的标签、说明书存在不影响食品安全且不会对消费者造成误导的瑕疵的除外。”涉案黑芝麻糊不存在胡某玲所述的不符合食品安全标准的情形，故对胡某玲要求退货、退款、十倍赔偿的诉讼请求，本院不予支持。

综上，北京市大兴区人民法院依照《中华人民共和国食品安全法》第七十一条、第一百四十八条之规定，判决如下：

驳回原告胡某玲的全部诉讼请求。

胡某玲不服原审判决，提起上诉。北京市第二中级人民法院经审理认为：依法成立并生效的合同，当事人应当诚信履行。根据民事诉讼法相关规定，当事人对其所主张的请求应承担相应的举证责任。胡某玲上诉称，美廉特公司赠送的多力黑芝麻糊存在违法宣传功效，误导消费之情形，但美廉特公司在食品外包装上系客观引用了《本草纲目》对于芝麻的描述，适当标注了适用范围，胡某玲该项上诉主张缺乏事实与法律依据，本院不予支持。胡某玲又上诉称，美廉特公司销售产品时存在强制交易之情形，但其未提交充分证据予以证明，本院亦不予支持。

综上所述，胡某玲的上诉请求不能成立，应予驳回；一审判决认定事实清楚，适用法律正确，应予维持。北京市第二中级人民法院依照《中华人民共和国民事诉讼法》第一百七十条第一款第一项规定，判决如下：

驳回上诉，维持原判。

【法官后语】

本案的争议焦点和涉及的法律问题为：第一，经营者对赠品的瑕疵担保责任，即如果赠品不符合食品安全标准，经营者是否承担对整个商品退货、退款、十倍赔偿的法律责任；第二，包装上引用《本草纲目》中关于芝麻医疗功效的记载，是否符合食品安全标准。

一、经营者对赠品的瑕疵担保责任

经营者通常会采取以奖励、赠与等促销形式向消费者作出赠送其他商品或服务的允诺。根据《合同法》第一百九十一条的规定：“赠与的财产有瑕疵的，赠与人不承担责任。”那么，当赠品出现不符合食品安全标准的情形，经营者是否可以免除法律责任？我们认为，经营者对赠品也应当承担瑕疵担保责任。因为消费附赠行为与合同法上的一般赠与并不相同，赠品虽然在购买时并未记载价格，但它本身是有市场价格也是有价值的，并不是经营者无偿、无条件的赠与。经营者通常是把赠品的价款或赠送服务的费用计入其成本之中，通过赠品实现增加交易量、提高收益等目的，可以说，赠品实际上是商品的一部分。赠品通常会影响消费者购买商品或接受服务的决定，消费附赠行为不是独立于买卖行为而存在，经营者不能按照一般赠与合同的规定在财产的权利转移之前随意撤销赠与，否则对消费者不公平，所以经营者对其提供的赠品应与其提供的商品或者服务一样承担民事责任。如果赠品不符合食品安全标准，经营者应当按照《食品安全法》的规定对整个商品承担退货、退款、惩罚性赔偿的法律责任。

二、包装引用《本草纲目》关于芝麻医疗功效的记载是否符合食品安全标准

《本草纲目》是我国明代李时珍撰写的著名医药学著作，主要介绍历代诸家本草及中药基本理论等内容。黑芝麻属于草本植物，也是药食同源的原料，《本草纲目》中的确记载了关于黑芝麻“芝麻久服，轻身不老。补中益气润养五脏，补肺气，细研涂发另长”这种描述医疗功效的文字。我国卫生部公布的《关于进一步规范保健食品原料管理的通知》也将黑芝麻纳入既是食品又是药品的物品名单，说明黑芝麻的确是国家行政部门认可的药食同源物质。但即使是食药同源的物质，也不得在食品包装上宣传其医疗保健功效，因为根据《食品安全法》第七十一条规定，“食品和食品添加剂的标签、说明书，不得含有虚假内容，不得涉及疾病预防、治疗功能。”《预包装食品标签通则》第3.6条也规定：“不应标注或者暗示具有预防、治疗疾病作用的内容，非保健食品不得明示或者暗示具有保健作用。”因此，在食品包装上宣传食品具有医疗、保健功效是违反食品安全标准的，应适用《食品安全法》第一百四十八条所规定的惩罚性赔偿。但本案中，涉案黑芝麻糊是在包装适当位置通过原文复制的形式，客观摘抄了《本草纲目》中的描述，并没有关联涉案食品黑芝麻糊本身的其他语句。根据《广告法》第十一条第二款的规定：“广告使用数据、统计资料、调查结果、文摘、引用语等引证内容的，应当真实、准确，并表明出处。引证内容有适用范围和有效期限的，应当明确表示。”因此，本案引述《本草纲目》中关于芝麻医疗功效的记载真实、准确，并标明了出处。这样的引用说明黑芝麻食药同源的特性，并不会对消费者造成涉案食品黑芝麻糊具有医疗功效的误导，因此，涉案食品不属于违反食品安全标准，经营者也无须承担退货退款和十倍赔偿的责任。

编写人：北京市大兴区人民法院　蒋怡琴

2

标签瑕疵与食品安全

——吴某澎诉锦江麦德龙现购自运有限公司、锦江麦德龙现购自运有限公司厦门湖里商场买卖合同案

【案件基本信息】

1. 裁判书字号

福建省厦门市中级人民法院（2017）闽02民终3627号民事判决书

2. 案由：买卖合同纠纷

3. 当事人

原告（上诉人）：吴某澎

被告（被上诉人）：锦江麦德龙现购自运有限公司（以下简称麦德龙公司）、锦江麦德龙现购自运有限公司厦门湖里商场（以下简称麦德龙公司湖里商场）

【基本案情】

2016年9月22日，原告分三次向被告麦德龙公司湖里商场购买多力牌橄榄葵花油（5L）共93瓶，并支付货款11904元。该多力牌橄榄葵花食用调和油的瓶盖及提手部位为绿色；标签以黄、绿两种颜色作为主色调，分左、中、右三部分。标签中部显示如下：底色为绿色，最上部分标注红色的多力品牌的注册图案，居中以黄色字体显示“橄榄葵花食用调和油”字样，该字样下部标注有黄色的“精选多力葵花籽油与特级初榨橄榄油”字样，其中“特级初榨橄榄油”字样另列一行，正面右下角则印制橄榄果实图案。标签左部显示：底色为绿色，文字标明配料为葵花籽油、特级初榨橄榄油，并标明了产品规格、保质期、产品标准号、生产日期批号、贮存条件、生产企业及其食品生产许可证号、受委托生产企业及其食品生产许可证号等信息。标签右部底色是黄色葵花图案，并有营养成分表及“同时享有橄榄油与葵花籽油两种好油，特别适合煎、炒、煮、炸、凉拌等中式烹饪！”字样。

【案件焦点】

1. 本案讼争商品是否存在标签瑕疵；2. 标签瑕疵是否影响食品安全。

【法院裁判要旨】

福建省厦门市湖里区人民法院经审理认为：原告吴某澎因生活消费需要向被告麦德龙公司湖里商场购买产品，双方形成买卖关系。《中华人民共和国食品安全法》第六十七条第三款规定："食品安全国家标准对标签标注事项另有规定的，从其规定。"GB7718—2011 食品安全国家标准《预包装食品标签通则》第 4.1.4.1 条规定："如果在食品标签或食品说明书中特别强调添加了或者含有一种或多种有价值、有特性的配料或成分，应标示所强调配料或成分的添加量或在成品中的含量。"本案讼争的产品多力橄榄葵花调和油，属于预包装产品，应符合 GB7718—2011 食品安全国家标准《预包装食品标签通则》中有关标签的规定。本案中，多力橄榄葵花油标签的大部分底色为橄榄绿颜色、在标签的中部有醒目的"橄榄葵花"字样，在标签中部下方"特级初榨橄榄油"字样单独另起一行，正面印制橄榄果实图案等，可以认定本案讼争的多力橄榄葵花调和油以图形、文字、文字说明的方式突出显示了"橄榄"，强调了该调和油添加了橄榄油。因橄榄油的市场价格和营养价值均高于普通的葵花籽油，故可以认定橄榄油在该食用调和油中是一种有价值、有特性的配料。因此，按 GB7718－2011 食品安全国家标准《预包装食品标签通则》第 4.1.4.1 条的规定，涉案的橄榄葵花调和油未标示橄榄油的添加量，违反了食品安全的标签标准，存在瑕疵。《中华人民共和国食品安全法》第一百四十八条第二款规定："生产不符合食品安全标准的食品或者经营明知是不符合食品安全标准的食品，消费者除要求赔偿损失外，还可以向生产者或者经营者要求支付价款十倍或者损失三倍的赔偿金；增加赔偿的金额不足一千元的，为一千元。但是，食品的标签、说明书存在不影响食品安全且不会对消费者造成误导的瑕疵的除外。"同时，食品安全法还规定："食品安全，指食品无毒、无害，符合应当有的营养要求，对人体健康不造成任何急性、亚急性或者慢性危害。"本案中，讼争产品的标签未标注橄榄油含量显然不会影响食品安全。结合"橄榄葵花调和油"的表述、橄榄油价值明显高于葵花籽油的常识、5L 装的调和油的单价为 128 元，普通的消费者均可以判断该调和油并非以橄榄油为主要成分或重要成分，也就是说本案讼争产品的标签瑕疵不会对消费者造成误导。综上，本案中的食品标签之存在不影响食品安全且不会对消费者造成误导，原告主张两被告应按《中华人民共和国食品安全法》第一百四十八条的规定退还货款 11904 元并十倍赔偿货款 119040 元，没有依据，本院不予支持。故判决：

驳回原告吴某澎的诉讼请求。

吴某澎不服原判决，提起上诉。福建省厦门市中级人民法院经审理认为：首先，涉案产品作为食用调和油，由葵花籽油和橄榄油两种原料油调制而成。橄榄油作为食用油的一种，吴某澎未能举证证明橄榄油是有别于其他普通植物油，属于有价值、有特性的配料，麦德龙公司、麦德龙公司湖里商场认为涉案产品的标识没有标明橄榄油具体含量不属于法律、行政法规或行业规范中应当强制标明添加量的范围，本院予以采信。其次，从涉案产品外包装的文字内容分析，该产品已经以明显较大的字体告知消费者其为“橄榄葵花食用调和油”。其中“橄榄”和“葵花”的字体相同，在其下方较小字体的“精选多力葵花籽油与特级初榨橄榄油”中“多力葵花籽油”与“特级初榨橄榄油”的字体亦相同。可见涉案产品标识的文字部分并未特别强调是“橄榄油”。该产品的图形部分，不仅有“橄榄”，而且还画了“葵花籽”，“葵花籽”和“橄榄”的比例分配相当，亦未特别突出“橄榄”的图形。吴某澎主张涉案产品的标签、说明及外包装已构成对消费者的误导，依据不足，本院不予采信。最后，根据“谁主张，谁举证”的法律规则。吴某澎主张涉案产品可能存在配比不科学而产生危害人体健康的后果，吴某澎应承担举证责任。目前，国家未对食用调和油的配比作出强制性规定，吴某澎亦未能举证证明涉案产品的品质存在安全和调配不当的问题，吴某澎的上述主张，缺乏事实和法律依据，本院不予支持。吴某澎要求麦德龙公司、麦德龙公司湖里商场退还货款并予以十倍赔偿的诉讼请求，不能成立。故判决：

驳回上诉，维持原判。

【法官后语】

《食品安全法》规定：“生产不符合食品安全标准的食品或者经营明知是不符合食品安全标准的食品，消费者除要求赔偿损失外，还可以向生产者或者经营者要求支付价款十倍或者损失三倍的赔偿金；增加赔偿的金额不足一千元的，为一千元。但是，食品的标签、说明书存在不影响食品安全且不会对消费者造成误导的瑕疵的除外。”

本案中，双方争议的核心问题之一就是讼争产品的标签是否存在瑕疵。多力橄榄葵花油标签的大部分底色为橄榄绿颜色，在标签的中部有醒目的“橄榄葵花”字样，在标签中部下方“特级初榨橄榄油”字样单独另起一行；正面印制橄榄果实图案等，可以认定本案讼争的多力橄榄葵花调和油以图形、文字、文字说明的方式突出显示了“橄榄”，强调了该调和油添加了橄榄油。因二审认定橄榄油相对其他植物油并非有价值、有特性的配料，故无须在标签中予以特别标示含量，即本案讼争产品的标签不存在瑕疵。

实践中，食品标签瑕疵是否会导致生产者或者经营者承担价款十倍赔偿或者损失三倍赔偿。判法不一，有的将食品标签瑕疵问题等同于食品安全问题，作出有利于消费者或职业打假人利益的判决。笔者认为根据食品安全法，符合以下四个条件的标签违法事项可以认定为标签存在瑕疵，但不会导致生产者或者经营者承担价款十倍赔偿或者损失三倍赔偿。

首先，标签的瑕疵不影响食品安全。食品安全指食品无毒、无害，符合应当有的营养要求，对人体健康不造成任何急性、亚急性或者慢性危害。

其次，瑕疵标签产品的生产者对食品的名称、规格、净含量、生产日期、成分或配料等核心信息不符合标准不存在主观故意。

再次，标签瑕疵不会对消费者造成误导。也就是说，标签瑕疵不会让消费者对食品的性能、功能、产地、规格、成分、生产者、有效期、销售状况、价格、所获荣誉等重要信息产生误解，不会对购买行为有实质性影响。

最后，实际上未发生因标签存在问题而导致的不良反应。

但需要特别强调指出的是，标签瑕疵是违法行为，监管部门有权要求企业改正，拒不改正的，可进行处罚。只不过按过罚相当的原则，标签存在特定瑕疵不需承担价款十倍赔偿或者损失三倍赔偿的责任。

编写人：福建省厦门市湖里区人民法院　陈惠清

3

对商品包装标识存在瑕疵是否属于销售欺诈的认定

——王某诉天津市人人乐商业有限公司、天津市人人乐商业有限公司西湖道购物广场买卖合同案

【案件基本信息】

1. 裁判书字号

天津市南开区人民法院（2017）津010民初4787号民事判决书

2. 案由：买卖合同纠纷

3. 当事人：

原告：王某

被告：天津市人人乐商业有限公司（以下简称人人乐公司）、天津市人人乐商业有限公司西湖道购物广场（以下简称人人乐西湖道店）

【基本案情】

2017年2月28日，原告王某在被告人人乐公司下属公司人人乐西湖道店购买“飘柔杏仁长效柔顺滋养洗发露400mL”1瓶，并通过案外人王某明的支付宝支付该商品货款18.49元。涉诉商品包装正面“长效柔顺滋养洗发露”上方标注白色“杏仁”二字，并配有扁桃仁图片，涉诉商品背面在成分一栏载明“甜扁桃油”，并写明“配方特含杏仁提取成分#”，“#注：甜扁桃油”，上述对于当事人没有争议的事实，本院予以确认。庭审中，原告提交关于“杏仁”“扁桃”的行业标准及（2017）津0116民初22578号判决书、（2017）津0113民初1994号判决书、（2017）津0116民初25975号判决书、（2014）一中民四终字第947号判决书，证明“扁桃仁”与“杏仁”系两种不同植物具有不同功效。二被告对原告上述证据的真实性予以认可，但认为本案涉诉商品非食品，行业标准不具有关联性，四份判决书亦同本案无关。二被告则提交国家食品药品监督管理总局已使用化妆品原料名称目录节选，证明

“ALMOND”可以翻译成“杏仁”“扁桃”，《中国在线植物志》《中国食疗本草》《互助百科》的网络截图证明“扁桃”存在“八旦杏”“巴旦杏”“巴达杏仁”“甜杏仁”等别称及涉诉产品质量检验报告，原告对涉诉商品质量检验结果不存在异议，但对其余证据均不予认可。

【案件焦点】

被告的销售行为是否构成欺诈。

【法院裁判要旨】

天津市南开区人民法院经审理认为：欺诈行为系一方当事人故意告知对方虚假情况，或者故意隐瞒真实情况，诱使对方当事人作出错误意思表示的行为。本案中，双方争议焦点为：二被告出售正面包装标有“杏仁”，背面成分载明“甜扁桃油”的“飘柔杏仁长效柔顺滋养洗发露400mL”商品是否存在销售欺诈行为。对于该争议焦点，本院进行如下阐述：

首先，涉诉商品系正规企业生产，产品质量并无其他问题，其在商品包装正面标注白色“杏仁”二字，配有大幅“扁桃仁”图片，背面载明“配方特含杏仁提取成分#”，成分表载明包含“甜扁桃油”，且在特别标注“#注：甜扁桃油”。因此，并不能认定其存在故意隐瞒商品真实情况的行为。涉诉商品企业在包装上标注“杏仁”，并非故意告知对方虚假情况，而是在包装标识上指代笼统，存在瑕疵。

其次，本案原告购买的系日化用品，并非食品，不具有食品药品的特殊性。一般消费者在购买洗发水时除清洁外更注重产品使用的不同功效，如滋养、去屑、防脱等。而“甜扁桃油”与“杏仁油”均含有维生素E，二者在滋养头发的功效上是否存在较大差异，因原告在购买商品后并未使用，亦未向本院提交购买含“甜扁桃油”洗发水与含“杏仁油”洗发水功效存在显著差异的相应证据，故不能认定原告基于商品包装标识作出了错误意思表示。

最后，本案原告购买商品系用案外人王某明支付宝支付款项，其提交（2014）一中民四终字第947号判决书亦为案外人王某明就食品类成分标识问题进行的胜诉判决，其他判决亦为同类产品判决。现原告又以此为依据购买商品，显然对产品标识问题存在“明知”，且本案原告在本院及其他法院多次与各大型超市进行买卖合同诉讼，要求惩罚性赔偿，显然存在获利意图，有违诚实信用的交易原则。

综上所述，二被告并不存在销售欺诈的行为，原告基于此请求退货，并无事实依据，本院对此不予支持。对于原告惩罚性赔偿的诉讼请求，没有法律依据，本院不予支持。

一审天津市南开区人民法院依据《中华人民共和国民法通则》第四条、第七条，《最高人民法院关于贯彻执行〈中华人民共和国民法通则〉若干问题的意见（试行）》第六十八条的规定，判决如下：

驳回原告王某的诉讼请求。

二审中，上诉人王某向二审法院申请撤回上诉。现一审判决也已生效。

【法官后语】

随着社会分工的极度细化，鸡犬相闻、自给自足的生活方式早已不复存在，没有任何一个人的生活可以游离于商品交换体系之外，商品交换成为人们赖以生存的必需。如果任由商品的生产者、销售者利用自身优势以欺诈等不道德的方法获取不当利益，那么健康的经济秩序将荡然无存，经济社会的信赖基础也将土崩瓦解，人人都会沦为受害者。因此，如何保护消费者的合法权益、维护健康的社会经济秩序成为立法者必须要解决的课题。

笔者认为刚性的惩罚性赔偿是《消费者权益保护法》立法中一个值得商榷的地方。在食药领域安全问题频发、民意汹涌的背景下，立法者将剥夺奸商不法获利、加重其违法成本作为目标固无可非议，然而让消费者在消费过程中有可能得到远超预期的合法收益则势必会让某些消费者完全放弃交易的初衷转而以逐利为目的进行"消费"，以惩罚性赔偿来还利于消费者的规定看似一举两得，实则将出现本末倒置、偏离立法初衷的不利后果。《消费者权益保护法》在惩戒不法企业"唯利是图"一面的同时，却忽视人类天性中贪婪的一面，反而以国家意志的方式激发了某些消费者"以此为业"的决心。立法者对于人性的怀疑似乎仅仅及于提供商品或服务的一方，完全忽略了在设计法律制度时，应将每一个人的劣性考虑其中。

针对爆发式的消费者维权案件以及层出不穷的新类型问题，各地各级司法机关也从最初的机械化处理转为理智、客观的审视理解立法意图，然而囿于刚性规定的制约，此类案件往往陷入非黑即白的尴尬境地，对于某些显然违反诚信原则的维权案件，司法机关只能采取缩小解释或加大一方举证责任的方式予以驳回。这样的做法一方面在各审级、各地区之间造成尺度不一、各说各话、类案不同判的现象，严重损害了司法的权威性。另一方面部分案件作为被告的生产者或销售者在提供产品和服务的过程中确实存在瑕疵，虽罪不至死亦当担责，而司法机关对赔偿标准却无任何裁量余地，无论如何裁判，实际上都是对健康经济秩序的一种伤害。个人认为，对消费者的损失采取填平原则并对相对方采取弹性惩罚、赋予司法机关在赔偿额度上的一个裁量权，能够很好地弥补上述缺陷。

需要说明的是，消费者交易的目的是通过购买商品或服务满足自身的生活需要。如果这个目的被异化，则势必对生产领域和市场经济的正常运行造成巨大的冲击从而增大商品、服务的交易成本，最终将损害消费者的利益。就是基于此种思想，本案中案件承办人以《民法通则》的诚实信用原则为指引，对涉案商品标识的合规性及对公众认知的影响性进行了充分论证，最终对原告以牟利为目的的消费行为作出了否定性评价。最高法院近期的一系列批复、表态中也体现了此种倾向。司法机关在审理消费者维权案件中所展现出来的理性思维对维护健康的经济秩序、充分体现立法意图具有深远的意义。

编写人：天津市南开区人民法院　王娜

4

经营者未告知车辆出厂前PDI信息是否构成欺诈

——石某林诉北京奥祥瑞汽车销售服务有限公司买卖合同案

【案件基本信息】

1. 裁判书字号

北京市朝阳区人民法院（2016）京0105民初29497号民事判决书

2. 案由：买卖合同纠纷

3. 当事人

原告：石某林

被告：北京奥祥瑞汽车销售服务有限公司

【基本案情】

2016年2月22日，原告在被告处购买多用途乘用车一辆。原告花费购车款109800元、车辆购置税9400元、综合险保险费4858.2元、机动车交通事故责任强制保险费及临时牌照费共968元、车船税440元。原告主张其支出上牌服务费3000元。涉案车辆生产厂家为北汽（广州）汽车有限公司。2016年1月13日，车辆取得《车辆合格证》。2016年1月23日被告在接收车辆时进行了PDI检测，并制作了《经销商接车PDI表》。被告称原告购车前对车辆外观进行了检查并签署了《购车服务费用明细表》和《新车售前检查表》，原告称其没有该两份文件，被告认可其中的客户签字并非原告本人所签，是二网销售人员代签的，是经销商销售车辆的一个格式文本。原告购买后发现车辆存在问题，主要包括后杠色差明显，车后方右下部装饰板有喷漆打蜡的残留物，后备箱盖打开后左右两边螺丝钉有动过的痕迹。被告提交2015年11月13日《问题车辆返厂单》称车辆在厂家进行了PDI检测，并发现车辆具有如下问题：1. 左前门密封条产品不良（发墓）；2. 左、右AB灯间隙、段差；3. 左、右后杠靠近A灯下方划伤；4. 右前大灯与机色段差；5. 左、右牌照板与B灯间隙。车辆出厂前，对上述问题进行过修复。原告称其购买的是新车，如果有维修被告应该向其告知，原告认为被告行为存在欺诈，故依法起诉要求解除原告、被告之间的汽车买卖合同；被告退还购车款109800元，赔偿购车过程中发生的费用损失18666.2元；按购车价款的三倍赔偿原告损失329400元。被告不同意原告的全部诉讼请求。

【案件焦点】

1. 侵害消费者知情权与欺诈消费者的关系界定；2. 经销商未将车辆PDI检查事项告知消费者的行为，是否侵害了消费者的知情权，是否构成欺诈。

【法院裁判要旨】

北京市朝阳区人民法院经审理认为：本案中，涉案车辆在出厂前进行PDI检测时虽发现了部分问题，但该PDI检测符合该车生产的行业惯例，其目的是确保该车产品的安全性能，且由生产厂家进行维修后，涉案车辆取得合格证，被告基于对该合格证的信赖而收取车辆。为确保交付给消费者的新车的安全性，被告作为销售者对涉案车辆又进行了PDI检测，且检测结果为合格。基于以上情况，被告作为经销商，其有理由相信其销售的涉案车辆为合格产品，不存在向原告故意告知虚假情况或故意隐瞒真实情况的主观故意或过失，因此被告行为不构成欺诈。关于原告以被告欺诈为由要求被告支付购车款三倍赔偿金的诉讼请求，无事实和法律依据，本院不予支持。

PDI检测虽属行业惯例，但对于检测中发现的问题如何处理，是否应告知消费者，现行法律、法规没有明文规定，亦无成文的国家标准或行业标准予以规范。本院认为，PDI检测情况是否应告知消费者，应根据PDI检测的结果是否合格、PDI检测的问题是否影响车辆性能及使用功能，并进而影响消费者的购买选择来确定。本案中，在从厂家接收车辆时该车辆具有合格证，且被告进行PDI检测时该结果为合格，但被告在销售涉案车辆时是否知晓出厂前PDI检测情况存疑。即使被告知晓涉案车辆出厂前由厂家进行PDI检测的情况，从本案查明情况看，第一次PDI检测出的问题系车辆出厂前的一些细小瑕疵，上述瑕疵对车辆性能及使用功能并无明显影响，且均已由厂家在出厂前进行返修并确认合格。从一般消费者的认知能力和消费心理，被告未向原告告知上述情况，也不构成对原告知情权的损害。综上，本院认为被告并未侵犯原告的知情权。

原告以被告侵犯其知情权、构成欺诈为由，要求解除原、被告之间的汽车买卖合同并要求被告返还购车款，无事实和法律依据，而被告亦不同意，故本院均不予支持。关于原告主张被告赔偿损失的诉讼请求，结合本案已查明的事实，被告提交的2016年2月22日《购车服务费用明细表》《新车售前检查表》并非原告本人签字，原告称没有见过这两份文件，被告认可该两份文件系根据生产商要求制定，本院认为这两份文件虽不影响原告在购买涉案车辆时对车辆进行外观检查，但被告允许他人代签的行为，存在履行瑕疵，本院据此酌定被告赔偿原告10000元，但上述履行瑕疵并不构成根本违约，不影响合同的继续履行，不构成合同解除的法定事由。

综上，北京市朝阳区人民法院依照《中华人民共和国消费者权益保护法》第八条，《最高人民法院关于贯彻执行〈中华人民共和国民法通则〉若干问题的意见（试行）》第六十八条，《中华人民共和国合同法》第一百零七条之规定，判决如下：

一、被告北京奥祥瑞汽车销售服务有限公司于本判决生效之日起七日内赔偿原告石某林一万元；

二、驳回原告石某林的其他诉讼请求。

判决后，双方均未提出上诉。

【法官后语】

本案中主要涉及的问题有二：一是侵害消费者知情权与欺诈消费者的关系界定；二是经销商未将车辆PDI检查事项告知消费者的行为，是否侵害了消费者的知情权，是否构成欺诈。

一、关于侵害消费者知情权与欺诈消费者的界定

认定侵犯消费者知情权，首先要明确消费者知情权的范围和内容，《消费者权益保护法》第八条是对消费者知情权的规定。根据该条款，凡是消费者在选购、使用商品或者接受服务过程中与正确的判断、选择、使用等有直接联系的信息，消费者都应有权了解。然而，该条款未对侵害消费者知情权的后果进行直接规定，故侵害消费者知情权不是一项独立的请求权基础。经营者侵犯消费者包括知情权在内的权益，有时同时侵犯了法律保护的多种多层社会关系，有时是交叉的，有时是重合的，有它的复杂性。一般情况下是消费者知情权先受到侵害，再引起《消费者权益保护法》规定的其他侵权后果，可以是要求赔偿，也有可能构成欺诈。侵害消费者知情权不必然导致欺诈消费者，但欺诈必然侵害消费者知情权。《消费者权益保护法》第五十五条规定了欺诈行为的惩罚性赔偿。其中欺诈行为的认定应同时满足民法上关于欺诈构成要件的认定。

二、经销商未将PDI检查事项告知消费者的行为，是否侵害了消费者的知情权，是否构成欺诈

PDI是新车售前检查，属于汽车行业惯例。未告知消费者PDI检查事项是否构成欺诈，根据一般消费者的认知能力、消费心理以及相关PDI操作是否影响消费者的购买选择，并结合经营者是否具有欺诈的主观故意等要素进行综合判断，在司法实践中具有合理性。首先，惩罚性赔偿的立法初衷是为了保护消费者，惩罚性赔偿的适用范围应当严格界定，惩罚性赔偿是民法中最高的赔偿责任形式，不应该滥用。其次，由于汽车属于比较复杂的商品，涉及大量的专业知识、消费者对相关领域的知识知之甚少，在经营者和销售者之间存在信息不对称。《消费者权益保护法》第二十三条将原本应该由消费者承担的对商品瑕疵的举证责任分配给经营者承担。本案中，经销商提交证据证明其销售的涉案车辆具备合格证，且经销商的PDI检测

结果为合格，同时提交证据证明原告主张的外观瑕疵系在出厂前修复所致，经销商完成了关于商品瑕疵的举证责任。最后，司法实践中注重考查个案中所主张的“欺诈行为”与消费者意思表示之间的因果关系，因此有必要审查消费者是否因其了解的有限信息而做出错误的判断。本案中，车辆问题为外观有部分瑕疵且经过了出厂前的修复，对车辆外观瑕疵的修复并不影响车辆行驶的主要功能，原告购买时对车辆进行了外观检查，结合原告的自身认知和消费心理，该出厂前PDI操作不必然会影响原告的购买选择。

编写人：北京市朝阳区人民法院　毕晓宇

5

平行进口车买卖中原产地认定的欺诈问题

——游某容诉重庆爱尚汽车销售有限公司买卖合同案

【案件基本信息】

1. 裁判书字号

重庆市第一中级人民法院（2017）一中民终字第5636号民事判决书

2. 案由：买卖合同纠纷

3. 当事人

原告（被上诉人）：游某容

被告（上诉人）：重庆爱尚汽车销售有限公司（以下简称爱尚公司）

【基本案情】

2014年4月3日，游某容为乙方，爱尚公司为甲方，签订了一份由爱尚公司提供的《重庆爱尚汽车销售有限公司代理购车合同》，主要约定：甲方与乙方订立代理购车合同协议，车名及车型玛莎拉蒂，原产地意大利，酒红/粉，数量1台，单车价及总价130万元；乙方于本协议签订时支付车款中的5万元作为定金，同时该协议生效，余款125万元于甲方通知提车前二个工作日内一次性付清；车到三日内，交货地点爱尚展厅，商品的外观质量和随车附件，如碰伤、缺损等，由乙方验收时当场提出，甲方负责索赔。合同签订当天，游某容交付了定金5万元。2014年5月6日，游某容又支付379521元，剩余购车款104万元系银行按揭贷款支付，游某容合计向爱尚公司支付购车款及相关费用1469521元。2014年5月7日，游某容至爱尚公司处提车，并签字确认《新车提交客户确认表》一份，主要载明：顾客名称游某容，销售顾问巫某静（身份证姓名为巫某剑），车型玛莎拉蒂，颜色波尔多红/米，配置总裁（美规），发动机号M156B22××××，车架号ZAM56RRA4E108××××，游某容对车辆状况及随车附件进行验收后，在购车方确认签字处签名确认。当天，游某容对车辆识别代号、发动机型号和出厂编号、品牌型号、座位设置及核载人数、外观及标识进行了查验，并在《非中规进口车查验表》上签名确认。

游某容认为爱尚公司提供的涉案车辆为平行进口的美规车，从而爱尚公司存在刻意隐瞒影响购买决策的重大事项的行为，亦可构成欺诈。爱尚公司予以否认，认为自己不存在欺诈行为。

【案件焦点】

1. 涉案进口车辆的原产地如何认定以及涉及平行进口车销售中的相关告知义务问题；2. 爱尚公司在销售过程中是否存在欺诈行为。

【法院裁判要旨】

重庆市渝北区人民法院经审理认为：涉案车辆的《车辆一致性证书》载明，车辆制造国为美国，最终制造阶段的制造商名称和地址均指向美国加利福尼亚州。因此，根据《中华人民共和国进出口货物原产地条例》第三条的规定，爱尚公司交付游某容的车辆原产地应为美国，故交付车辆在原产地方面不符合合同约定。其次，车辆在进口过程中需要按照我国相应标准进行改装，故爱尚公司实际交付的车辆为改装车，与合同约定亦不符，其对交付车辆的实际情况进行了隐瞒，应认定构成欺诈。

重庆市渝北区人民法院判决：

一、撤销游某容与爱尚公司于2014年4月3日签订的《重庆爱尚汽车销售有限公司代理购车合同》；

二、爱尚公司于本判决生效之日起十日内返还游某容购车款130万元，并赔偿游某容购置税和保险费等费用169521元；

三、游某容于本判决生效次日起十日内返还爱尚公司玛莎拉蒂小型轿车（车架号码：ZAM56RRA4E108××××）；

四、爱尚公司于本判决生效之日起十日内支付游某容赔偿款390万元。

爱尚公司不服一审判决，提起上诉。重庆市第一中级人民法院经审理认为：涉案车辆作为平行进口的改装车，存在“车辆制造国”和“最终制造阶段的制造商”等信息的不一致的情况。但车辆识别代码中制造商代码和装配厂代码均为ZAM/1，均指向意大利玛莎拉蒂股份公司圭利亚科工厂，且《货物进口证明书》等大量文件亦记载其产地为意大利。另外涉案车辆在美国改装的项目仅涉及仪表盘、后尾灯、中文警告标识、前后牌照架，未涉及货物实质性改变，与《中华人民共和国出入境检验检疫进口机动车辆随车检验单》载明的在美改装的范围一致。结合本案具体事实情节，仅以销售商未明确告知平行进口商品的事实及相关情况，不足以认定销售商存在刻意隐瞒商品真实信息的欺诈行为。综上，二审认定爱尚公司按照合同约定交付了原产地为意大利的玛莎拉蒂轿车，在销售过程中并不存在欺诈行为。据此判决：

一、撤销重庆市渝北区人民法院（2016）渝0112民初16671号民事判决；

二、驳回游某容的原审全部诉讼请求。

【法官后语】

所谓“平行进口车”，是指未经品牌厂商授权，贸易商从海外市场购买，并引入中国市场进行销售的汽车。汽车生产商按照非中国地区的标准生产该类汽车，主要在转向灯、操作系统语言等方面与按中国规格生产的汽车有所区别。平行进口车作为新兴行业，在实践中多存在销售不规范，销售商与消费者直接矛盾频出的现象。

本案处理的重点主要是平行进口车买卖合同中是否存在欺诈行为的认定上。《最高人民法院关于贯彻执行〈中华人民共和国民法通则〉若干问题的意见（试行）》第六十八条规定：“一方当事人故意告知对方虚假情况，或者故意隐瞒真实情况，诱使对方当事人做出错误意思表示，可以认定为欺诈行为。”

本案一审、二审法院审理思路出现分歧，主要是对上述规定中“欺诈行为”的理解有所不同。首先，一审法院认为因改装问题导致车辆原产地发生改变，进而爱尚公司销售给游某容的车辆不符合合同的约定，存在欺诈行为。但二审法院通过对比爱尚公司提交的其他平行进口车辆文件，因平行进口车均系经品牌厂商授权生产并出口别国、经所在国改装厂改装后再进口到我国，故其《车辆一次性证书》的记载与涉案车辆一样，均明确记载系改装车、并记载“车辆制造国”及“车辆最终制造商”等信息且不尽相同，其中载明的车辆中文品牌信息与原产地品牌名称亦不尽相同，进一步证明了平行进口车的《车辆一致性证书》中载明的“车辆制造国”并不能等同于车辆原产地的事实。该现象充分反映了全球化背景下品牌原属国与商品制造国、商品进口来源国可能存在的分离现象，也正因如此，应当依据VIN码在世界范围内统一确认车辆原产地。故在原产地认定上，二审法院确认涉案车辆原产地为意大利，爱尚公司在原产地方面不存在欺诈行为。

其次，一审法院认为车辆最后在美国改装，该改装行为致使车辆性质发生了变化。但二审法院认为该车辆的改装仅限于仪表盘、后尾灯、中文警告标识、前后牌照架，以符合中国市场标准及使用需求和习惯，显然改装项目未涉及货物实质性改变。与《中华人民共和国出入境检验检疫进口机动车辆随车检验单》载明的在美改装的范围一致。并且结合当事人陈述来看，改装车辆与否并不影响当事人购买车辆意愿，其所欲购买的仅为质量合格的、原产地是意大利的玛莎拉蒂轿车即可。因此，二审法院认为爱尚公司未告知车辆系平行进口车的事实不属于欺诈行为，一审认定事实错误予以改判。

编写人：重庆市第一中级人民法院　张迁

6

将展车作为新车出售的情形下举证责任如何分配

——尚某领诉山东吉通汽车销售服务有限公司买卖合同案

【案件基本信息】

1. 裁判书字号

山东省济南市中级人民法院（2017）鲁01民终3843号民事判决书

2. 案由：买卖合同纠纷

3. 当事人

原告（上诉人）：尚某领

被告（被上诉人）：山东吉通汽车销售服务有限公司（以下简称吉通公司）

【基本案情】

2015年5月12日，尚某领与吉通公司签订车辆定购协议，约定尚某领自吉通公司处购买品牌为科雷傲2.5四驱舒适型白色车辆一部，成交价240000元，销售类型为分期。吉通公司在收到车价全款或银行的放款后方开具汽车发票。尚某领于2015年5月18日与工商银行签订《工行山东省分行购车专用卡分期付款合同》，约定尚某领为购车在工商银行处办理分期贷款，分期总额168000元，分期期数36个月，每期还款5153元。2015年5月26日，尚某领到吉通公司处提车，并在对车辆验收无误后，在客户交车确认表落款处签字确认。现尚某领将吉通公司诉至法院，称其在吉通公司处购买的科雷傲汽车的钥匙不仅有新旧之别，而且车内座椅没有防尘罩，四个车门闭合处有明显的磨损，车牌悬挂处也有明显的粘贴宣传牌痕迹，尚某领怀疑吉通公司出售的车辆系展车，而非新车。同时，尚某领称签订合同时，吉通公司在格式合同中拟订两个车价款，诱导消费者签署购车协议，吉通公司在合同上亦存在欺诈行为，为此要求吉通公司退还车辆、赔偿车费、保险费等，并要求解除其与工商银行签订的贷款合同，一切赔偿责任由吉通公司承担。吉通公司则认为其严格履行合同义务，已交付合格车辆。吉通公司认为其不存在欺诈行为并提交交车确认表，交车确认表中关于车辆状态及车辆单证、是否交付的情况都是在尚某领与销售人员孙某莹相互确认的情况下当场填写的，尚某领则称签字时打钩的地方都是空白的，是事后卖方勾上的。尚某领同时主张交车时车辆里程表线没有接，后来找吉通公司，吉通公司让找世中公司，到世中公司后才接上里程线，所以无法证实交车时车辆的真实里程数，对此，尚某领提供了2015年6月录制的中国消费者报记者尹某银和吉通公司人员徐经理的通话录音，在录音中记者问当时里程线没有接上是怎么回事，吉通公司工作人员称，提车时告诉尚某领在世中公司提车，但是尚某领不同意，因为就这一台车，从世中公司开到吉通公司有10多公里，车的免费保养是里程和时间同时限制的，5年或12万公里，先到为准，考虑到客户的免费保养问题才有此操作。经质证，吉通公司对录音的真实性、关联性均不予认可，但受访人员在世中公司、吉通公司均有社保缴费记录。

【案件焦点】

1. 尚某领作为消费者如何举证证明销售者存在消费欺诈行为；2. 人民法院如何分配举证责任。

【法院裁判要旨】

山东省济南市槐荫区人民法院经审理认为：尚某领与吉通公司签订的车辆订购协议，不违反法律规定，协议有效。现尚某领主张吉通公司退车赔款的诉讼请求，理由是吉通公司所售车辆钥匙不仅有新旧之别，而且车内座椅没有防尘罩，四个车门闭合处有明显的摩损，车牌悬挂处也有明显的粘贴宣传牌痕迹，尚某领怀疑吉通公司出售的车辆系展车，而非新车。对此吉通公司予以否认，并提供客户交车确认表及该车进口手续证明该车是进口原装车。对于尚某领提出该车辆系展车而非新车的理由，“展车”只是通俗说法，而不是法律概念，该事实不能认定，不必然形成虚假或欺诈。综上，尚某领以吉通公司销售行为某有欺诈为由，要求吉通公司将车退还，并对其进行赔偿的诉讼请求，以及要求解除其与工商银行签订的贷款合同的诉讼请求，缺乏事实和法律依据，不予支持。综上，依照《中华人民共和国合同法》第九十一条第一项、《中华人民共和国民事诉讼法》第六十四条、《最高人民法院关于民事诉讼证据的若干规定》第二条之规定，判决：驳回尚某领的诉讼请求。案件受理费5496元，由尚某领负担。

尚某领不服一审判决，向二审法院提出上诉。

山东省济南市中级人民法院经审理认为：尚某领为证实涉案车辆系展车，提供了照片、录音等相应证据，且对于交车时里程表线未接好这一事实提供了录音证据，而吉通公司提交的交车确认表中显示的是交车时车辆一切项目完好。根据上述法律规定，尚某领作为消费者已经尽到了举证责任，吉通公司作为销售商，其应对所交付的车辆不存在尚某领主张之瑕疵提供证据，但其为证明不存在该瑕疵而提交的交车确认表不能认定确系经过消费者实际确认车辆在交付时完好无误的证据，吉通公司应当承担不利法律后果。尚某领要求退车退款应予支持。鉴于本案尚某领与工商银行签订的《工行山东省分行购车专用卡分期付款合同》系为履行尚某领与吉通公司之间的车辆买卖合同，现尚某领要求退车退款系主张解除其与吉通公司之间买卖合同的诉求，车辆买卖合同已经解除，尚某领与工商银行之间的《工行山东省分行购车专用卡分期付款合同》亦应解除，造成两合同解除的责任在吉通公司，因此合同解除后吉通公司应当承担相应赔偿责任。

依照《中华人民共和国民事诉讼法》第一百七十条第一款第三项规定，判决如下：

一、撤销济南市槐荫区人民法院（2016）鲁0104民初3572号民事判决；

二、尚某领于本判决生效之日起十日内将自山东吉通汽车销售服务有限公司处购买的发动机号码为2TRA703F01 ××××，车辆识别代码（车架号码）为VF1VYRTY3 EC52 ××××的科雷傲2.5四驱舒适型白色车辆一辆返还山东吉通汽车销售服务有限公司；

三、山东吉通汽车销售服务有限公司于本判决生效之日起十日内返还尚某领已经支付的购车费用86979元（包括首付款82000元、礼包金额1499元、GPS汽车定位防盗系统3480元），以及尚某领已实际向中国工商银行股份有限公司济南槐荫支行偿还的贷款本息144280元（截至2017年9月12日）；

四、解除尚某领与中国工商银行股份有限公司济南槐荫支行于2015年5月18日签订的《工行山东省分行购车专用卡分期付款合同》；

五、山东吉通汽车销售服务有限公司于本判决生效之日起十日内返还中国工商银行股份有限公司济南槐荫支行剩余贷款本金37328元；

六、驳回尚某领的其他诉讼请求。

【法官后语】

现实中，消费者通常是在毫无防备的情况下遭受消费欺诈，如何举证以及如何正确分配举证责任，是消费者维权案件审理的重点和难点问题。

《消费者权益保护法》第八条规定："消费者享有知悉其购买、使用的商品或者接受的服务的真实情况的权利。消费者有权根据商品或者服务的不同情况，要求经营者提供商品的价格、产地、生产者、用途、性能、规格、等级、主要成份、生产日期、有效期限、检验合格证明、使用方法说明书、售后服务，或者服务的内容、规格、费用等有关情况。"第二十三条规定，"经营者提供的机动车、计算机、电视机、电冰箱、空调器、洗衣机等耐用商品或者装饰装修等服务，消费者自接受商品或者服务之日起六个月内发现瑕疵，发生争议的，由经营者承担有关瑕疵的举证责任”。《最高人民法院关于适用〈中华人民共和国民事诉讼法〉的解释》第一百零八条规定：“对负有举证证明责任的当事人提供的证据，人民法院经审查并结合相关事实，确信待证事实的存在具有高度可能性的，应当认定该事实存在。对一方当事人为反驳负有举证证明责任的当事人所主张事实而提供的证据，人民法院经审查并结合相关事实，认为待证事实真伪不明的，应当认定该事实不存在”。《消费者权益保护法》第二十三条规定了“消费者自接受商品或者服务之日起六个月内发现瑕疵，发生争议的，由经营者承担有关瑕疵的举证责任”。本案中，消费者为证实涉案车辆系展车，提供了照片、录音等相应证据，其已经尽己所能完成了举证责任。而车辆销售商提交的交车确认表虽然显示交车时车辆一切项目完好，但交车确认表不能认定确系经过消费者实际确认车辆在交付时完好无误的证据，对于所交付车辆不存在消费者主张之瑕疵，销售商本就处于举证的优势地位，对于其所销售的车辆是新车完全有能力提供证据予以证实。销售商仅提供交车确认表而未提交其他直接证据的情况下，应当认为其未完成举证责任，应当承担举证不能的法律后果。

将展车作为新车来出售的事例屡见报端，消费维权道路艰辛曲折。相较于销售商而言，消费者处于弱势地位，在发现销售商的违规行为后，应及时通过录音、公证等方式留存相关证据，为获得应有的赔偿做好必要准备。人民法院应当充分考虑案件的情理和法理，准确适用法律，正确分配举证责任，依法保护消费者的合法权益。此案对于消费者依法维权具有积极的示范作用，对类似案件的处理具有一定指导意义和参考价值。

编写人：山东省济南市中级人民法院　韩梅　尹逊航

7

欺诈行为的认定

——许某海诉厦门新成功路捷汽车有限公司、捷豹路虎（中国）投资有限公司买卖合同案

【案件基本信息】

1. 裁判书字号

福建省厦门市中级人民法院（2017）闽02民终字第3711号民事判决书

2. 案由：买卖合同纠纷

3. 当事人

原告（上诉人）：许某海

被告（被上诉人）：厦门新成功路捷汽车有限公司（以下简称新成功公司）、捷豹路虎（中国）投资有限公司（以下简称捷豹路虎公司）

【基本案情】

2014年10月3日，许某海与新成功公司签订《销售合同》，约定许某海向新成功公司购买路虎轿车一部，型号为揽胜“极光耀黑版”，价款为490000元。合同备注栏注明该耀黑版车辆外观为黑色轮圈、行李架、黑LOGO。合同签订后，许某海向新成功公司支付了约定的购车款490000元，其中的250000元系许某海贷款后支付给新成功公司。2014年10月22日，许某海为涉案车辆办理各项保险，支出保险费合计33889.37元。其后，许某海向新成功公司支付52400元用于代缴车辆购置税，还支付了用于代为办理车辆挂牌登记的相关费用6200元。2014年10月31日，新成功公司协助许某海办妥讼争车辆的挂牌登记手续，车辆号牌为闽D1228S，实际支出购置税50400元、代办费用6200元。新成功公司在整车原装进口的路虎耀动版越野车车顶加装行李架、喷黑LOGO和轮圈后于2014年11月3日交付给许某海使用，并将有关该车辆的《车辆一致性证书》《货物进口证明书》《出入境检

验单》等资料交付给许某海。其后，许某海在使用案涉车辆的过程中，发现车辆黑色轮圈出现掉漆的情况，因此向新成功公司的销售人员陈某明反映，并拨打捷豹路虎公司全国客服电话4008200187进行投诉反映。陈某明告知许某海该车辆的四轮轮圈及车辆前后LOGO（LAND ROVR）系新成功公司自行喷上黑漆的，并表明“当时我并不知道”系新成功公司自行喷上黑漆的。捷豹路虎公司的客服人员告知许某海，其公司全新全车进口及销售的路虎揽胜极光车辆并没有耀黑版型号。其后，许某海与新成功公司就赔偿事项协商未果。许某海于2015年2月10日向工商行政管理部门投诉，经厦门市海沧区工商行政管理局调解，因许某海坚持“退一赔三”，双方未能达成一致。

另查：1. 许某海提供的《车辆一致性证书》（用于完整车辆）及《进口机动车辆随车检验单》，载明案涉车辆型号为路虎揽胜极光1999CC 5座越野车，系英国捷豹路虎有限公司哈利伍德工厂生产，由捷豹路虎公司整车原装进口。2. 新成功公司在销售时，在展厅展示路虎揽胜“极光耀黑版”样车（外观为黑色轮圈、车顶行李架、黑LOGO），并在展厅中以宣传海报的形式展示路虎极光耀动版、“极光耀黑版”等车型的售价及优惠措施。其中“极光耀黑版”标注为“私人定制款”，“极光耀黑版”的售价比极光耀动版的售价高10000元。3. 平安银行股份有限公司厦门湖里支行发给新成功公司的《汽车贷款同意通知书》载明贷款申请人为许某海，贷款人所购车型为路虎极光2. 0T－A/MT耀动版五门。许某海在贷款申请人栏签名确认。4. 许某海提供《召回车辆的函件》，陈述该函件系新成功公司发出，主张因案涉车辆变速器软件不匹配，存在质量问题。5. 许某海对案涉车辆是否为全车全新原装进口、是否存在改装和改装的情况及是否存在质量问题提出质疑，并于2015年3月31日向本院提出鉴定申请，其后因无相关的司法鉴定机构备选等，许某海于2016年12月向本院递交撤回鉴定申请。6. 案涉车辆交付后，由许某海使用至今，截至2016年10月22日，已行驶里程为27925公里。

【案件焦点】

欺诈行为的认定问题。

【法院裁判要旨】

福建省厦门市海沧区人民法院经审理认为：一、关于许某海是否明知路虎揽胜

"极光耀黑版"系在路虎揽胜极光耀动版基础上进行外观改装。根据查明的事实，新成功公司出售给许某海的案涉车辆系在路虎揽胜极光耀动版基础上加装车顶行李架、喷黑轮圈和LOGO，并加价10000元进行销售。新成功公司主张许某海对上述加装及装饰是明知的，其作为提供商品一方，对该主张应承担相应的举证责任。新成功公司为此提供了《销售合同》、宣传海报及《汽车贷款同意通知书》佐证其主张，但从新成功公司提供的上述证据内容看，不能体现其明确告知许某海所购买的案涉车辆即揽胜"极光耀黑版"车型系在揽胜极光耀动版基础上进行加装及外观装饰，结合许某海所提供其与新成功公司的销售人员陈某明、路虎客服的电话录音，可以认定新成功公司未明确告知许某海所购买的案涉车辆系在路虎揽胜极光耀动版基础上进行外观装饰及加装。新成功公司的该主张，依据不足，本院不予采纳。二、关于新成功公司未告知许某海所购路虎揽胜"极光耀黑版"车辆系在揽胜极光耀动版基础上进行外观装饰及加装，并加价10000元进行销售，是否构成欺诈。依照法律规定，新成功公司作为提供商品一方向消费者提供有关商品的质量、性能、用途、有效期限等信息时，应当真实、全面，不得作虚假或者引人误解的宣传。根据许某海提供的《车辆一致性证书》《货物进口证明书》《出入境检验单》等证据，新成功公司出售给许某海的案涉车辆系全新进口的车辆，型号为路虎极光耀动版。新成功公司在路虎揽胜极光耀动版车型的基础上进行外观加装及装饰对外进行销售，其作为提供商品一方，负有将加装及外观装饰情况明确、全面告知消费者的义务。但根据本案现有证据，新成功公司未明确、全面告知许某海对所购买的案涉车辆进行外观装饰及加装，存在过错。但鉴于上述外观装饰及加装仅限于车辆的部分外观，并不改变案涉车辆整体的性能和品质，也不改变案涉车辆系全新进口的本质。新成功公司对案涉车辆加装行李架、喷黑轮圈和LOGO，需要支出相应的成本，其加价10000元是适当的。综上，新成功公司作为提供商品一方，在案涉车辆的销售过程中，通过对原装进口的路虎揽胜极光耀动版车型的部分外观进行加装和装饰，虽以自行冠名的路虎揽胜"极光耀黑版"车型销售给许某海，但不存在夸大或隐瞒所提供商品的质量、性能等与消费者有重大利害关系的信息误导作为消费者的许某海。许某海购买的案涉车辆已行驶2万多公里，没有相应的证据证明案涉车辆存在质量问题。至于许某海提出的案涉车辆因质量问题被召回的争议，因新成功公司和捷豹路虎公司否认向许某海发出汽车召回函件，许某海提供的召回函件又未加盖召回单位公章，不足以证明案涉车辆属于召回对象车辆，许某海的该主张本院不予采信。鉴于汽车召回系由汽车产品制造商进行的消除产品缺陷的过程，在被召回的汽车不能被证明存在不能消除的缺陷导致存在重大安全隐患的情形下，不能因此认定被召回车辆即不合格汽车产品。故新成功公司销售案涉车辆亦不存在以次充好、以质量不合格的车辆冒充合格的车辆骗取消费者等其他情形。综上分析，许某海主张新成功公司的上述销售行为构成欺诈，于法不符，本院不予采纳，其主张适用《中华人民共和国消费者权益保护法》的相关规定，提出要求撤销合同、新成功公司退回购车款并三倍赔偿及其他相关诉讼请求，缺乏事实和法律依据，本院不予支持。但新成功公司在收取许某海52400元用于代缴案涉车辆购置税后，实际仅缴纳了50400元，剩余的2000元应返还许某海。许某海要求新成功公司返还2000元剩余款项，新成功公司亦同意返还该款项，本院予以确认、支持。三、捷豹路虎公司系非诉争《销售合同》的相对方，亦不存在欺诈许某海的情形，许某海以新成功公司系捷豹路虎公司的经销商，依据《中华人民共和国消费者权益保护法》和《欺诈消费者行为处罚办法》的规定，诉请捷豹路虎公司承担连带赔偿责任，缺乏事实和法律依据，本院不予支持。

综上所述，福建省厦门市海沧区人民法院依照《中华人民共和国合同法》第四十四条、第六十条，《中华人民共和国消费者权益保护法》第十六条、第二十条，《欺诈消费者行为处罚办法》第五条、第六条、第十六条，《中华人民共和国民事诉讼法》第六十四条第一款之规定，判决如下：

一、被告厦门新成功路捷汽车有限公司于本判决生效之日起十日内返还原告许某海2000元；

二、驳回原告许某海的其他诉讼请求。

宣判后，许某海不服提出上诉。

福建省厦门市中级人民法院经审理认为：一审法院认定事实清楚适用法律正确，依法作出判决如下：

驳回上诉，维持原判。

【法官后语】

本案例涉及两个问题：家庭自用汽车是否属于《消费者权益保护法》规定的消费品及欺诈行为的认定。

一、关于家庭自用汽车是否属于《消费者权益保护法》规定的消费品

《消费者权益保护法》第二条规定，“消费者为生活消费需要购买、使用商品或者接受服务，其权益受本法保护”。对于购买家用汽车的行为是否属于生活消费需要，存在不同的看法。笔者认为汽车虽然不是生活必需消费品，但其作为生活消费而购买的汽车应属于生活消费需要的范畴。随着社会经济的发展，生活消费品的范围在不断发生着变化，对于生活消费品的范围不能静止看待，事实上现在家庭汽车已经成为普通家庭的生活消费品了。故家用汽车属于《消费者权益保护法》保护的消费品。

二、欺诈行为的认定

消费欺诈行为，是指经营者在提供商品或者服务过程中，采取虚假或者其他不正当手段欺骗、误导消费者，使消费者的合法权益受到损害。根据《消费者权益保护法》第五十五条第一款规定：“经营者提供商品或者服务有欺诈行为的，应当按照消费者的要求增加赔偿其受到的损失，增加赔偿的金额为消费者购买商品的价款或者接受服务的费用的三倍；增加赔偿的金额不足五百元的，为五百元。法律另有规定的，依照其规定。”因此，销售者的行为是否认定为欺诈将决定着销售者是否需要承担“退一赔三”的惩罚性赔偿责任。可以从以下三方面认定销售者是否构成欺诈：

1. 经营者提供商品或者服务时采用的手段。根据《侵害消费者权益行为处罚办法》第十六条的规定，经营者有以下行为之一且不能证明自己并非欺骗、误导消费者而实施此种行为的，属于欺诈行为：销售的商品或者提供的服务不符合保障人身、财产安全要求；销售失效、变质的商品；销售伪造产地、伪造或者冒用他人的厂名、厂址、篡改生产日期的商品；销售伪造或者冒用认证标志等质量标志的商品；销售的商品或者提供的服务侵犯他人注册商标专用权；销售伪造或者冒用知名商品特有的名称、包装、装潢的商品。经营者有下列行为之一的，属于欺诈行为：在销售的商品中掺杂、掺假，以假充真，以次充好，以不合格商品冒充合格商品；销售国家明令淘汰并停止销售的商品；提供商品或者服务中故意使用不合格的计量器具或者破坏计量器具准确度；骗取消费者价款或者费用而不提供或者不按照约定提供商品或者服务；不以真实名称和标记提供商品或者服务；以虚假或者引人误解的商品说明、商品标准、实物样品等方式销售商品或者服务；作虚假或者引人误解

的现场说明和演示；采用虚构交易、虚标成交量、虚假评论或者雇佣他人等方式进行欺骗性销售诱导；以虚假的“清仓价”“甩卖价”“最低价”“优惠价”或者其他欺骗性价格表示销售商品或者服务；以虚假的“有奖销售”“还本销售”“体验销售”等方式销售商品或者服务；谎称正品销售“处理品”“残次品”“等外品”等商品；夸大或隐瞒所提供的商品或者服务的数量、质量、性能等与消费者有重大利害关系的信息误导消费者；以其他虚假或者引人误解的宣传方式误导消费者；从事为消费者提供修理、加工、安装、装饰装修等服务的经营者谎报用工用料，故意损坏、偷换零部件或材料，使用不符合国家质量标准或者与约定不相符的零部件或材料，更换不需要更换的零部件，或者偷工减料、加收费用，损害消费者权益的；从事房屋租赁、家政服务等中介服务的经营者提供虚假信息或者采取欺骗、恶意串通等手段损害消费者权益的。

2. 经营者的行为是否误导消费者。判断经营者的行为是否误导消费者应以一般消费者的认知水平和识别能力为准。如果该行为足以使一般消费者发生误解，即构成欺诈。如果该行为不足以使一般消费者发生误解，个别消费者应证明自己确实发生误解以主张欺诈行为的成立。经营者实施欺诈行为，一般都会造成消费者合法权益的损害，但认定消费欺诈行为并不要求消费者有实际的损失或者损害发生，只要经营者的行为足以误导消费者就可以被认定为欺诈。

3. 经营者是否具有实施欺诈行为的主观方面。虽然法律、法规并未明确规定构成欺诈行为必须具有主观故意，但从文义上理解，欺诈就是掩盖事实真相误导消费者，“欺诈”二字本身已经揭示经营者具有主观故意。

本案中，家用自用汽车的消费行为受《消费者权益保护法》及相关法律法规的保护，但销售者销售汽车的行为不存在夸大或隐瞒所提供汽车的质量、性能等与消费者有重大利害关系的信息误导消费者的，仅未如实告知销售者对汽车外观进行装饰及加装的，不属于法律规定的欺诈的情形，不能认定为欺诈行为。

编写人：福建省厦门市海沧区人民法院　颜思远　章先攀

8

特定时期的“千足金”检测为“足金”，不构成欺诈

——刘某清诉北京翔福缘珠宝店买卖合同案

【案件基本信息】

1. 裁判书字号

北京市第一中级人民法院（2017）京01民终6号民事判决书

2. 案由：买卖合同纠纷

3. 当事人

原告（上诉人）：刘某清

被告（被上诉人）：北京翔福缘珠宝店（以下简称珠宝店）

【基本案情】

2016年5月11日，刘某清购买了千足金手镯（31.67g）、千足金项坠（30.84g）、千足金戒指（18.28g）各1件，支付价款23429.1元。5月12日，购买了999手镯（52.64g）和999手镯（43.44g）各一只，支付价款27863.2元。刘某清提交的商品实物及其所附着的国检合格证上载有“千足金”字样，检验依据：GB11887。2016年5月12日，刘某清将涉案商品中的三件：项坠、戒指、手镯（31.67g）提交国家首饰质量监督检验中心鉴定，鉴定结果为：表层检测为足金。

另查，GB11887—2012《首饰贵金属纯度的规定及命名方法》（2013年5月1日起实施）：4纯度范围：4.1纯度以最低值表示，不得有负公差。贵金属及其合金的纯度范围见表1.“金及其合金：纯度千分数最小值990（999），纯度表示方法为足金（千足金）”。2016年5月4日起实施的“GB11887—2012《首饰贵金属纯度的规定及命名方法》国家标准第1号修改单”（以下简称《国家标准第1号修改单》）沿用了足金的相关标准，但取消了前述关于千足金的表述及纯度最小值的相关规定。涉案五件商品所附之国检合格证均为2015年2月之前检验出具。

再查，一审法院在国家首饰质量监督检验中心网站依据涉案的5件首饰的编码进行了查询，查询结果为千足金首饰，双方对查询的结果并无异议。

刘某清认为其购买的为千足金首饰，但珠宝店向其出售足金首饰，该店的行为构成欺诈，依据消费者权益保护法的规定，请求法院判令退还货款51292.2元并增加三倍赔偿153876.6元。

【案件焦点】

珠宝店在向刘某清出售首饰的过程中是否存在欺诈。

【法院裁判要旨】

北京市石景山区人民法院经审理认为：首先，涉案五件商品均附有国家首饰质量监督检验中心出具的合格证，产品质量符合相关规定。根据检验时适用的GB11887—2012《首饰贵金属纯度的规定及命名方法》的规定，涉案5件商品为“千足金”，金纯度最小值为999‰。其次，刘某清提交的鉴定证书虽然显示涉案三件商品为“表层检测为足金”，但系2016年5月4日起实施的《国家标准第1号修改单》取消了GB11887—2012《首饰贵金属纯度的规定及命名方法》中关于千足金的表述及纯度最小值的相关规定，不能证明该涉案三件商品不符合其标明的质量状况，对其他涉案两件商品刘某清未提交其不符合质量标准的证据。经该院释明，刘某清不同意对涉案五件商品进行金纯度的质量检测鉴定，故应由其承担举证不能的不利后果。

北京市石景山区人民法院依照《中华人民共和国合同法》第六十条、第一百一十三条，《最高人民法院关于民事诉讼证据的若干规定》第二条、第二十二条之规定，作出如下判决：

驳回刘某清的全部诉讼请求。

刘某清持一审起诉意见上诉。北京市第一中级人民法院经审理认为：珠宝店在向刘某清出售首饰的过程中不存在欺诈。理由：1. 涉案的5件黄金首饰均附有国家首饰质量监督检验中心出具的合格证，前述合格证中载明的首饰均为千足金。一审法院依据前述合格证载明的编码在国家首饰质量监督检验中心网站进行了查询，查询的结果显示涉案的5件黄金首饰均属千足金首饰。而珠宝店向刘某清出具的购物小票中载明的5件首饰均为千足金首饰。2. 涉案首饰的合格证记载的检验依据是GB11887—2012《首饰贵金属纯度的规定及命名方法》，其记载的首饰规格符合前述标准。虽然2016年5月4日起实施的《国家标准第1号修改单》取消了GB11887—2012《首饰贵金属纯度的规定及命名方法》中关于千足金的表述及纯度最小值的相关规定，但是珠宝店出售涉案5件首饰时表明的首饰的含金量（千足金）的最低值显然高于《国家标准第1号修改单》中涉及的足金的含金量的最低值。这表明首饰店出售的黄金首饰执行了更高的含金量标准。3. 刘某清提交的鉴定证书虽然显示3件首饰“表层检测为足金”，但是前述鉴定书是在《国家标准第1号修改单》实施以后出具的，并不能证明对应的涉案3件首饰的含金量达不到千足金的标准。二审期间，经释明，刘某清依然不申请对涉案5件黄金首饰进行金纯度的质量检测鉴定。刘某清作为主张权利受到损害的一方当事人，应当对其权利受到损害的基本事实承担证明责任，现其提供的证据不足以证明珠宝店在向其销售首饰的过程中存在欺诈，应由其承担举证不能的法律后果。

北京市第一中级人民法院依照《中华人民共和国民事诉讼法》第一百七十条第一款第一项之规定，作出如下判决：

驳回上诉，维持原判。

【法官后语】

强制性国家标准修改后有关最低含量的指标降低时，有关商品依据修改前指标标示的最低含量属于采用了更高质量标准。本案中，珠宝店向刘某清出售的黄金首饰所标注的质量标准为GB11887—2012《首饰贵金属纯度的规定及命名方法》(2013年5月1日起实施)。该标准对于黄金的纯度规定如下：4.1纯度以最低值表示，不得有负公差。贵金属及其合金的纯度范围见表1.“金及其合金：纯度千分数最小值990（999），纯度表示方法为足金（千足金）”。2016年5月4日起实施的《国家标准第1号修改单》沿用了足金的相关标准，但取消了前述关于千足金的表述及纯度最小值的相关规定。涉案的5件黄金首饰的检测日期在2016年5月之前，其标注的黄金纯度最小值为999。虽然涉案的5件黄金首饰在出售时，国家执行的黄金纯度标准发生了改变，涉案首饰的标签依据之前的标准进行标注存在不符合规定的情形，但是并不表示涉案黄金首饰的实际纯度也发生了改变，相较于变更后的标准，依据原标准标注的“千足金”表明首饰的实际含金量更高，更有价值，更有利于消费者。

消费者依据改修后的标准对涉案的黄金首饰的含金量进行检测的结论——“足金”，由于没有标注具体含金量数值，无法得出涉案首饰不是“千足金”的结论。

传统民法理论认为欺诈的构成要件包括：1. 存在欺诈行为即存在告知对方虚假情况和隐瞒真实情况的行为。2. 存在欺诈的故意。欺诈的故意包括两层意识：(1) 告知对方虚假情况或隐瞒真实情况的故意；(2) 使对方陷于错误判断并基于该错误判断而作出意思表示之故意。3. 被欺诈方须因欺诈行为而陷于错误认知，并基于错误认知作出错误表示。包含两层意思：(1) 欺诈行为与错误认知之间的因果关系；(2) 错误认知与意思表示之间的因果关系。4. 被欺诈方的意思表示违背其真实意思。受欺诈方如主张欺诈需就前述四个要件事实承担证明责任。在前述四个要件事实中第一个属于事实性要件，第二个到第四个属于评价性要件。事实性要件可以直接进行证明，而评价性要件并不能直接进行证明，需要综合当事人所处环境、自身的经历、职业、教育背景、技能、受欺诈方实施的行为与其生活、工作的关联程度、交易金额的大小、受欺诈方实施行为的目的等因素依据诚实信用原则进行判断。本案中，刘某清提供的证据尚不能证明珠宝店存在欺诈行为，即涉案的黄金首饰实际不是“千足金”而告知刘某清是“千足金”。因此，本案无须就欺诈的评价性要件进行判断，即可判断珠宝店未构成欺诈。需要注意的是《最高人民法院关于适用〈中华人民共和国民事诉讼法〉的解释》第一百零九条关于当事人对欺诈、胁迫、恶意串通事实的证明，人民法院确信该待证事实存在的可能性能够排除合理怀疑的，应当认定该事实存在的规定，对于欺诈的证明标准提出了高于高度盖然性的证明标准，需要在审判实践中加以注意。

编写人：北京市第一中级人民法院　梁睿

9

知假买假中有关欺诈的认定

——宋某诉北京城乡商业（集团）股份有限公司城乡华懋商厦买卖合同案

【案件基本信息】

1. 裁判书字号

北京市第一中级人民法院（2017）京01民终8011号民事判决书

2. 案由：买卖合同纠纷

3. 当事人

原告（被上诉人）：宋某

被告（上诉人）：北京城乡商业（集团）股份有限公司城乡华懋商厦（以下简称城乡华懋商厦）

【基本案情】

2015年4月10日，宋某在城乡华懋商厦购买LILY品牌女装2件，款号分别为115140K7510612、115140K7510613，总金额为1798元。经现场勘验，上述商品吊牌均标注里料成分为100%聚酯纤维。

2016年5月25日，山东省纺织产品质量监督检验测试中心就前述两款商品出具检测报告各一份，检测报告载明：里料纤维含量的检测结果分别为聚酯纤维95.7%、氨纶4.3%；聚酯纤维95.6%、氨纶4.4%，均评定为不合格。

2016年3月3日，北京市工商行政管理局海淀分局针对115140K7510611款商品的吊牌标示与实际检测的成分不符的情况出具行政处罚决定书，对城乡华懋商厦进行了行政处罚。城乡华懋商厦自认涉案商品里料均存在吊牌标识成分与实际成分不符的情形。

宋某诉请判令城乡华懋商厦退货并返还货款1798元、支付三倍赔偿金5394元，并承担诉讼费用。

【案件焦点】

知假买假中欺诈的认定问题。

【法院裁判要旨】

北京市海淀区人民法院经审理认为：被告作为经营者，在向消费者提供商品时应当提供真实、全面的商品质量、性能、用途、有效期限等信息，不得作虚假或引人误解的宣传。根据本案现有证据，足以认定涉案商品的实际里料成分与吊牌标识不符，被告作为经营者，在销售涉案商品时，并未向原告告知有关涉案商品里料成分及含量的真实信息的行为已造成对消费者的误导，属于欺诈行为，应当按照合同法及消费者权益保护法的规定承担相应的法律责任。故原告要求被告公司退货并返还货款 1798 元、支付三倍赔偿金 5394 元的诉讼请求于法有据，该院予以支持。

依照《中华人民共和国合同法》第八条、第一百一十一条，《中华人民共和国消费者权益保护法》第二十条、第五十五条之规定，判决：

一、宋某于判决生效之日起十日内退还城乡华懋商厦 LILY 品牌女装二件，城乡华懋商厦于判决生效之日起十日内退还宋某货款 1798 元；

二、城乡华懋商厦于判决生效之日起十日内给付宋某赔偿金 5394 元。

城乡华懋商厦持原审答辩意见提起上诉。北京市第一中级人民法院经审理认为：《中华人民共和国消费者权益保护法》实际上保护的应为消费者，即基于生活消费需要购买、使用商品或接受服务之人。

本案中，首先，宋某在 2015 年 4 月 3 日之前购买了同系列衣服，在经鉴定机构检测产品里料不合格的情况下，其在 2015 年 4 月 10 日又购买了涉案衣服，同样系列，且商品的款号前几位代码均相同，此行为并非一个正常消费者的行为。

其次，宋某在与上海丝绸公司的通话录音中亦认可其是职业打假人，且宋某在向上海丝绸公司出具的说明中自认其购买了两款衣服共计 80 件，并就赔偿问题与厂家交涉，进一步可以看出宋某在短期内大量购入同系列服装，其并非普通消费者、其购买商品并非为生活消费所需。

最后，宋某曾就 80 件衣服中的部分商品向东城法院起诉，并自认其为职业打假人，进一步说明了其购买涉案商品并非为生活消费需要。因本案涉案商品亦包含在上述 80 件商品之内，结合上述事实之认定，宋某购买本案涉案商品并非为生活消费之需要，其权益不应受《中华人民共和国消费者权益保护法》所保护，宋某无权依据《中华人民共和国消费者权益保护法》第五十五条的规定主张三倍赔偿。

但涉案商品实际成分确与吊牌标注不符，系不合格产品，一审法院关于宋某有权要求退货，被告应退还宋某相应的货款的认定并无不当，本院予以确认。一审法院关于被告在出售涉案商品过程中存在欺诈之认定有误，本院依法予以纠正。

依照《中华人民共和国合同法》第八条、第一百一十一条、第一百五十五条，《中华人民共和国消费者权益保护法》第二条，《中华人民共和国民事诉讼法》第一百七十条第一款第二项之规定，判决如下：

一、撤销北京市海淀区人民法院（2017）京0108民初9456号民事判决；

二、宋某于本判决生效之日起十日内退还北京城乡商业（集团）股份有限公司城乡华懋商厦LILY品牌女装二件，北京城乡商业（集团）股份有限公司城乡华懋商厦于本判决生效之日起十日内退还宋某货款1798元；

三、驳回宋某的其他诉讼请求。

【法官后语】

普通消费者由于维权能力差、维权成本高往往怠于维权，影响了相关法律保护消费者、规制违法商家制度的初衷。职业打假人确实对净化市场环境、监督违法商家起到了一定的推动作用，在客观上能够对市场起到涤清作用。然而，由于职业打假人购买商品实际上往往并非以消费为目的，有些甚至通过调包、利用物理、化学方式清除商品信息等方式恶意牟利，不仅扰乱了市场秩序，而且占用了大量的司法资源。

最高人民法院办公厅向国家工商行政管理总局办公厅出具的《对十二届全国人大五次会议第5990号建议的答复意见》（法办函〔2017〕181号）中也指出：从目前消费维权司法实践中，知假买假行为有形成商业化的趋势，出现了越来越多的职业打假人、打假公司（集团），其动机并非为了净化市场，而是利用惩罚性赔偿为自身牟利或借机对商家进行敲诈勒索。更有甚者针对某产品已经胜诉并获得赔偿，又购买该产品以图再次获利。上述行为严重违背诚信原则，无视司法权威，浪费司法资源，我们不支持这种以恶惩恶，饮鸩止渴的治理模式。

对于普通消费领域的知假买假问题存在以下两种思路：

一、知假买假人并非消费者

如有证据证明职业打假人存在大量购买涉案问题商品，或就同一问题产品在不同门店购买并在多家法院提起过诉讼等情形，可以认定其并非基于生活需要购买涉案产品，并非普通消费者，故不应适用《消费者权益保护法》的保护。

职业打假人知假买假能否适用惩罚性赔偿，在理论上和实务中都存在较大争议。我们认为，如果确有证据能够证明买受人系职业打假人知假买假，即不应支持其获得惩罚性赔偿的诉讼请求。首先，设立经营者欺诈的惩罚性赔偿制度的立法本意，是为了发挥其激励、惩罚和威慑的制度功能，进一步强化对消费者合法权益的保护，打击制假贩假和生产销售劣质产品的经营者，而不是鼓励少数个人借此牟利甚至向经营者进行敲诈勒索。其次，要求获得惩罚性赔偿的主体只能是消费者，而根据《消费者权益保护法》第二条的规定，只有消费者为生活消费需要购买、使用商品或者接受服务，其权益才能受到《消费者权益保护法》的特殊保护，否则只能按照其他有关法律、法规的规定主张权利。《消费者权益保护法》规定的“生活消费”，是指为个人或者家庭生活需要而消费物质资料或者精神产品的行为，显然并不包括以知假买假为常业进行牟利的情形。国务院法制办 2016 年 11 月 16 日发布的《中华人民共和国消费者权益保护法实施条例（送审稿）》中，就明确指出“自然人、法人或其他组织以牟利为目的购买、使用商品或接受服务的，不适用本条例”，该规定被普遍认为是对《消费者权益保护法》的适用范围进行了限定，表明知假买假不应适用《消费者权益保护法》已经成为社会的共识。最后，知假买假导致经营者欺诈行为欠缺法定构成要件。所谓经营者欺诈，是指经营者故意隐瞒真实情况或者故意告知消费者虚假的情况，欺骗消费者，诱使消费者作出错误的意思表示而与之订立合同。而在知假买假的情形中，买受人明知出卖人对商品或服务的描述与事实不符，其订立合同的意思表示并非经营者隐瞒真相或虚假描述导致的错误，而是为了追求多倍赔偿的经济利益而主动为之，因而导致经营者欺诈行为欠缺法定要件。

需要注意的是，知假买假虽然不能适用《消费者权益保护法》，但职业打假人仍可以获得合同法项下的保护，不构成经营者欺诈也不能当然免除出卖人在买卖合同项下的瑕疵担保责任。

二、知假买假人主观上并未受到欺诈陷入错误认识

按照《消费者权益保护法》第五十五条的规定，在普通消费产品领域，消费者获

得惩罚性赔偿的前提是经营者的欺诈行为。民法上的欺诈，按照《最高人民法院关于贯彻执行〈中华人民共和国民法通则〉若干问题的意见（试行）》（以下简称《民法通则意见》）第六十八条的解释，应为经营者故意告知虚假情况或故意隐瞒真实情况，使消费者作出了错误意思表示。而对于知假买假人而言，不存在其主观上受到欺诈的情形。故在除购买食品、药品之外的情形，应逐步限制职业打假人的牟利性打假行为。

对于如何认定欺诈行为，《消费者权益保护法》并没有明确规定，一般参考《民法通则意见》的规定，即一方当事人故意告知对方虚假情况，或者故意隐瞒真实情况，诱使对方当事人作出错误意思表示的，可以认定为欺诈行为。因此，构成买卖合同关系中的欺诈，须具备以下条件：经营者为获取不正当利益，主观上具有以次充好、以假充真、以不合格产品冒充合格产品等的故意，客观上实施了告知购买者虚假情况或隐瞒真实情况等行为，从而使购买者陷入错误认识而购买商品，权益受到损害。

经营者如果不存在以次充好、以假充真、以不合格产品冒充合格产品等的故意时，不宜认定为欺诈；消费者未基于经营者的行为陷入错误认识时，也不宜认定为欺诈。

编写人：北京市第一中级人民法院　刘慧

10

网络电商平台商品销售价格欺诈行为的司法认定

——古某诉北京某在线电子商务有限公司买卖合同案

【案件基本信息】

1. 裁判书字号

北京市海淀区人民法院（2017）京0108民初45886号民事判决书

2. 案由：买卖合同纠纷

3. 当事人

原告：古某

被告：北京某在线电子商务有限公司（以下简称某在线公司）

【基本案情】

2015年10月16日至18日，古某于某在线公司上以每台799元的价格购买商品康宝（canbo）ZTP118F-3（H）家用碗筷消毒柜2台。2016年10月10日，北京市发展和改革委员会向国美在线公司出具了行政处罚决定书（京发改价格处罚〔2016〕42号），其中行政处罚决定书载明："根据群众举报和投诉提供线索，我委于2015年10月至2016年6月，对你单位的价格行为进行了检查，经查实，存在利用虚假的或者使人误解的价格手段，诱骗消费者或者其他经营者与其进行交易的价格违法行为。2015年10月16日至10月18日，销售康宝ZTP118F-3（H）家用碗筷消毒柜，商品编号1106670612，页面标示'699震撼开团！重磅引爆！10.16~10.18，仅此3天！￥799已降300元'。经查，本次促销活动的原价为799元。该商品10月28日销售价格为699元。"据此，古某诉至法院，要求判令某在线公司给予三倍货款即4794元的赔偿。

某在线公司认为，该公司既没有欺诈的故意，消费者也不可能因标价行为陷入错误的意思表示，不符合欺诈的构成要件。即便宣传有所不符，不能简单等同于故意告知对方虚假情况，或者故意隐瞒真实情况。页面设置中出现了价格方面的问题，是因为进行页面设置的均为业务人员，将降价的基准价设置为了厂商供货的指导价。从古某角度来说，其非普通消费者，购买行为不属于消费者权益保护法调整的范围。首先，古某有大量对经营者提起的、要求获得惩罚性赔偿的买卖合同纠纷案件，其购物行为实质是以"消费"为手段、以诉讼为方法、以牟利为目的的非消费行为。其次，某在线公司的标价行为，并未让古某陷入错误的意思表示，做出错误判断。网络购物过程中，作为正常的消费者，购买商品是经过综合比较后筛选出商品，不可能仅因为看见了并没有价格优势的降价标注就做出购买意愿。古某所购买的产品不存在质量问题，销售价格是市场价格，并未给古某造成任何损失。最后，行政处罚中的欺诈不必然等同于民事欺诈，古某以行政处罚为依据认定公司构成欺诈的主张不成立。

【案件焦点】

1. 职业打假人因自身需要购买消费品时，是否能够适用《中华人民共和国消费者权益保护法》主张自身权益；2. 网络电商平台在商品促销页面上将产品的降价价格设置为厂商供货指导价，是否对销售者构成了价格欺诈，消费者能否据此主张三倍赔偿。

【法院裁判要旨】

北京市海淀区人民法院经审理认为：依据双方的诉辩主张，本案争议焦点主要为以下两项：一是古某是否属于《中华人民共和国消费者权益保护法》中的消费者；二是某在线公司销售涉案商品过程中是否存在欺诈。

一、古某是否属于《中华人民共和国消费者权益保护法》中的消费者

《中华人民共和国消费者权益保护法》第二条规定："消费者为生活消费需要购买、使用商品或者接受服务，其权益受本法保护；本法未作规定的，受其他有关法律、法规保护。"第三条规定："经营者为消费者提供其生产、销售的商品或者提供服务，应当遵守本法；本法未作规定的，应当遵守其他有关法律、法规。"可见，消费者是相对于经营者即生产者和销售者的概念，只要在市场交易中购买和使用商品不是为了生产经营需要，而是为了生活消费的，就应当认定为消费者。本案中，古某购买涉案碗筷消毒柜2台并已经实际使用，其应属于《中华人民共和国消费者权益保护法》中的消费者。

二、某在线公司在销售涉案商品过程中是否存在欺诈

某在线公司销售康宝ZTP118F－3（H）家用碗筷消毒柜时，页面标示"699震撼开团！重磅引爆！10.16～10.18，仅此3天！￥799已降300元"。根据普通消费者的通常理解，此表述是指原销售价格为1099元，799元的销售价格已经实际降价300元，699元的价格仅存在于2017年10月16日至2017年10月18日这三天期间。而经北京市发展和改革委员会查实，商品促销活动的原价为799元，2017年10月28日销售价格为699元。商品的价格和优惠情况是消费者决定购买商品的重要因素。在促销活动中，某在线公司存在虚假标注原销售价格、优惠幅度、优惠期间的行为，此行为足以使消费者对优惠信息产生错误认识而产生购买意愿，且导致古某实际购买了促销商品。因此，某在线公司的上述行为涉及虚假宣传、价格欺诈，已经构成欺诈。

综上所述，北京市海淀区人民法院依照《中华人民共和国合同法》第八条，《中华人民共和国消费者权益保护法》第二十条第一款、第五十五条，《中华人民共和国民事诉讼法》第六十四条第一款之规定，判决如下：

某在线公司于本判决生效之日起十日内支付古某赔偿金4794元。

【法官后语】

近年来，随着职业打假行为的不断出现，大量职业打假维权案件涌现，如何区分职业打假者与正当的消费者成为社会关注热点。就本案而言，双方争议焦点主要集中在职业打假人、消费者二者之间的身份确定以及民事法律关系中“价格欺诈”的认定标准。

一、“消费者”身份的认定标准

《消费者权益保护法》第二条规定，消费者为生活消费需要购买、使用商品或者接受服务，其权益受本法保护；本法未作规定的，受其他法律、法规保护。该法对消费者的含义进行了定义，显而易见，如果欺诈关系所涉及的主体不是消费者，则不能适用该法处理。结合法律规定，消费者需要具备如下四个条件：第一，消费者应当是为生活目的而进行的消费，如果消费的目的是用于生产或者其他目的，则不属于消费者范畴；第二，消费者应当是商品或服务的受用者；第三，消费的客体既包括商品，也包括服务；第四，消费者主要是指个人消费。

就本案而言，古某虽在多地有大量针对经营者提起的要求获得惩罚性赔偿的案件，但并不能据此否定其为自身生活消费需要而购买生活用品的民事行为。消费者是相对于经营者即生产者和销售者的概念，只要在市场交易中购买和使用商品不是为了生产经营需要，而是为了生活消费的，就应属消费者范畴。本案中，古某购买涉案碗筷消毒柜2台并已经实际使用，其属于《消费者权益保护法》中的消费者。

二、销售价格欺诈行为的司法认定标准

本案中，某在线公司另一抗辩主张认为，其所销售产品价格是市场价格，涉案交易并未给古某造成任何损失，且行政处罚中的欺诈并不等同于民事欺诈。行政处罚上的欺诈处罚能否在民事案件中适用，需要区分二者的认定角度和构成要件。民事法律行为上的消费欺诈应包含以下四个方面：第一，经营者具有主观故意；第二，经营者实施了欺诈行为；第三，消费者做出了错误的意思表示；第四，经营者的欺诈行为和消费者的购买意思之间具有因果关系。行政法律关系上的“欺诈”与民事法律关系上的“欺诈”有所区别。就行政处罚上的“欺诈”而言，首先，其构成要件与民事法律关系有所区别，即不以消费者遭受损害为前提，只要经营者实施了欺诈行为，就认定为违法。其次，从法律关系主体上看，民事法律关系中主张惩罚性赔偿的主体须为消费者，即其购买产品是出于生活消费需要。而行政处罚上的主体则较为宽泛，并不以消费者为限。但二者在认定中亦存在一定的共通性，最为明显的特征便是均存有故意虚假宣传、销售误导等行为。可见，在民事法律关系领域能否适用行政处罚中认定的“欺诈”行为，最关键的因素在于其主体是否为消费者，且消费者是否因虚假、误导等行为造成了实际损失。

就本案而言，商品的价格和优惠情况是消费者决定购买商品的重要因素。作为消费者不可能在纷繁复杂的商品中，对每一类别或每一款式的产品销售价格予以准确了解。某在线公司虚假标注原销售价格、优惠幅度、优惠期间的行为，足以对消费者选择产品产生重大的诱导和误解，进而做出错误意思表示，符合民事法律关系中的“欺诈”行为。消费者最终购买的价格虽然未高出市场指导价，但该种行为直接侵犯了消费者的选择权，涉案商品的货值即应视为其损失。据此，古某有权依据《行政处罚决定书》认定内容，向经营者主张产品价款的三倍惩罚性赔偿金。

编写人：北京市海淀区人民法院　宋硕

11

食品安全法第一百四十八条但书的理解与适用

——金某然诉长沙众群食品贸易有限公司网络购物合同案

【案件基本信息】

1. 裁判书字号

北京市第三中级人民法院（2017）京03民终7986号民事判决书

2. 案由：网络购物合同纠纷

3. 当事人

原告（上诉人）：金某然

被告（被上诉人）：长沙众群食品贸易有限公司（以下简称长沙众群公司）

【基本案情】

2016年5月19日，金某然在长沙众群公司开设的网店购买健美生进口辅酶

Q10 软胶囊（80 粒）10 盒，单价 285 元，货款合计 2850 元；购买伟博牌大豆异黄酮胶囊（90 粒）11 盒，单价 183 元，货款合计 2013 元，运费 35 元（已退还金某然）。上述两个订单的提交时间分别为当日 13 点 11 分和 13 点 14 分，付款时间分别为 13 点 12 分和 13 点 14 分；长沙众群公司于 5 月 22 日将两笔订单所涉商品通过顺丰快递由湖南长沙邮寄给金某然，金某然于 5 月 24 日签收。

2016 年 5 月 30 日，金某然在长沙众群公司开设的网店购买伟博牌辅酶 Q10 软胶囊 10 盒（60 粒）、单价 276 元，健美生牌大豆卵磷脂软胶囊 15 盒（100 粒）、单价 157 元，伟博牌大豆异黄酮胶囊（90 粒）21 盒、单价 183 元，以上货款合计 8958 元、运费 105 元（已退还金某然）。该笔订单的提交时间为当日 10 点 49 分，付款时间为 10 点 50 分；长沙众群公司于 6 月 8 日通过顺丰快递由湖南长沙邮寄给金某然，金某然于 6 月 10 日签收。

同日 15 点 14 分，长沙众群公司客服向金某然发送微信"你好，金总，我们是加拿大代购的，如果没问题我就个人给你安排国外最快的速度给你订货回来，我们是没有中文标签的，所以想再次和你确认一下，等待您的答复我就尽快给您安排，谢谢您的信任"，金某然称"……你还是继续发货吧"。

另查，长沙众群公司对涉案商品在其网店网页上标识了名称、价格、规格、原产国等信息，并进行了如下描述：健美生进口辅酶 Q10 软胶囊，物流由湖南长沙发出，加拿大原装进口，保证正品支持专柜验货，背面有中文的产品基本信息；博牌辅酶 Q10 软胶囊，物流自湖南长沙发出，是进口产品；伟博牌大豆异黄酮胶囊物流自湖南长沙发出，加拿大原装进口；健美生牌大豆卵磷脂软胶囊，物流自湖南长沙发出，原产国加拿大，进口口岸为青保税区，货物清关状态为已清关中国大陆境内。上述商品的网页宣传中均并未标识海外代购相关字样。

诉讼中，长沙众群公司认可涉案商品是在金某然下单后其自境内第三人处购买、均未粘贴中文标签，均未取得国内保健品批号属于食品。

【案件焦点】

长沙众群公司在发货前已告知金某然涉案产品无中文标签，金某然是否有权以无中文标签为由要求十倍赔偿。

【法院裁判要旨】

北京市朝阳区人民法院经审理认为：关于5月19日两笔订单。该两笔订单项下商品，长沙众群公司在网页中明确标识为进口商品，作为进口食品没有粘贴中文标签，不符合食品安全标准的要求。金某然要求退款退货并十倍赔偿于法有据。

关于5月30日一笔订单。该笔订单在发货前，长沙众群公司明确告知金某然订单下商品无中文标签和商品来源情况，按照常理金某然应该知晓购自该订单下商品不会具备国内保健品的批号且在食用剂量上应与国内标准不同。金某然未取消订单且要求长沙众群公司继续发货，表明金某然确认商品的状态，金某然收到商品后又以其事前明知的理由主张长沙众群公司要求退款、退货和十倍赔偿缺乏事实和法律依据。

北京市朝阳区人民法院依照《中华人民共和国食品安全法》第二十六条、第九十七条，《中华人民共和国消费者权益保护法》第一百四十八条之规定，判决如下：

一、被告长沙众群食品贸易有限公司于本判决生效之日起七日内返还原告金某然货款4863元，同时原告金某然向被告长沙众群食品贸易有限公司返还健美生进口辅酶Q10软胶囊（80粒）10盒和伟博牌大豆异黄酮胶囊（90粒）11盒（如不能返还则按相应单价折价）；

二、被告长沙众群食品贸易有限公司于本判决生效之日起七日内赔偿原告金某然48630元；

三、驳回原告金某然的其他诉讼请求。

金某然不服一审判决，提出上诉。北京市第三中级人民法院经审理认为：一审法院认定事实清楚，适用法律正确，遂判决：

驳回上诉，维持原判。

【法官后语】

《食品安全法》第一百四十八条第二款规定，生产不符合食品安全标准的食品或者经营明知是不符合食品安全标准的食品，消费者除要求赔偿损失外，还可以向生产者或者经营者要求支付价款十倍或者损失三倍的赔偿金；增加赔偿的金额不足一千元的，为一千元。但是，食品的标签、说明书存在不影响食品安全且不会对消费者造成误导的瑕疵的除外。该条明确了对食品生产者和经营者的惩罚性赔偿机制。惩罚性赔偿不一定是在消费者有实际损害的情况下才可以主张，即使消费者购买后尚未食用不符合食品安全标准的食品，仍可要求生产经营者支付价款十倍的赔偿金。立法之所以这样规定，很大程度上是考虑到我国食品安全问题的严峻性。实践中食品标签、说明书中的一些瑕疵，如错别字或计量单位使用不规范等，虽然不符合有关食品安全标准但是并不影响食品安全，也不会对消费者造成误导，此类情况下生产经营者，不应承担惩罚性赔偿责任。正因为此，该条增加了但书规定。

具体到但书的规定来看，如何理解和认定“不影响食品安全且不会对消费者造成误导的瑕疵”存在一定争议。具体到本案来说，《食品安全法》第九十七条规定，进口的预包装食品、食品添加剂应当有中文标签。长沙众群公司宣称产品为进口商品，进口商品未粘贴中文标签违反了《食品安全法》第二十六条的规定，属于不符合食品安全标准的食品，应当适用惩罚性赔偿的规定。但是，发货前长沙众群公司已经就涉案商品的来源、质量、性能及有无中文标签的情况告知金某然，金某然对商品的上述信息是明知的。涉案商品尽管没有按照食品安全法的规定粘贴中文标签，存在标签上的瑕疵，但因为长沙众群公司已经尽到了必要的提示的义务，并未对金某然构成误导，应当属于《食品安全法》第一百四十八条第二款但书规定的情形。

值得指出的是，食品标签存在瑕疵，本质上也属于一种违法行为，只不过由于瑕疵不影响食品安全且不会对消费者造成误导，按照“过罚相当”原则，给予了食品生产者和经营者更正或者补救的救济途径，不能因此而弱化对食品标签的监管。

编写人：北京市朝阳区人民法院　薛泓

12

进口商品未贴中文标签不适用“假一赔十”规定

——田某诉四川广安思源酒店有限责任公司、
四川艾威尔顿商贸有限公司买卖合同案

【案件基本信息】

1. 裁判书字号

四川省广安市中级人民法院（2017）川16民终1624号民事判决书

2. 案由：买卖合同纠纷

3. 当事人：

原告（上诉人）：田某

被告（被上诉人）：四川广安思源酒店有限责任公司（以下简称思源酒店）、四川艾威尔顿商贸有限公司（以下简称艾威尔顿公司）

【基本案情】

原告田某在被告思源酒店处购买Jean Andre LAFITTE（中文名：让安德烈拉菲）红酒119400元。后原告田某向广安市食品药品监督管理局进行实名举报相关产品未贴中文标签，经广安市食品药品监督管理局查验，产品实际经营者为被告艾威尔顿公司，其拥有产品进货票据、入境检验检疫证明、中文标签、供货商资质等材料。

广安市食品药品监督管理局认为：当事人销售的葡萄酒有出入境检验检疫机构的卫生证书等证明，能够提供相对应的中文标签，只是在销售时候未粘贴在酒瓶上，但不影响食品安全，可以认定为标签瑕疵。据此作出行政处罚决定书，决定：责令四川艾威尔顿商贸有限公司改正，给予警告的行政处罚。原告田某不服该决定，申请行政复议，四川省食品药品监督管理局经审查认为该情况不符合法律规定标签瑕疵认定的要素。遂作出行政复议决定书，决定：1. 撤销广安市食品药品监督管理局作出的（广）食药监食罚（2017）1号行政处罚决定书；2. 责令广安市食品药品监督管理局重新作出处理。

【案件焦点】

进口产品未贴中文标签是否适用“假一赔十”的规定。

【法院裁判要旨】

四川省广安市广安区人民法院经审理认为：《中华人民共和国食品安全法》第一百四十八条对生产经营不符合食品安全标准的食品的生产者经营者赋予消费者十倍价款的求偿权，这一惩罚性赔偿制度，其目的是制裁食品生产经营者生产或者经营不符合食品安全标准的食品的违法行为，以维护消费者的合法权益，但其前提是食品“不符合食品安全标准”。根据《中华人民共和国食品安全法》第一百五十条对“食品安全”术语含义规定为“食品安全，指食品无毒、无害，符合应当有的营养要求，对人体健康不造成任何急性、亚急性或者慢性危害”，因此，“不符合食品安全标准”应系生产、销售的食品存在有毒、有害、不符合应当有的营养要求，对人体健康可能造成任何急性、亚急性或者慢性危害等可能影响人体健康的问题。

具体到本案，涉案产品的经营者提供了海关进口货物报关单、入境货物检验检疫证明及卫生证书、中文标签等证据，证明涉案产品在进口时经过入境货物检验检疫并准许进口。而原告未提供证据证明涉案产品是不符合食品安全标准的食品，涉案商品虽存在未粘贴中文标签不当情形，但无证据证明商品本身“有毒、有害”，会对人体健康造成危害。故对原告要求被告十倍赔偿的诉讼请求，不予支持。同时，涉案产品虽然未加贴中文标签，但该行为并不影响食品安全，不足以构成对消费者的误导。据此判决：

一、思源酒店公司返还田某货款119400元；

二、驳回田某的其他诉讼请求。上述金钱债务，义务人应于本判决生效后十日内履行完毕，逾期则应当依照《中华人民共和国民事诉讼法》第二百五十三条之规定，加倍支付迟延履行期间的债务利息，权利人可在本生效判决规定的履行期限最后一日起二年内向本院申请执行。一审案件受理费16621元，由田某负担15000元，由思源酒店公司负担1621元。

原告田某不服提起上诉。四川省广安市中级人民法院经审理认为，上诉人依据

《中华人民共和国食品安全法》第二十六条、第一百四十八条规定，要求被上诉人退还货款并支付价款十倍的赔偿金。但是《中华人民共和国食品安全法》第一百四十八条规定的十倍赔偿金是针对“生产不符合食品安全标准的食品或者经营明知是不符合食品安全标准的食品”，本案中涉案产品的经营者提供了海关进口货物报关单、入境货物检验检疫证明及卫生证书、中文标签等证据，证明涉案产品在进口时经过入境货物检验检疫并准许进口。而上诉人未提供证据证明涉案产品是不符合食品安全标准的食品，故不能认定涉案产品是不符合食品安全标准的食品；同时，涉案产品虽然未加贴中文标签，但该行为并不影响食品安全，不足以构成对消费者造成误导，故亦不能适用关于十倍赔偿金的规定。另外，一审法院虽然认定思源酒店公司退还田某货款的同时亦认定田某应退还相应的货物，若不能全部退还，则按照对等价款折抵货款，但其判决主文部分遗漏此判项，本院对此予以纠正。为此，判决：

一、维持四川省广安市广安区人民法院（2017）川1602民初4136号民事判决第一项即“被告四川广安思源酒店有限责任公司返还原告田某货款119400元”、第二项即“驳回原告田某的其他诉讼请求”；

二、上诉人田某退还被上诉人广安思源酒店有限责任公司Jean Andre LAFITTE（中文名：让安德烈拉菲）红酒30瓶，若不能全部退还，则按照红酒对应价款充抵货款。

【法官后语】

“民以食为天”，食品安全是重大的民生问题，多发的食品安全案件也已成为社会关注的焦点。习近平总书记关于加快建立科学完善的食品药品安全治理体系的重要指示应认真贯彻落实，党的十九大报告也专门提出实施健康中国战略，实施食品安全战略。故此，人民法院在处理涉及食品安全问题的案件时应高度谨慎，注意把握法律效果与社会效果的相统一。本案为消费者以进口产品未粘贴中文标签从而主张其不符合食品安全标准而要求“假一赔十”，这既涉及对食品安全标准的解读与适用，也关涉保障消费者知情权，同时，还与“职业打假”这一特殊群体相关，因此，该案的审理具有非常重要的导向意义。

本案的判决结果追求积极的法律效果与正面的社会影响。法律层面有两种效用，一方面均衡了法益。在法律适用上对商品销售者的权益进行了合法保障，不片面扩大商品销售者的责任。另一方面维护了消费者的知情权，因买卖标的未粘贴中文标签而给消费者造成的一定误解，最终以当事人之间退货退款的方式解决纠纷，从而定分止争维护了消费者的合法权益。

同时，该案也有良好的社会效果。首先，通过这次审理，相关标识不规范的产品已经下架整改，避免了类似纠纷的再次发生，规范了市场秩序，促进了食品安全标准的适用。其次，原告买假并举报、起诉，涉嫌“职业打假”，通过该案的审理，阻止了职业打假人依靠自身的专业知识来牟利的企图，教育了人民群众理性维权、合理交易，以促进商业交易秩序的良性运行。最后，通过该案的审理、宣传，将相关法律法规知识、精神传达至当事人、旁听群众及相关社群中，提升了社会民众的法律意识。

编写人：四川省广安市广安区人民法院　张晶晶

13

买卖双方约定的质量检验期应在合理期限内

——上海奥宁电子科技有限公司诉北京神州数码有限公司买卖合同案

【案件基本信息】

1. 裁判书字号

北京市海淀区人民法院（2015）海民（商）初字第13426号民事判决书

2. 案由：买卖合同纠纷

3. 当事人

原告：上海奥宁电子科技有限公司（以下简称奥宁电子公司）

被告：北京神州数码有限公司（以下简称神州数码公司）

【基本案情】

原告奥宁电子公司（乙方）与被告神州数码公司（甲方）签订有《货物买卖框架合同》及相关附件。其中关于货物验收：乙方须在货物交付后三个工作日之内验货，如有货物质量问题，须在收货后三日内书面通知甲方，否则，视同一次验收合格。2012年10月至2013年3月，奥宁电子公司通过神州商桥系统（www.e-Bridge.com.cn）发送订单，包含飞利浦PI3800平板电脑3800余台，总计价款168万余元。神州数码公司根据订单向奥宁电子公司交付了相应产品。奥宁电子公司在销售过程中，陆续有客户反馈飞利浦PI3800平板电脑无法开机等问题。原告要求退货，被告未予处理遂诉至法院。

诉讼过程中，奥宁电子公司申请对涉案产品进行质量鉴定，本院委托中国检验认证集团北京有限公司开展鉴定工作，其出具的鉴定意见如下：1. 电池类鉴定标的物损坏形式为电池性能异常，不能开机的原因为电池性能异常，但不排除系统程序损坏或主板硬件损坏；系统程序损坏与系统程序缺陷、漏洞有关；主板硬件损坏与硬件质量、储存环境、静电等有关；电池性能异常的原因可能为电池质量不合格、电池老化等；鉴于我司无法确认鉴定标的物储存条件，以及双方当事人无法提供鉴定标的物的相关技术资料，我司无法确认造成系统程序损坏、主板硬件损坏以及电池损坏的具体原因；2. 屏幕质量类鉴定标的物屏幕硬件外观正常；由于双方当事人无法提供鉴定标的物相关技术资料以及可正常运转的同型号平板电脑，另外该型号鉴定标的物硬件技术陈旧，无法匹配合适接口使屏幕正常显示，我司无法对屏幕画面质量进行鉴定；3. 开关接口类鉴定标的物充电接口、电源开关按键以及音量增减按键正常，音量增减控制电路短路损坏；音量增减控制电路短路的原因可能为储存环境潮湿、静电或绝缘老化等；4. 无法确认程序类鉴定标的物内部程序是否损坏，CPU有工作温度过高的异常现象，工作温度过高原因可能为产品散热效果差或软件运行资源不足而超负荷运算，会造成产品运行过程死机、自动关机等；5. 声音播放类鉴定标的物扬声器损坏，扬声器损坏原因为焊接质量不合格。

【案件焦点】

买卖双方约定的质量检验期是否合理。

【法院裁判要旨】

北京市海淀区人民法院经审理认为：原告奥宁电子公司与被告神州数码公司之间的《货物买卖框架合同》及相应电子订单共同构成双方之间的买卖合同，应当依法予以保护。3C证书主要是指质量安全标准所作产品抽样检测的结果，证书被准许用在认证产品的包装上。有3C标志的产品并不意味着全部满足所有方面质量要求的产品，被告关于“有3C标志就属于质量合格产品”的说法没有法律依据。

本案《货物买卖框架合同》中有“乙方须在货物交付后三个工作日之内验货……否则，视同一次验收合格……因乙方原因未能验收的，货物交付三日后视为货物全部验收合格”等约定，但这个约定也仅仅只能是像合同中描述的那样，针对“产品品牌、原厂商、产地、规格型号、数量是否与本合同或装箱单等文件相符”进行检验。要求奥宁电子公司在订购的3800余台平板电脑中检验出600余台问题产品在到货3日内反馈，除非逐一开机查验，这对于产品经销商来说，既不可能，也不合常理。从奥宁电子公司提供的故障平板电脑送站检验鉴定统计情况看，确定质量问题的时间段主要集中在2013年5月至2014年年初，这与奥宁电子公司购入飞利浦PI3800平板电脑后再行销售的时间逻辑一致。也就是说，只有产品销售到终端客户手中时，才可能开机检验或在使用中发现质量问题。鉴定机构出具的《鉴定意见书》印证了奥宁电子公司送站检测所发现的质量问题，而如此之多的电池、系统方面的隐蔽质量瑕疵，应当由生产者、销售者承担相应责任。所以，针对神州数码公司关于奥宁电子公司没有在到货3天内提出质量异议视为产品质量全部合格的辩称，本院不予支持。作为电子产品的分销商，奥宁电子公司从终端客户得到飞利浦PI3800平板电脑存在严重质量问题的反馈，并获取飞利浦特约维修站填写的“产品随机退货卡”，进而向上游经销商神州数码公司主张退还货款，于法有据。鉴于飞利浦PI3800平板电脑存在价格变化，本院按双方在法庭上确认的折换价格1台477元计算退还货款的金额，并酌定相应利息损失。

综上，北京市海淀区人民法院依照《中华人民共和国合同法》第一百零七条、第一百一十一条、第一百五十三条、第一百五十四条之规定，判决如下：

一、被告北京神州数码有限公司于本判决生效后十日内退还原告上海奥宁电子科技有限公司货款310527元；

二、原告上海奥宁电子科技有限公司于本判决生效之日起十日内向被告北京神州数码有限公司返还飞利浦PI3800B2/93型号平板电脑六百五十一台，由被告北京神州数码有限公司到上海市青浦区汇龙路338号处自提，交付前如发生毁损或灭失，由原告上海奥宁电子科技有限公司按每台477元向被告北京神州数码有限公司赔偿，如被告北京神州数码有限公司逾期不提取，则产品毁损或灭失的风险由被告北京神州数码有限公司自行承担；

三、被告北京神州数码有限公司于本判决生效后十日内赔偿原告上海奥宁电子科技有限公司经济损失（以310527元为基数，按金融机构一年期贷款基准利率计算，自2015年3月12日起至实际支付之日止）；

四、驳回原告上海奥宁电子科技有限公司其他诉讼请求。

【法官后语】

买受人对交付标的物的质量、数量等有异议的，应当在约定或法定的期间内向出卖人提出，此为买受人的检验义务。交付与约定相符的标的物是买卖合同中卖方的基本义务，但买受人亦应在约定或法定的检验期间内对标的物进行检验，该期间即为合同法上的检验期间，一旦买受人未在检验期间内对标的物进行检验或检验后未通知出卖人，即产生失权的不利后果。

合同法规定，当事人约定检验期间的，买受人应当在检验期间内将标的物的数量或者质量不符合约定的情形通知出卖人。买受人怠于通知的，视为标的物的数量或者质量符合约定。当事人没有约定检验期间的，买受人应当在发现或者应当发现标的物的数量或者质量不符合约定的合理期间内通知出卖人。买受人在合理期间内未通知或者自标的物收到之日起两年内未通知出卖人的，视为标的物的数量或者质量符合约定，但对标的物有质量保证期的，适用质量保证期，不适用该两年的规定。买卖合同法司法解释规定，认定是否属于“合理期间”时，应当综合当事人之间的交易性质、交易目的、交易方式、交易习惯、标的物的种类、数量、性质、安装和使用情况、瑕疵的性质、买受人应尽的合理注意义务、检验方法和难易程度、买受人或者检验人所处的具体环境、自身技能以及其他合理因素，依据诚实信用原则进行判断。就本案而言，要求奥宁电子公司在订购的3800余台平板电脑中检验出600余台问题产品在到货3日内反馈，除非逐一开机查验，这对于产品经销商来说，既不可能，也不合常理，3日内检验期对“产品品牌、原厂商、产地、规格型号、数量是否与本合同或装箱单等文件相符”进行检验的合同约定更为合理。

买受人的检验义务和通知义务不构成买受人所负担的真正意义上的法律义务属于不真正义务，这种义务是一种非常轻微的义务，法律并不强制当事人履行这种义务，如果当事人没有履行这种义务，他也不必因此而承担损害赔偿责任，只是失去一个较为有利的法律地位，或者接受某种法律上的不利。与检验通知义务不同，出卖人应当按照约定的质量要求交付标的物是真正的法律义务，是买卖合同中的卖方的基本义务。《合同法》采取严格责任的归责原则，只要出卖人违反了该合同义务，即构成违约，应当承担相应的违约责任，而且与该义务相对应的权利人即买受人也有权利请求出卖人承担损害赔偿等违约责任。

编写人：北京市海淀区人民法院　徐丽霞　徐星星

14

出卖人对保修期内的房屋质量问题负有修复义务

——陈某妮诉武汉新世界康居发展有限公司买卖合同案

【案件基本信息】

1. 裁判书字号

湖北省武汉市江汉区人民法院（2016）鄂 0103 民初 3839 号民事判决书

2. 案由：买卖合同纠纷

3. 当事人

原告（反诉被告）：陈某妮

被告（反诉原告）：武汉新世界康居发展有限公司

【基本案情】

2014 年 12 月 23 日，陈某妮与武汉新世界康居发展有限公司签订《武汉市商品房买卖合同》及《常青南园三期精装修合同》，约定由陈某妮购买武汉新世界康居发展有限公司开发的位于武汉市江汉区常青南园三期某房屋，且武汉新世界康居发展有限公司对该房屋进行精装修设计及施工。

上述合同签订后，陈某妮按照合同约定要求交付了全部购房款及前期装修费用，但武汉新世界康居发展有限公司迄今为止从未书面通知陈某妮进行验收交接。因房屋的精装修存在严重质量问题，自合同签订之后，陈某妮就一直与武汉新世界康居发展有限公司就房屋装修质量问题进行电话沟通，但一直未能得到妥善解决。2015年4月22日，陈某妮委托武汉兴世爱家建设工程技术有限公司出具了《房屋装饰装修工程质量检验报告》，指出涉案房屋在墙面、地面、天棚、门窗、水电、裱糊工程、成品保护等诸多方面均存在严重的质量问题。2015年5月28日，因武汉新世界康居发展有限公司一直未书面通知陈某妮办理验收交接房屋，陈某妮遂致函武汉新世界康居发展有限公司要求解决房屋装修质量问题，并办理房屋验收交接手续后由陈某妮自行维修该房屋装修质量问题，但武汉新世界康居发展有限公司未同意。2015年6月5日，武汉新世界康居发展有限公司委托湖北正信工程项目管理有限公司对房屋装修造价出具《司法鉴定报告书》，经现场勘查录像固定装修情况后出具的鉴定结论为该房屋装修造价仅为人民币130761.22元。由于武汉新世界康居发展有限公司拖延交房且拒绝对房屋装修质量问题承担责任的行为已严重侵犯陈某妮的合法权益，陈某妮于2015年6月25日在聘请湖北省武汉市洪兴公证处对房屋现状进行证据保全公证后自行到武汉新世界康居发展有限公司处拿走房屋全部钥匙，在未办理房屋交付手续的情况下对房屋进行实际接管。陈某妮认为，武汉新世界康居发展有限公司应按合同之约定按期交付商品房给陈某妮，现武汉新世界康居发展有限公司逾期迟迟未能交付合格的商品房，应承担违约责任。另外，因该房屋装修存在严重质量问题，故武汉新世界康居发展有限公司应承担陈某妮的损失。

审理过程中，武汉新世界康居发展有限公司向法院提出反诉，认为其已按照《常青南园三期精装修合同》履行合同义务，但陈某妮没有向其支付剩余装修款，没有依约履行付款义务，应由陈某妮向其支付违约金及剩余装修款。

【案件焦点】

1. 如何确认违约责任；2. 房屋买卖合同纠纷中如何确定出卖人的维修责任。

【法院裁判要旨】

湖北省武汉市江汉区人民法院经审理认为：依法成立的合同，自成立时生效。陈某妮、武汉新世界康居发展有限公司就位于武汉市江汉区常青南园三期某房屋所签订的《武汉市商品房买卖合同》及《常青南园三期精装修合同》均系双方真实的意思表示，内容未违反法律、法规的强制性规定，应认定为有效，故陈某妮、武汉新世界康居发展有限公司均应按照该协议所约定的内容履行各自的义务。根据双方于2014年12月23日所签订的《武汉市商品房买卖合同》的约定，在陈某妮履行了支付购房款的义务后，武汉新世界康居发展有限公司应于2015年2月28日前将商品房交付给陈某妮。而陈某妮、武汉新世界康居发展有限公司于同日另行签订的《常青南园三期精装修合同》中，并未约定需陈某妮支付全部装修款项后被告才能交付房屋给陈某妮使用，上述两份合同并无关联，现武汉新世界康居发展有限公司以陈某妮未支付剩余房屋装修款为由，怠于履行房屋交接手续，已构成违约，应按双方在《武汉市商品房买卖合同》中的约定承担违约责任。原告自认其于2015年6月25日已实际接管该房屋，故武汉新世界康居发展有限公司应从2015年3月1日起按陈某妮已支付的房价款人民币1425011元按日万分之0.4的标准支付违约金日至2015年6月24日止，即应支付的违约金为人民币6612元。因陈某妮已实际接管该房屋，根据双方在《武汉市商品房买卖合同》中第十六条“出卖人应当在商品房交付使用之日起90日内办理完房地产初始登记”的规定，陈某妮要求武汉新世界康居发展有限公司协助办理房屋产权登记手续的诉讼请求，符合法律规定，本院予以支持。关于陈某妮、武汉新世界康居发展有限公司双方所签订的《常青南园三期精装修合同》，因该房屋在双方签订装修合同时已装修完毕，故陈某妮应按双方约定的价格向被告支付全部装修款。陈某妮提出按人民币130761.22元的鉴定价格支付装修款的诉讼请求，与事实及法律规定不符，本院不予支持。现因该房屋的装修经鉴定存在质量问题，根据《中华人民共和国合同法》第六十一条、第一百一十一条：“质量不符合约定的，应当按照当事人的约定承担违约责任。对违约责任没有约定或者约定不明确，依照本法第六十一条的规定仍不能确定的，受损害方根据标的的性质以及损失的大小，可以合理选择要求对方承担修理、更换、重作、退货、减少价款或者报酬等违约责任”及《最高人民法院关于审理商品房买卖合同纠纷案件适用法律若干问题的解释》第十三条“……交付使用的房屋存在质量问题，在保修期内，出卖人应当承担修复责任；出卖人拒绝修复或者在合理期限内拖延修复的，买受人可以自行或者委托他人修复。修复费用及修复期间造成的其他损失由出卖人承担”的规定，因陈某妮、武汉新世界康居发展有限公司对该房屋的装修质量问题未协商一致，且武汉新世界康居发展有限公司在房屋装修保修期内未积极履行修复义务，而陈某妮自行委托他人对装修进行修复所花费的人民币47000元及为房屋装修质量检测所支付的检测费人民币880元，均系为检测及修复该房屋的装修质量问题而支付的费用，该费用均应由武汉新世界康居发展有限公司承担，可一并从陈某妮向武汉新世界康居发展有限公司应支付的剩余装修款中予以扣除。对于陈某妮提出要求被告赔偿租房居住费用及其他鉴定、公证费用的诉讼请求，因上述费用并非必须实际遭受的损失，故本院不予支持。综上，陈某妮还应向被告支付剩余装修款人民币117911元。武汉新世界康居发展有限公司要求陈某妮给付逾期付款违约金及要求原告腾退房屋并对房屋装修恢复原状的反诉请求，与事实及法律规定不符，本院均不予支持。依照《中华人民共和国合同法》第四十四条、第六十条第一款、第六十一条、第六十二条、第一百一十一条、第一百五十五条，《最高人民法院关于审理商品房买卖合同纠纷案件适用法律若干问题的解释》第十三条及《中华人民共和国民事诉讼法》第一百四十条、第一百四十二条的规定，作出如下判决：

一、武汉新世界康居发展有限公司于本判决生效之日起十日内协助陈某妮办理武汉市江汉区常青南园三期某房屋的产权登记手续；

二、武汉新世界康居发展有限公司于本判决生效之日起十日内向陈某妮支付逾期交房违约金人民币6612元；

三、陈某妮于本判决生效之日起十日内向武汉新世界康居发展有限公司支付房屋装修款人民币117911元；

四、驳回陈某妮的其他诉讼请求；

五、驳回武汉新世界康居发展有限公司的其他反诉请求。

【法官后语】

随着经济的发展，公民的维权意识不断增强，在房屋买卖关系中出现的纠纷日渐增多。而在这些诸多原因造成的纠纷中，房屋质量问题导致的纠纷最为突出。一个房屋的质量问题，直接影响一家人的生活问题，在目前的经济体系下，大部分人都是花费了大量的财力才买到心仪的房子，而当出现质量问题时，无不是愤慨激昂，希望问题得到解决。

根据《最高人民法院关于审理商品房买卖合同纠纷案件适用法律若干问题的解释》的规定，当房屋出现质量问题时，只要还在保修期内，出卖人就应该承担维修责任，当出卖人拒绝维修时，买受人可以自行维修并在法律规定的范围内要求出卖人承担维修费用等。

具体到本案而言，陈某妮、武汉新世界康居发展有限公司依法签订的《武汉市商品房买卖合同》及《常青南园三期精装修合同》，两份合同相互独立，并无关联，武汉新世界康居发展有限公司以第二份合同中陈某妮没有履行合同义务为由拒绝履行第一份合同并无相关法律规定，其已经构成违约，应当承担违约责任。对于第二份合同《常青南园三期精装修合同》，陈某妮认为武汉新世界康居发展有限公司对房屋的装修存在质量问题，其找到武汉新世界康居发展有限公司进行维修，武汉新世界康居发展有限公司并没有理会，因此其自己进行维修要求武汉新世界康居发展有限公司承担修复费用等，根据《合同法》第一百一十一条“质量不符合约定的，应当按照当事人的约定承担违约责任。对违约责任没有约定或者约定不明确，依照本法第六十一条的规定仍不能确定的，受损害方根据标的的性质以及损失的大小，可以合理选择要求对方承担修理、更换、重作、退货、减少价款或者报酬等违约责任”及《最高人民法院关于审理商品房买卖合同纠纷案件适用法律若干问题的解释》第十三条“……交付使用的房屋存在质量问题，在保修期内，出卖人应当承担修复责任；出卖人拒绝修复或者在合理期限内拖延修复的，买受人可以自行或者委托他人修复。修复费用及修复期间造成的其他损失由出卖人承担”的规定，陈某妮的请求应得到支持。

编写人：湖北省武汉市江汉区人民法院　李靖

15

产品责任纠纷中产品质量缺陷的认定不以鉴定为前提

——张某英等诉苏州杰翔电动车有限公司、弘毅尚品（北京）经贸有限公司产品责任案

【案件基本信息】

1. 裁判书字号

北京市第二中级人民法院（2017）京02民终12653号民事判决书

2. 案由：产品责任纠纷

3. 当事人

原告（上诉人）：张某英、张某丽、张某

被告（上诉人）：苏州杰翔电动车有限公司（以下简称苏州杰翔公司）、弘毅尚品（北京）经贸有限公司（以下简称弘毅北京公司）

【基本案情】

苏州杰翔公司是速蝶牌电动车的生产商，持有“速蝶”商标。2015 年 5 月 13 日，张某忠在弘毅北京公司处花费 3680 元购买速蝶电动折叠车 1 辆。同年 6 月 18 日凌晨零时许，张某忠正常骑该车行驶至北京市西城区阜外大街南礼士路北侧辅路时，该车大梁突然断裂，致张某忠摔倒在地失去知觉、严重受伤，后被路人发现报警，阜外派出所民警出警后，报北京 999 急救中心送北京大学人民医院抢救治疗，经该医院诊断为高位颈脊椎损伤，高位截瘫。后在北京市隆福医院就医，在北京市西城区景福颐养照料中心护理。2015 年 10 月 16 日，张某忠因心源性猝死在北京市西城区景福颐养照料中心离世。张某英、张某丽、张某认为张某忠所受伤害直至身故，完全是因所购速蝶牌折叠电动自行车产品缺陷等严重质量问题导致，张某忠无任何责任。生产厂家和销售商应依法负民事责任，赔偿相关损失。因目前本案属于产品生产者的责任还是属于销售者的责任，并不是很清楚，故张某英、张某丽、张某起诉至法院，请求法院判令苏州杰翔公司、弘毅北京公司共同赔偿医疗费 449146.97 元、护理费 11755 元、死亡赔偿金 1057180 元、丧葬费 42516 元、精神损害抚慰金 20000 元。

【案件焦点】

1. 涉案电动车是否存在产品质量缺陷；2. 赔偿主体的确定及赔偿责任比例问题。

【法院裁判要旨】

北京市西城区人民法院经审理认为：电动车前轮与后轮之间第一根连杆前端开裂是客观事实，张某忠在驾驶该车过程中摔倒受伤，有公安机关的出警记录、证明以及医疗机构的病历为证，证据之间互相印证，据此应认定是因苏州杰翔公司生产的上述电动车存在缺陷，造成张某忠损害。苏州杰翔公司虽然对张某忠死亡与其摔伤之间有无因果关系申请鉴定，但因张某忠死亡后未行尸检，无法进行相关鉴定，张某忠因驾驶电动车摔倒受伤后一直在医院治疗，现有证据无法排除张某忠死亡与其因使用电动车摔伤之间不存在因果关系，故综合本案相关事实，应认定苏州杰翔公司、弘毅北京公司应对张某忠的死亡后果承担50%的赔偿责任。

北京市西城区人民法院依照《中华人民共和国侵权责任法》第四十一条、第四十三条，《最高人民法院关于审理人身损害赔偿案件适用法律若干问题的解释》第十七条、第十八条、第十九条、第二十一条、第二十七条、第二十九条，《最高人民法院关于确定民事侵权精神损害赔偿责任若干问题的解释》第八条、第十条之规定，作出如下判决：

一、判决生效后七日内，苏州杰翔电动车有限公司、弘毅尚品（北京）经贸有限公司赔偿张某英、张某丽、张某医疗费120619.62元、护理费11755元、死亡赔偿金528590元、丧葬费212580元、精神损害抚慰金20000元；

二、驳回张某英、张某丽、张某其他诉讼请求。

张某英、张某丽、张某、苏州杰翔公司、弘毅北京公司均不服一审判决，提出上诉。北京市第二中级人民法院经审理认为：关于电动车是否存在产品质量缺陷，消费者自接受商品或者服务之日起六个月内发现瑕疵发生争议的，由经营者承担有关瑕疵的举证责任。举轻以明重，以上规定针对产品瑕疵，缺陷比瑕疵更为严重，故产品缺陷的举证责任分配自然亦同。从电动车购买票据显示，事发时电动车购买仅月余。因弘毅北京公司和苏州杰翔公司未能充分举证涉案电动车不存在产品质量缺陷，故一审法院认定涉案电动车存在产品质量缺陷，有事实依据。

关于赔偿主体的确定，因产品存在缺陷造成他人损害的，生产者应当承担侵权责任。虽我国法律规定销售者亦有可能成为产品质量责任承担主体，但一般仅限于两种情形：其一为因销售者的过错使产品存在缺陷；其二为销售者不能指明缺陷产品的生产者，也不能指明缺陷产品的供货者。弘毅北京公司和苏州杰翔公司均认可，弘毅北京公司所有速蝶牌电动车均从苏州杰翔公司进货。苏州杰翔公司和张某英、张某丽、张某在一审、二审均未提出任何关于弘毅北京公司存在过错的主张。一审法院判令弘毅北京公司和苏州杰翔公司共同承担赔偿责任无法律依据，应予以改正。关于赔偿责任比例的确定，本案合议庭认为，一个普通家庭在维持高位截瘫病人重症监护室治疗条件并承担高昂费用，和适当降低医疗条件或执意出院以降低负担之间抉择之艰难。但张某忠家属未听从隆福医院关于“尚不能出院，应继续治疗”的建议坚持要求出院的行为，在客观上对张某忠病情发展的影响，仍无法被完全忽略。本案合议庭对部分少数民族“速葬”的风俗习惯予以尊重，但张某忠去世后并未进行尸检，客观上确实导致了鉴定机构无法进行死因鉴定。张某忠的医学证明（推断）书注明的死亡原因虽为心源性猝死，但因张某忠并未进行尸检，该死亡原因仅为推断，故可参考性较低。对造成张某忠死亡的原因，根据医院入院记录、住院病历、出院记录，结合医学常识和“110”接处警记录证据记载的情况综合认定，张某忠摔伤后的脊髓损伤，应为导致其数月后去世的主要原因。一审法院关于苏州杰翔公司对张某忠死亡后果应当承担的责任比例酌定略低，根据本案具体情况将苏州杰翔公司对张某忠死亡后果的责任比例调整为80%。北京市第二中级人民法院依照《中华人民共和国民事诉讼法》第一百七十条第一款第二项之规定，作出如下判决：

一、撤销北京市西城区人民法院（2016）京0102民初2368号民事判决；

二、本判决生效后七日内，苏州杰翔电动车有限公司赔偿张某英、张某丽、张某医疗费120619.62元、护理费11755元、死亡赔偿金845744元、丧葬费34012.8元、精神损害抚慰金20000元，以上共计1032131.42元；

三、驳回张某英、张某丽、张某的其他诉讼请求。

【法官后语】

本案当事人在骑行电动自行车时因电动车故障（前轮与后轮之间第一根连杆前端开裂）摔倒受伤，案件有两个争议焦点：其一是涉案电动车是否存在产品质量缺陷；其二为赔偿主体的确定及赔偿责任比例问题。

针对第一个争议焦点，是否有必要对涉案产品进行鉴定，存在两种意见。第一种意见，即产品责任的认定涉及某方面专业领域，产品质量是否存在问题，应由鉴定机构最终认定。如果无法进行鉴定，再按照举证责任进行判决。第二种意见为，产品是否存在瑕疵或质量问题，应首先结合具体案件以及常理进行判断，如果不能得出结论，再进行鉴定。即鉴定并非在产品责任案件中认定产品责任和瑕疵之必然程序。二审合议庭最终的意见为第二种意见。根据法律规定，产品存在缺陷是产品提供者承担产品责任的首要条件。所谓缺陷是指产品存在危及人身、他人财产安全的不合理的危险。不合理的危险是指产品存在明显或者潜在的，以及被社会普遍公认不应当具有的危险。电动车作为居民日常出行的交通工具之一，首先应当具有安全性。从涉案电动车的现状照片来看，车轮和车把等车身部位并未发生明显形变或损坏，但大梁与车头焊接处发生断裂。需要指出的是，电动车大梁起着承前启后以构成车辆支撑结构的作用，对车辆安全稳定行驶不可或缺。本院认为，涉案电动车在行驶过程中大梁出现断裂，可能会使车辆支撑结构在具有一定速度的条件下突然发生变化，从而给电动车使用者带来严重的人身和财产损害。故从以上几个方面分析，本案涉案车辆具有产品缺陷，无须再进行鉴定。

针对第二个焦点，受害人死亡原因之认定亦有两种意见。第一种意见为，张某忠的医学证明（推断）书注明的死亡原因为心源性猝死，而根据医学常识，心源性猝死均由本人本身疾病导致。故受害人死亡与侵权行为无关。第二种意见为，张某忠居民医学证明（推断）书注明的死亡原因虽为心源性猝死，但因张某忠并未进行尸检，该死亡原因仅为推断，故可参考性较低。对造成张某忠死亡的原因，法院将根据医院入院记录、住院病历、出院记录，结合医学常识和“110”接处警记录证据记载的情况综合认定。合议庭最终的意见为第二种意见。在此基础上，并对张某忠家属未听从隆福医院关于“尚不能出院，应继续治疗”的建议坚持要求出院的行为和张某忠去世后家属拒绝进行尸检的行为进行了评估。由于本案涉及少数民族风俗习惯问题，还涉及低收入家庭用高额费用救人还是放弃治疗的伦理问题，如处理不当，可能引发舆论争议或民族矛盾。但如果不对以上行为对死亡结果和因果关系查明的影响进行正确评估，可能会产生不好的社会导向。故经过反复斟酌后，合议庭对该问题给予了正面回应。一个普通家庭在维持高位截瘫病人重症监护室治疗条件并承担高昂费用，和适当降低医疗条件或执意出院以降低负担之间抉择之艰难。但张某忠家属未听从隆福医院关于“尚不能出院，应继续治疗”的建议坚持要求出院的行为，在客观上对张某忠病情发展的影响，仍无法被完全忽略。本案合议庭对部分少数民族“速葬”的风俗习惯予以尊重，但张某忠去世后并未进行尸检，客观上确实导致了鉴定机构无法进行死因鉴定。

关于侵权行为和死亡结果之间的因果关系，合议庭通过医院诊断结论，通过分析受害人就医过程、存在疾病及死亡证明记载进行分析，最终厘定受害人死亡与该起事故之间存在因果关系，对侵权人的责任比例进行改判。

编写人：北京市第二中级人民法院　石磊

二、买卖合同的订立

16

非要式情形下买卖关系成立的认定规则

——三明市华鼎酒业有限公司大田分公司诉雷某荣买卖合同案

【案件基本信息】

1. 裁判书字号

福建省三明市中级人民法院（2017）闽04民终1377号民事判决书

2. 案由：买卖合同纠纷

3. 当事人

原告（上诉人）：三明市华鼎酒业有限公司大田分公司（以下简称华鼎大田分公司）

被告（被上诉人）：雷某荣

【基本案情】

2017年6月26日，华鼎大田分公司向福建省大田县人民法院起诉称，雷某荣因经营需要，多次向华鼎大田分公司购买酒水。2017年3月24日，经双方结算，雷某荣共计拖欠货款30821元，雷某荣向华鼎大田分公司出具一份《还款计划书》予以确认。尔后，雷某荣仅偿还部分欠款，至今尚欠货款30000元，故要求法院依法判决雷某荣向华鼎大田分公司偿还货款30000元，并支付从起诉之日起至付清款项之日止的逾期利息（按中国人民银行同期同类贷款利率计算）。华鼎大田分公司提交了一份《还款计划书》以证明其主张。雷某荣辩称，其从未与华鼎大田分公司有过生意往来，而是与三明华鼎酒业有限公司（以下简称华鼎公司）存在生意往来，《还款计划书》不是在大田签订的，而是在华鼎公司三明的仓库签订的。雷某荣在《还款计划书》上签字时，该《还款计划书》的乙方和协议签订地处均为空白，之后由华鼎大田分公司自行添加。为此，雷某荣提交了出货单八份、出库单二份、发货单二份、客户余额表一份、照片十一张予以证明。法院根据双方当事人陈述和经审查确认的证据，认定事实如下：2017 年 3 月 24 日，雷某荣作为甲方出具一份《还款计划书》，内容为：1. 甲、乙双方经友好协商，就甲方偿还乙方青啤货款事宜达成如下协议，共同遵照执行；2. 甲方于 2017 年 3 月 24 日前尚欠货款 30821 元；3. 甲方同意自 2017 年 4 月 1 日起，所欠货款分 3 期还，每一期在每月 20 日前向乙方偿还 10000 元，直至还清为止；4. 甲方任何一期未能按时足额还款的，乙方有权要求甲方一次性支付所有未还款项；5. 本协议签订地为大田；华鼎大田分公司在上述《还款计划书》的乙方处加盖公章。同日，雷某荣支付欠款 821 元。

【案件焦点】

1. 雷某荣与华鼎大田分公司是否存在买卖关系；2. 华鼎大田分公司能否主张本案债权。

【法院裁判要旨】

福建省三明市大田县人民法院经审理认为：华鼎大田分公司虽在《还款计划书》乙方落款处加盖公章，但《还款计划书》中乙方处内容为空白，在雷某荣否认与华鼎大田分公司存在买卖合同关系，并提供证据证明其系与华鼎公司存在买卖合同关系的情况下，华鼎大田分公司未能提供其他证据佐证其与雷某荣存在买卖合同关系，综合案件相关事实，华鼎大田分公司仅提供《还款计划书》，不足以证明其与雷某荣存在买卖合同关系。故华鼎大田分公司要求雷某荣偿还货款 30000 元的诉讼请求，其理由不成立，不予支持。雷某荣认可与华鼎公司存在买卖合同关系，可由华鼎公司另行向雷某荣主张权利。福建省三明市大田县人民法院依照《中华人民共和国民事诉讼法》第一百二十七条，《最高人民法院关于适用〈中华人民共和国民事诉讼法〉的解释》第九十条、第一百零八条规定，作出如下判决：

驳回华鼎大田分公司的诉讼请求。

华鼎大田分公司不服一审判决，提出上诉。福建省三明市中级人民法院经审理认为：雷某荣作为买卖合同关系的买受人住址在三明市三元区，华鼎公司在工商注册登记的住所地在三明市三元区，而本案华鼎大田分公司住所地在大田县，本案买卖的标的物酒水在华鼎公司亦有销售，结合雷某荣一审提供的《出货单》显示出货单位均为华鼎公司，华鼎大田分公司除持有《还款计划书》外未提供任何与雷某荣存在买卖合同关系的证据，不排除涉案《还款计划书》中签订地和落款中乙方系由华鼎大田分公司事后填写和盖章的可能性。本案二审庭审后，由华鼎大田分公司向本院邮寄华鼎公司出具的《说明书》，载明雷某荣因经营需要购买酒水，一般由业务员与雷某荣做交易，后该业务员被调到华鼎大田分公司负责大田片区的酒水买卖，雷某荣因拖欠货款，由业务员与雷某荣对账确认，并出具《还款计划书》交由业务员。华鼎公司出具的《说明书》亦表明本案买卖关系是发生在雷某荣与华鼎公司之间，仅是最终结算时在华鼎大田分公司与雷某荣之间，涉案债权系雷某荣与华鼎公司之间结算后尚欠的货款，故本案债权亦由华鼎公司向雷某荣主张。综上所述，华鼎大田分公司的上诉请求不能成立，不予支持。福建省三明市中级人民法院依照《中华人民共和国民事诉讼法》第一百七十条第一款第一项之规定，作出如下判决：

驳回上诉，维持原判。

【法官后语】

市场经济条件下，买卖交易频繁，买卖合同形式多样。在大量的买卖交易实际中，有的有书面合同，有的没有书面合同，而审判实践中一方当事人以还款计划书、欠条、对账单等主张存在买卖合同关系要求解决买卖合同纠纷较为常见，买卖双方没有书面合同的情况下，还款计划书、欠条、对账单等能证明买卖关系成立吗？《最高人民法院关于审理买卖合同纠纷案件适用法律问题的解释》第一条规定："当事人之间没有书面合同，一方以送货单、收货单、结算单、发票等主张存在买卖合同关系的，人民法院应当结合当事人之间的交易方式、交易习惯以及其他相关证据，对买卖合同是否成立作出认定。对账确认函、债权确认书等函件、凭证没有记载债权人名称，买卖合同当事人一方以此证明存在买卖合同关系的，人民法院应予支持，但有相反证据足以推翻的除外。"这一规定为非要式情形下买卖合同的成立提供了法律依据。但是笔者认为，在特殊情况下，仅有《还款协议书》或对账单、欠条等证据并不能当然证明买卖合同关系的成立，还需要相关证据补强佐证。因此，非要式情形下买卖关系成立与否认定的关键是对证据的综合把控，至于具体如何把控，需要从证据合法性、合理性、交易习惯、交易背景等多方面去把握。

编写人：福建省三明市大田县人民法院　廖小燕

17

买卖合同关系的合意

——东阿县华通轴承配件有限公司诉楼某达买卖合同案

【案件基本信息】

1. 裁判书字号

山东省聊城市中级人民法院（2017）鲁15民终1850号民事判决书

2. 案由：买卖合同纠纷

3. 当事人

原告（被上诉人）：东阿县华通轴承配件有限公司（以下简称华通公司）

被告（上诉人）：楼某达

【基本案情】

自2014年3月起，华通公司根据楼某达的信息，通过运输公司将钢管发往慈溪，大部分钢管由楼某达在发货单上签字后再发往发货单中所记载的提货单位，一部分钢管由提货单位直接签收，钢管款由楼某达向提货单位收取后，转交给华通公司在慈溪的销售经理李沈锋。华通公司根据楼某达提供的信息，为提货单位开具了山东增值税专用发票。

在双方来往期间，形成了五份对账单，该五份对账单由华通公司提供、楼某达签字确认，均显示日期、规格、重量、单价、金额、提货单位，并记载了付款、欠款、发票开具等情况。对同一批货物，华通公司和楼某达存在价格的约定，楼某达和提货单位存在价格约定，后一个价格华通公司无法决定，该价格和前一个价格的差价即楼某达的收入。其中2014年3月至2014年4月的对账单抬头为“2014年钢管销售流水账”、2014年5月的对账单抬头为“2014年楼某达钢管销售流水账”、2014年6月的对账单抬头为“2014年楼某达6月钢管对账单”、2014年7月的对账单抬头为“2014年楼某达7月钢管对账单”、2014年12月至2015年1月的对账单抬头为“2014年楼某达12月至2015年1月钢管对账单”。

双方均提交的“2014年楼某达12月至2015年1月钢管对账单”中，原告持有的对账单中显示“担保人：王龙龙”，而被告持有的对账单中没有显示。开庭前，原告撤回对王龙龙的起诉。法庭辩论结束前，原告首先将诉求金额由553188.16元变更为335000元，后将诉求金额由335000元变更为381947.16元，只要求楼某达承担支付货款的责任。法庭辩论结束后，原告将诉求金额变更为335020.26元，称因钢管质量问题减收楼某达货款48143元（其中胡百明处23343元、孙建土处24800元）、2015年5月26日支付承兑方式支付货款22126.9元、2015年5月31日通过银行转账还款47898元、借款折抵10万元。

【案件焦点】

1. 华通公司与楼某达之间是否存在买卖合同关系；2. 楼某达应否承担支付钢管款的责任。

【法院裁判要旨】

山东省聊城市东阿县人民法院经审理认为：本案中钢管的卖方为华通公司是确定的，买方是楼某达还是提货单位原、被告的意见则不一致。首先，华通公司提供给提货单位的钢管的规格、重量、单价，均是经过楼某达之手，华通公司和提货单位之间对上述事项没有直接的联系且华通公司对提货单位使用的其钢管价格没有决定权，而标的、数量、价款是买卖合同中缺一不可的要素。其次，关于钢管款的给付，是由楼某达向提货单位收取后再交给华通公司，对于给付的时间系由楼某达掌握，华通公司无法直接向提货单位要求。综上所述，楼某达与华通公司之间存在买卖合同关系。依据原、被告举证、质证，后经原告自省处分将诉求金额减少为335020.26元，诉求金额的减少系原告对自己权益的处分，本院予以准许，被告应支付货款的金额为335020.26元。

山东省聊城市东阿县人民法院依照《中华人民共和国合同法》第二条、第六十条、第一百零七条、第一百零九条，《最高人民法院关于适用〈中华人民共和国合同法〉若干问题的解释（二）》第二条，《最高人民法院关于审理买卖合同纠纷案件适用法律问题的解释》第一条、第二十四条第四款之规定，作出如下判决：

一、限被告楼某达于判决书生效之日起十日内支付原告货款335020.26元及逾期付款损失（自2016年1月8日起至判决书确定还款之日止，以335020.26元为基数按照中国人民银行同期同类人民币贷款基准利率计算）；

二、驳回原告东阿县华通轴承配件有限公司的其他诉讼请求。

楼某达以一审程序违法、认定事实不清提起上诉。

山东省聊城市中级人民法院经审理认为：上诉人主张在涉案争议买卖合同关系中其仅为被上诉人公司的业务员，而非买受人。但一审中被上诉人提交的钢管对账单显示为付款、欠款等内容，上诉人在该“对账单确认”处签字。上诉人并在被上诉人公司发货单中“收货人”处签字。结合被上诉人与钢管的提货单位之间就钢管买卖的价格不存在合意，钢管价格系由上诉人与提货单位之间进行协商确定，提货单位支付的货款也系由上诉人支付给被上诉人，提货单位与被上诉人之间未有货款的直接支付行为等事实，一审认定被上诉人在上诉人与提货单位之间的买卖合同关系中仅起到提供货源及开具增值税发票的作用，被上诉人与上诉人之间、上诉人与提货单位之间分别存在独立的买卖合同关系，并据此认定上诉人为涉案买卖合同的买受人，并对被上诉人要求上诉人支付钢管欠款的诉讼请求予以支持，并无不当。综上所述，上诉人楼某达的上诉请求不能成立，应予驳回。一审判决认定事实清楚，适用法律正确，应予维持。

山东省聊城市中级人民法院依照《中华人民共和国民事诉讼法》第一百七十条第一款第一项规定，作出如下判决：

驳回上诉，维持原判。

【法官后语】

买卖合同属于合同的一种类型，故合同成立要件当然适用于买卖合同成立之要件。合同成立的要件通常包括：1. 存在双方或者多方缔约主体，即实际缔约人。其既可以是合同当事人本人，也可以是合同当事人的代理人，在买卖合同中，双方当事人分别为出卖人和买受人。2. 缔约主体具有缔结合同的民事权利能力和行为能力。3. 对合同的主要条款达成合意。在审判实践中，因缔约主体的权利能力和行为能力这一要件事实易于证明，故争议较少。而主体要件和合意要件则通常成为双方当事人诉争之焦点。

在没有书面合同时，主张合同成立的一方提交的送货单、对账单、发票等书证，也是证明买卖合同成立的重要证据。在买卖合同的履行过程中，对账单是记载买卖双方交付标的物名称、数量及价款的书面凭证。对账单通常由买卖合同一方当事人出具，在交付货物的同时交付给相对方，或者由相对方签字认可。发票是指在购销商品、提供或者接受服务以及从事其他经营活动中，开具、收取的收付款项凭证。根据我国现行税制，发票可以分为增值税专用发票和普通发票两类，增值税发票的开具与抵扣是我国税收征管的一种凭证及措施，其主要功能是用以抵扣税款。结算单、发票对买卖合同的成立具有证明力，但属于证明买卖合同成立的间接证据，人民法院应当结合当事人之间的交易方式、交易习惯以及其他相关证据，来对买卖合同成立的与否作出判断。具体理由在于：1. 对账单、发票是买卖双方的结算凭证，发票还是财务凭证和税收凭证，通常均以真实的买卖交易为基础，故对账单、发票对买卖交易之发生有一定的证明力。2. 对账单、发票本身并非买卖合同，现实生活中也确实存在对账单、发票与实际交易相分离的现象。

在本案中，华通公司和提货单位之间对买卖合同关系中最重要的标的、数量、价款无法进行协商，楼某达能够确定向华通公司购买钢管的规格、数量、价款金额及给付时间。楼某达没有从华通公司取得过报酬，而是赚取华通公司给其的出厂价和其自行决定的售出价格之间的差价作为收入，这既与交易习惯中业务员报酬的来源相悖，也不符合行纪合同、居间合同的构成要件。因此从买卖活动的合意和日常交易习惯，认定华通公司与提货单位之间不存在买卖合同关系，华通公司在楼某达与提货单位来往中仅是起到货物提供方和增值税发票开具方的作用。华通公司、楼某达、提货单位三者之间存在两个买卖合同关系：楼某达根据提货单位需求向华通公司购买钢管、由其与华通公司对货款进行结算，楼某达将华通公司生产的钢管出售给提货单位，楼某达与提货单位之间对货款进行结算。

编写人：山东省聊城市东阿县人民法院　周玉珑

18

网聊记录可以作为证据，但应当确定使用者身份且与其他证据形成证据链

——张某诉王某菡买卖合同案

【案件基本信息】

1. 裁判书字号

广西壮族自治区贺州市昭平县人民法院（2016）桂1121民初748号民事判决书

2. 案由：买卖合同纠纷

3. 当事人

原告：张某

被告：王某菡

【基本案情】

原告张某与被告王某菡通过互联网进行化妆品买卖交易，其中一笔价值227736元的货物原告付款后被告未交付货物。截至起诉前（2016年7月20日），被告已退还货款187736元。起诉后，被告于2016年9月9日向原告退还了10000元，于2017年1月18日向原告退还了5000元。被告尚欠原告25000元货款未退还。

【案件焦点】

微信及支付宝聊天记录能否认定原、被告双方存在买卖合同关系及被告欠款的事实。

【法院裁判要旨】

广西壮族自治区贺州市昭平县人民法院经审理认为：从交易双方微信、支付宝账户的实名登记信息来看，账户的所有人确为本案原、被告本人，即原、被告为本

案买卖合同纠纷的适格主体；从付款的时间和金额来看，微信聊天记录内容与支付宝、微信交易记录、交易备注相吻合，原告张某与被告王某菡通过微信聊天合意达成的买卖合同合法有效。依法成立的合同，对当事人具有法律约束力，当事人应当按照约定履行自己的义务。原告向被告支付了货款，被告应依约交付相应货物。被告未交付相应货物，经原告催讨后仍未在合理期限内交付货物，已构成根本违约。被告陆续退还部分货款的行为表明其已无继续履约的意愿，而是愿意解除双方之间的买卖合同，原告受领被告退款的行为表明了其同意解除合同。根据《中华人民共和国合同法》第九十七条"合同解除后，尚未履行的，终止履行；已经履行的，根据履行情况和合同性质，当事人可以要求恢复原状、采取其他补救措施、并有权要求赔偿损失"之规定，合同解除后，对原告已履行部分货款被告有退还的义务。关于尚欠应退货款的金额，从2016年3月13日、2016年6月4日、2016年9月9日三笔被告向原告还款记录的备注"一共177736元，微信40000元""货款1万，还有4万，桑某某给我后给你""还有3万"来看，可以认定双方对所欠货款已经进行了结算，截至2016年9月9日被告尚欠原告30000元应退货款。此后，2017年1月18日，被告又向原告退还货款5000元，最后被告尚欠原告货款25000元。故对原告主张被告退还货款25000元的请求，本院予以支持。

综上所述，原告的诉请事实清楚，证据充分。广西壮族自治区贺州市昭平县人民法院依照《中华人民共和国合同法》第九十三条、第九十七条，《中华人民共和国民事诉讼法》第一百四十四条的规定，判决如下：

一、被告王某菡于本判决生效之日起十日内向原告张某退还货款25000元；

二、案件受理费800元，公告费500元，合计1300元，由被告王某菡负担。

【法官后语】

本案是一个以网络为载体的买卖合同纠纷，原告张某与被告王某菡通过网络进行化妆品买卖交易，交易期间双方在微信等即时通信应用程序中进行磋商达成买卖合意，并经微信和支付宝等支付平台进行货款往来。由于双方并未通过正规电子商务交易平台进行交易，而是私下通过微信等聊天软件进行磋商交易，这给法院认定双方存在买卖合同关系带来了重大困难。首先，被告身份的真实性无法核实，微信聊天内容中被告自行提供的身份信息与微信账户、支付宝账户实名登记信息难以核验一致性，被告能否作为本案适格主体存疑。其次，被告不出庭应诉，微信聊天内容中被告自行提供的联系方式无法联系，需要公告送达，难以通过双方质证来辨明事实。最后，原告证据单薄，双方未签订书面合同，张某主要证据即双方微信聊天记录，此类电子数据属孤证，没有其他证据佐证无法认定事实。经原告提出调查取证申请，法院依法向网络服务提供商调取了原、被告双方的微信账户、支付宝账户的实名登记信息及双方相关的交易流水，经审查，交易双方微信账户、支付宝账户实名登记信息与原、被告身份信息一致，交易流水有关交易每笔金额、时间点及备注的信息与微信聊天记录一致，各组证据相互印证，环环相扣形成完整的证据链，方才认定了原、被告存在买卖合同关系及被告欠款的事实。

近年来，我国电子商务市场蓬勃发展，网络交易已融入普通大众的日常生活，与电子商务相关的各类案件也呈逐年增长的趋势。电子商务相关案件涉及线上交易，发生纠纷认定事实的主要证据通常是聊天记录、交易记录等电子数据，因此电子数据的认定是此类案件的重点和难点。电子数据的隐蔽性、易变性等特征，导致其一般不能单独作为认定事实的依据，还需要确定使用者身份并结合其他证据形成完整的证据链，满足证据真实性、合法性、关联性的要求，达到高度盖然性的证明标准。

编写人：广西壮族自治区贺州市昭平县人民法院　叶琦

三、买卖合同的效力

19

表见代理强调相对人主观上“善意无过失”的合理注意义务，该“过失”宜界定为“轻过失”

——昆明市盘龙区高明副食经营部诉昆明统一企业食品有限公司买卖合同案

【案件基本信息】

1. 裁判书字号

云南省昆明市呈贡区人民法院（2017）云0114民初557号民事判决书

2. 案由：买卖合同纠纷

3. 当事人

原告：昆明市盘龙区高明副食经营部（以下简称高明副食）

被告：昆明统一企业食品有限公司（以下简称统一公司）

【基本案情】

原告高明副食系个体工商户，经营者为王某爱。2016年4月23日，案外人杨某向原告高明副食出具收条一份，载明：“今收到昆明市盘龙区高明副食经营部货款：现金1046000.00元（大写壹佰零肆万陆仟圆整）发货明细：统一500mL阿萨姆奶茶11000×38=418000.00、统一480mL小茗同学8000×50=400000.00、统一海之言6000×38=228000。收款人：昆明统一企业食品有限公司　杨某　2016年4月23日。”该收条系杨某手写且杨某在收条上捺手印。另查明，案外人杨某系被告统一公司员工，其职务为特通营业所主任。还查明，原告（乙方）曾于2011年12月8日与被告统一公司（甲方）签订《2012年昆明统一企业食品有限公司昆明市区配送商协议》，约定乙方在指定的销售区域对甲方所指定的产品进行销售；并在协议第五条约定所有付款方式均由乙方或者乙方所属人员（须附有委托书）交到公司指定账号内，禁止乙方向甲方业务人员交付支票或者现金；协议附件客户须知中指定与原告进行业务往来的相对应公司主管为营业所主任李观田。

【案件焦点】

案外人杨某的行为是否构成表见代理，被告统一公司应否承担本案合同责任。

【法院裁判要旨】

云南省昆明市呈贡区人民法院经审理认为：《中华人民共和国合同法》第四十九条规定："行为人没有代理权、超越代理权或者代理权终止后以被代理人名义订立合同，相对人有理由相信行为人有代理权的，该代理行为有效。"表见代理不仅要求客观上存在使相对人相信无权代理人具有代理权的情形，而且还强调相对人主观上的善意无过失的合理注意义务。在本案中，无权代理人杨某系被告统一公司销售部门员工，且其销售给原告的商品亦系被告公司的产品，即本案确实存在一定使原告相信杨某具有代理权的情形，但法院认为原告在主观上却并非为善意且无过失。首先，杨某虽系被告公司销售部门的员工，但其职务自与原告合作以来一直为被告公司特通营业所主任，根据原告提交的证据及其当庭陈述，原告对这一事实应为明知，但原告却非特通客户，即原告并非杨某代表被告公司所对应的客户类型；其次，根据原告陈述，原告多年来与杨某交易的方式均为：未签订合同的情况下，原告向杨某支付现金或者转账后，杨某给原告送货，原告收货时不签字确认，即使原告不了解特通客户的含义，原告在识别杨某身份查看其员工识别证时也应注意到该识别证下端所列"业务工作九步曲"亦显示收款及发货并非杨某的业务范围，同时，被告公司作为一个知名大型企业，原告与杨某上述充满了随意性的整个交易过程也与交易习惯极不相符；最后，原告曾于2012年与被告统一公司进行过合作，无论是合同签订，还是货款支付、货物接收都较为规范，与本案原告与杨某的交易方式极为不同，且在2012年的合作中，被告指定的与原告进行业务往来的主管也非杨某。综上，在本案中，原告在杨某亦未持有被告授权的情况下，仅凭杨某系被告公司销售部门的员工，即以一种极为随意且与之前交易习惯不符的方式与杨某进行交易，不能认为原告尽到了合理注意义务，表见代理制度的立法目的系为保护善意相对人的利益并维护交易安全，但原告并未提交充分的证据证明其在整个交易过程中是善意且无过失的，故对原告认为杨某的行为构成表见代理，应由被告统一公司承担本案合同责任的主张，法院不予支持。

云南省昆明市呈贡区人民法院依照《中华人民共和国合同法》第四十九条、《中华人民共和国民事诉讼法》第六十四条之规定，作出判决：

驳回原告昆明市盘龙区高明副食经营部的全部诉讼请求。

【法官后语】

一、如何认定表见代理中的“相对人有理由相信行为人有代理权”

本案争议的焦点系行为人杨某的行为是否构成表见代理。表见代理本属于无权代理，但因本人与无权代理人之间的关系具有外表授权的特征，致使相对人有理由相信行为人有代理权而与其进行民事法律行为。法律为保护善意相对人的利益，从维护交易安全，促进交易的角度出发，将其视为有权代理。《合同法》第四十九条规定：“行为人没有代理权、超越代理权或者代理权终止后以被代理人名义订立合同，相对人有理由相信行为人有代理权的，该代理行为有效。”但上述法律规定对表见代理的规定较为抽象，如何认定“有理由”成为司法实践中的难题。考虑到表见代理制度的立法目的包含对相对人信赖利益的保护，相对人主观上需善意才能为其信赖利益得到保护提供正当性。最高人民法院于2009年7月7日印发的《关于当前形势下审理民商事合同纠纷案件若干问题的指导意见》第十三条规定：“合同法第四十九条规定的表见代理制度不仅要求代理人的无权代理行为在客观上形成具有代理权的表象，而且要求相对人在主观上善意且无过失地相信行为人有代理权。合同相对人主张构成表见代理的，应当承担举证责任，不仅应当举证证明代理行为存在诸如合同书、公章、印鉴等有权代理的客观表象形式要素，而且应当证明其善意且无过失地相信行为人具有代理权。”该意见可以视为对第四十九条中“有理由”所做的解释，即同时具备“无权代理行为在客观上形成具有代理权的表象”和“相对人在主观上善意且无过失地相信行为人有代理权”两个要件才能认定“相对人有理由相信行为人有代理权”，前一个是客观要件，后一个是主观要件。本案行为人杨某系被告统一公司销售部门主任，且其销售给原告的商品亦系被告公司生产的产品，基于上述杨某与被告的特殊关系及合同标的的特殊性，可以认定本案具备了“无权代理行为在客观上形成具有代理权的表象”这一表见代理的构成要件，原告在主观上是否善意且无过失就成为杨某的行为是否构成表见代理的关键。

二、如何把握相对人“善意且无过失的”的具体含义

确定“相对人善意且无过失”系判断其是否“有理由”的要件之一后，如何把握相对人“善意且无过失的”的具体含义也成为一个问题。最高人民法院于2009年7月7日印发的《关于当前形势下审理民商事合同纠纷案件若干问题的指导意见》第十四条规定：“人民法院在判断合同相对人主观上是否属于善意且无过失时，应当结合合同缔结与履行过程中的各种因素综合判断合同相对人是否尽到合理注意义务，此外还要考虑合同的缔结时间、以谁的名义签字、是否盖有相关印章及印章真伪、标的物的交付方式与地点、购买的材料、租赁的器材、所借款项的用途、建筑单位是否知道项目经理的行为、是否参与合同履行等各种因素，作出综合分析判断。”该规定系最高院对判断“善意且无过失”的指导意见，但该指导意见过于具体，反而不容易把握，确定一个较为抽象的标准能够更加容易帮助法官形成内心确信。自罗马法以来，民法上的过失就被划分为重过失与轻过失。重过失是指行为人没有尽到一般人都具有的最起码的注意，只要其稍加注意，损害就不会发生。轻过失被细分为抽象轻过失与具体轻过失。抽象轻过失是指行为人没有尽到具有一定知识、经验而且诚实、谨慎的人应有的注意。具体轻过失是指行为人没有尽到与处理自己事务同样的注意，过失的认定标准是具体的，需要考虑到行为人的个人情况。表见代理构成要件中的“相对人善意且无过失”应当要求相对人尽到何种注意义务？在无权代理情形中，作为法律行为实施者的代理人与作为法律行为名义载体的被代理人不是同一个人，这种情况本身就足以引起相对人的警觉，在实施法律行为时其应谨慎地审查代理人是否具备代理权。如果审查得不够仔细，遗漏了一个勤谨、理性的人本来可以发现并予以核实的疑点，其就不是善意的，其过错程度是轻过失而不是重过失。就本案而言，首先，杨某虽系被告公司销售部门的员工，但其职务一直为特通营业所主任，原告并非杨某职务对应的客户类型；其次，杨某员工识别证所列“业务工作九步曲”亦显示收款及发货并非杨某的业务范围；最后，原告曾于2012年与被告统一公司进行过合作，无论是合同签订，还是货款支付、货物接收都较为规范。原告长期从事食品批发零售行业，在交易方式出现变化

的情况下，对行为人杨某的职务类型及职权范围不进行核实即与杨某进行交易，原告未尽到一个勤谨、理性的人应当尽到的注意义务，其过错程度已经超过了轻过失的范围，不能认定其为善意且无过失。

编写人：云南省昆明市呈贡区人民法院　吕丽华

20

表见代理行为在司法实践中应如何判断与认定

——云南富宝贸易有限公司诉云南远航建设工程集团有限公司等买卖合同案

【案件基本信息】

1. 裁判书字号

云南省昆明市中级人民法院民事判决书（2017）云01民终1230号民事判决书

2. 案由：买卖合同纠纷

3. 当事人

原告（被上诉人）：云南富宝贸易有限公司

被告（上诉人）：云南远航建设工程集团有限公司（以下简称远航公司）、祥云县国宏房地产开发有限公司宾川分公司（以下简称国宏公司宾川分公司）、祥云县国宏房地产开发有限公司（以下简称国宏公司）

【基本案情】

2013年10月3日，案外人申某伦承接得到宾川县金色佳园房地产项目并成为实际施工人、项目负责人，其与国宏公司、国宏公司宾川分公司在该项目建设工程未取得施工许可证和规划许可证的情况下就开工建设。2014年5月5日，案外人申某伦以“云南远航建设工程有限公司”名义，在宾川县金色佳园房地产项目部与原告订立钢材买卖合同一份，主要约定为：合同期为2014年5月5日至2015年1月30日，原告供给被告远航公司钢材3000吨，原告累计垫资不超过700吨，货到工地即付30%，“如不按合同约定期限付清货款，每天按照拖欠货款总值的千分之三给甲方（原告）作为补偿，先付清之前产生的违约金，再付未付清的货款，直到货款付清为止，并放弃所有抗辩权利与负相应责任。”被告国宏公司宾川分公司负责人张某平在该合同右下角、远航公司下方，于“担保人”一栏处签字、盖章；2014年9月，申某伦与被告远航公司法定代表人魏某连合作开发宾川县金色佳园房地产项目，商定由申某伦垫资建设；2014年10月11日，申某伦以被告远航公司委托代理人名义与被告国宏公司签订《建设工程承包合同》，约定远航公司“包工包料”承包该项目工程，合同总价5600余万元。2015年1月5日，案外人申某伦继续以“云南远航建设工程有限公司”名义出具欠条一份，自己签字认可欠原告货款3605058元（同时注明2014年12月2日3396925元欠条作废）2015年1月31日，金色佳园项目封顶断水，申某伦、张某平等人未到工地现场引发群体性事件。该项目拖欠农民工237人劳动报酬合计上千万元。2015年12月25日，被告分公司负责人张某平、被告远航公司法定代表人魏某连、案外人申某伦等六人因拒不支付劳动报酬罪被宾川县人民法院以（2015）宾刑初字第225号刑事判决书判处刑罚，2016年2月13日该刑事判决生效。2015年12月31日，大理中院以（2015）大中民初字第162号民事判决书判决国宏公司赔偿远航公司建设工程款3500余万元及利息，该民事判决书于2016年1月19日生效。远航公司申请执行国宏公司，大理中院以（2016）云29执31号执行裁定书裁定查封国宏公司位于宾川县金牛镇金牛路东段北侧金色佳园的房屋若干套。

另，根据当事人无须举证的全国企业信用信息公示系统查询可知：被告远航公司于2014年7月29日自“云南远航建设工程有限公司”变更而来；被告远航公司未举证证明用于宾川县金色佳园房地产项目的钢材自其他渠道购得；同期钢材市价在每吨3000元至5000元之间。

【案件焦点】

1. 原告与被告远航公司买卖之债是否成立；2. 其他被告应否承担连带保证责任。

【法院裁判要旨】

云南省昆明市安宁市人民法院经审理认为：关第三于第一个争议焦点，首先，原告签约地点在金色佳园项目部，原告没有理由怀疑签约对象的身份。其次，被告分公司作为发包方，为买方即承包方提供了担保。再次，被告远航公司与云南远航建设工程有限公司应作同一主体认定。复次，原告是越来越相信与被告远航公司交易而非相反。最后，被告远航公司未举证证明项目钢材源于原告之外的主体。基于以上理由，本院不予准许被告远航公司关于鉴定公章真伪的当庭申请。至于被告远航公司辩称的公司没有备案等系其内部管理程序，其内部自行处理即可。《中华人民共和国合同法》第四十九条明确规定“行为人没有代理权、超越代理权或者代理权终止后以被代理人名义订立合同，相对人有理由相信行为人有代理权的，该代理行为有效。”本案中，即使签约时案外人申某伦无代理权，但其让原告足以相信有代理权且越来越信，该代理行为对被代理人即被告远航公司有效。《最高人民法院关于民事诉讼证据的若干规定》第七十三条第一款明确规定：“双方当事人对同一事实分别举出相反的证据，但都没有足够的依据否定对方证据的，人民法院应当结合案件情况，判断一方提供证据的证明力是否明显大于另一方提供证据的证明力，并对证明力较大的证据予以确认。”本案中，原告所举证据的证明力明显大于被告远航公司提供证据的证明力，因此本院对证明力较大的原告证据予以确认。原告与被告远航公司之间发生了钢材买卖关系且被告远航公司欠付原告货款。

关于被告国宏公司宾川分公司、国宏公司应否承担连带保证责任的问题。原、被告双方虽未明确约定保证担保，但是担保的意思表示是真实、无误的，属于担保方式、期限均约定不明。《中华人民共和国担保法》第十条规定：“企业法人的分支机构、职能部门不得为保证人。企业法人的分支机构有法人书面授权的，可以在授权范围内提供保证。”本案中，作为企业法人的国宏公司的法定代表人亲自签字，应视为作为其分支机构的分公司得到授权，所以应认定为系连带责任保证。其期限应以主债务履行期限届满之日起计六个月，本案中主债务履行期限应依照合同约定的最后期限确定，即为2015年1月30日。故保证期间起算点应为2015年1月31日，保证期间于同年7月31日届满，原告要求保证人承担保证责任的时间为起诉之日即同年9月7日，已经超过保证期间，因此依法免除被告国宏公司宾川分公司、国宏公司对于原告本应承担的连带保证责任。

关于原告的诉讼请求。本案中，原告与被告远航公司约定原告垫资不超过700吨，以钢材市价估算，为210万元至350万元之间，原告主张3605058元，未远远偏离约定范围，属于尚在合理区间，本院可以支持。2016 年 1 月 5 日欠条应视为双方最后结算，该欠条中未约定偿债时限，未约定逾期付款违约金，故，对于原告自行酌情估算 30% 为 1081517.4 元的违约金请求，本院不予支持。

综上，本院依照《中华人民共和国合同法》第四十九条、第一百三十条、第一百五十九条，《中华人民共和国担保法》第十条、第二十六条、第二十九条，《最高人民法院关于民事诉讼证据的若干规定》第七十三条第一款之规定，判决如下：

一、由被告云南远航建设工程集团有限公司于本判决生效之日支付原告云南富宝贸易有限公司 3605058 元；

二、驳回原告云南富宝贸易有限公司要求由被告祥云县国宏房地产开发有限公司宾川分公司、祥云县国宏房地产开发有限公司承担连带清偿责任的诉讼请求；

三、驳回原告云南富宝贸易有限公司的其他诉讼请求。

云南远航建设工程集团有限公司上诉。二审法院同意一审法院裁判理由，判决：

驳回上诉，维持原判。

【法官后语】

该案中对于是否追加申某伦作为当事人参与本案诉讼，主审法官曾有过考虑。鉴于该案中证据较为充分，申某伦并非必要共同诉讼人，故可以追加亦可以不追加，主审法官慎重选择了后者，是不违背现行法律规定的。

该案争议焦点在于申某伦以远航公司名义所订立的合同对买卖之债的认可（结算）效力是否及于远航公司，该案是否成立表见代理？一审认为从签约地点、买方主体、担保安排、项目真实、越来越信而非相反等方面分析，申某伦订立合同的行为应视同于远航公司的行为，尽管法律事实中申某伦等提前开工、未取得远航公司书面授权、事后追认，然而对于原告而言，是没有怀疑自己在同远航公司发生交易行为，符合《合同法》第四十九条关于表见代理的构成要件，故成立表见代理，这种实质上的无权代理的法律后果由被代理人即被告远航公司来承受。二审亦认同一审的分析与判断，作出一致的认定。

该案背后有民间高利贷的影子，也就是说在买卖的同时在不断变换形式进行融资，既有买卖又有融资，反映出建设工程领域垫资搞建设的潜规、陋习，拖欠货款就变成不得不接受或乐意接受的高利贷，建设成本因而居高不下。该案所涉工程项目勉强完工，却引发大面积欠薪，部分事主被判欠薪罪，亦引发远航公司另案讨要工程款，其中甲方能力不足、匆忙上马工程是主因，融资不畅、监管失效是次因，警醒我们每一个环节、程序、步骤均应依法而行。

编写人：云南省昆明市安宁市人民法院　尹红伟

21

如何判断《对账单》上签字行为人是否构成表见代理

——芦山县兴鑫建材厂诉四川莚星建筑工程有限公司买卖合同案

【案件基本信息】

1. 裁判书字号

四川省雅安市中级人民法院（2017）川18民再11号民事判决书

2. 案由：买卖合同纠纷

3. 当事人

原告（被上诉人、被申请人）：芦山县兴鑫建材厂

被告（上诉人、再审申请人）：四川莚星建筑工程有限公司

【基本案情】

四川莚星建筑工程有限公司承建四川省芦山县思延乡侨爱新村清江拆迁户聚居点重建项目。2014年4月3日，吴某明与四川莚星建筑工程有限公司签订《四川莚星建筑工程有限公司项目部管理协议》约定，由吴某明组建侨爱新村清江拆迁户民房建设项目工程项目部，任命吴某明为该项目部第一负责人；公司按本项目工程总价的1%提取公司承包管理费。2014年4月7日，四川莚星建筑工程有限公司与思延乡侨爱新村清江拆迁户聚居点业主委员会签订《施工合同》，吴某明在公司授权代理人项下签名。合同签订后，由吴某明负责组织具体施工。2014年9月26日，芦山县思延乡召开灾后民房重建项目监理例会，马某明作为四川莚星建筑工程有限公司的现场施工人员参与会议并在会议纪要签名。

2014年4月26日，罗书勇以四川莊星建筑工程有限公司的名义与芦山县兴鑫建材厂签订《页岩砖购销合同》，合同约定供砖时间从合同签订之日起至四川莊星建筑工程有限公司项目完工，供砖数量根据四川莊星建筑工程有限公司工程进度及建设需求，用量170万匹，供砖方式按照四川莊星建筑工程有限公司工程所需页岩砖数量，按时将页岩砖送至四川莊星建筑工程有限公司建房工地或四川莊星建筑工程有限公司自运，单价为0.47元/匹，货款共计79.9万元。付款方式为按四川莊星建筑工程有限公司与业主方的合同四川莊星建筑工程有限公司结款时，付芦山县兴鑫建材厂70%货款，其余30%加在后面每次货款里的累计总数里支付70%，工程完工后1月内支付清最后尾款30%。若四川莊星建筑工程有限公司不能按付款时间节点支付货款，则四川莊星建筑工程有限公司按欠款数的每日千分之一支付芦山县兴鑫建材厂滞纳金。合同签订后，芦山县兴鑫建材厂于2014年4月开始向四川莊星建筑工程有限公司供应页岩砖，每次供货均由吴某明电话联系，芦山县兴鑫建材厂将砖送至施工工地，工地材料员验收后向芦山县兴鑫建材厂出具小票。供货期间，吴某明支付了部分货款。2015年5月18日，经结算，形成《对账单》一份，对账单载明，自2014年4月至2015年4月，芦山县兴鑫建材厂共供应页岩砖3389300匹，货款总计1540306元，扣除已支付的1030000元，尚欠货款510306元。马某明作为收货人，刘燕作为经手人在对账单上签名核实。

2014年10月27日，吴某明以四川莊星建筑工程有限公司的名义与芦山县思延乡草坪村侨爱新村联建委员会签订《施工合同》。合同约定："四川莊星建筑工程有限公司"承建芦山县思延乡草坪村侨爱新村灾后农房统规联建项目工程，工程地点位于思延乡草坪村街子口组；承包方驻工地代表现场总负责人张国元，材料员马某明；承包方驻工地代表为吴某明。合同加盖了"四川莊星建筑工程有限公司"印章，吴某明在承包方法定代表人项下签名，晋某祥在业主代表人项下签名。庭审中经核实，该《施工合同》中"四川莊星建筑工程有限公司"与四川莊星建筑工程有限公司在公安机关留存的印模编号不一致。施工过程中，张国元先后于2014年9月19日、2014年12月23日两次以四川莊星建筑工程有限公司名义申领工程款。经晋某祥等联建委员会审核后，思延乡人民政府监管项目资金的工作人员高某分两次向四川莊星建筑工程有限公司的账户汇款共160万元。

上列事实，有当事人提交并经质证认证的《施工合同》《四川莊星建筑工程有限公司留存的印模》《四川莊星建筑工程有限公司项目部管理协议》、2017年7月18日晋某祥出具的《证明》、2014年9月26日《会议纪要》《页岩砖购销合同》及《对账单》。2014年9月19日和2014年12月23日《工程款申请》《电汇凭证》《询问笔录》等及当事人陈述在案为证。

【案件焦点】

抵押人以犯罪资金取得的财产设定抵押的效力如何确认。

【法院裁判要旨】

四川省雅安市芦山县人民法院经审理认为：芦山县兴鑫建材厂已按合同约定向四川莊星建筑工程有限公司供应了页岩砖，履行了出卖人交付标的物的义务。经双方结算后，四川莊星建筑工程有限公司应按对账单确定金额向芦山县兴鑫建材厂按期足额支付货款。关于货款的支付时间，双方在合同中约定余款在工程完工后1月内付清。现四川莊星建筑工程有限公司承建的工程已完工且已入住，芦山县兴鑫建材厂要求四川莊星建筑工程有限公司支付货款510306元的诉讼请求，符合双方约定与法律规定，依法予以支持。四川莊星建筑工程有限公司未按合同约定支付货款，构成违约，应承担违约责任。双方在合同中约定工程完工后1月内支付，若四川莊星建筑工程有限公司不能按付款时间节点支付货款，应按欠款数的每1‰支付甲方滞纳金。但因芦山县兴鑫建材厂未提供涉案工程的具体完工时间，且违约金的约定明显过高，故对其诉讼请求主张的违约金，酌定为以未付款金额为基数，自起诉之日起按中国人民银行同期同类贷款基准利率四倍计算支付。四川省雅安市芦山县人民法院判决：一、由四川莊星建筑工程有限公司于本判决生效之日起十日内支付芦山县兴鑫建材厂货款510306元，并以510306元为基数，按中国人民银行同期同类贷款基准利率四倍计算支付芦山县兴鑫建材厂自2016年1月26日起至本判决确定给付之日止的利息；二、驳回芦山县兴鑫建材厂的其他诉讼请求。

四川莊星建筑工程有限公司申请再审。

四川省雅安市芦山县人民法院再审认为：本案中双方当事人争议的焦点是：一、四川莊星建筑工程有限公司是否为本案的适格被告。四川莊星建筑工程有限公司认为，芦山县兴鑫建材厂没有理由认为吴某明或是罗某勇、马某明等人可以代表四川莊星建筑工程有限公司，因此，合同责任应由吴某明等人承担。2014年4月7

日，四川茳星建筑工程有限公司与思延乡侨爱新村清江拆迁户聚居点业主委员会签订《施工合同》，吴某明以公司授权代理人名义在合同上签名。吴某明与四川茳星建筑工程有限公司签订《四川茳星建筑工程有限公司项目部管理协议》约定，由吴某明组建侨爱新村清江拆迁户民房建设项目工程项目部，任命吴某明为该项目部第一负责人。合同签订后，均由吴某明负责组织具体施工。此后，吴某明又以“四川茳星建筑工程有限公司”的名义承建芦山县思延乡草坪村侨爱新村灾后农房统规联建项目工程，且该合同的工程款也是汇入四川茳星建筑工程有限公司的基本账户。该印章虽涉嫌伪造，但足以让一般人相信，吴某明的行为是代表四川茳星建筑工程有限公司。且四川茳星建筑工程有限公司明知此事且未提出异议。从芦山县兴鑫建材厂向吴某明负责的工地供货的时间来看，也是在第一次《施工合同》签订后的十余天，包括业主代表出具的《证明》和法院的《询问笔录》，都足以证明该页岩砖是用于四川茳星建筑工程有限公司承建项目的工地。据此可以认定，四川茳星建筑工程有限公司作为本案被告并无不当。二、责任承担。依前述，芦山县兴鑫建材厂和四川茳星建筑工程有限公司之间构成买卖关系。芦山县兴鑫建材厂已按合同约定向四川茳星建筑工程有限公司供应了页岩砖，履行了出卖人交付标的物的义务。经双方结算后，四川茳星建筑工程有限公司应按对账单确定金额向芦山县兴鑫建材厂按期足额支付货款。现四川茳星建筑工程有限公司承建的工程已完工且已入住，芦山县兴鑫建材厂要求四川茳星建筑工程有限公司支付货款 510306 元的诉讼请求，符合双方约定与法律规定，依法予以支持。四川茳星建筑工程有限公司未按合同约定支付货款构成违约，应承担违约责任。双方在合同中约定工程完工后 1 月内支付，若不能按付款时间节点支付货款，应按欠款数的每日 1‰支付甲方滞纳金。但因芦山县兴鑫建材厂未提供涉案工程的具体完工时间，且违约金的约定明显过高，故对其诉讼请求主张的违约金，酌定为以未付款金额为基数，自起诉之日起按中国人民银行同期同类贷款基准利率四倍计算支付。依照《中华人民共和国民事诉讼法》第二百零七条第一款，《中华人民共和国合同法》第一百五十九条、第一百六十一条，《最高人民法院〈关于审理买卖合同纠纷案件适用法律问题的解释〉》第二十六条规定，判决：

一、四川茳星建筑工程有限公司于本判决生效之日起十日内给付芦山县兴鑫建材厂货款 510306 元；并以 510306 元为基数，按中国人民银行同期同类贷款基准利率四倍计算，给付芦山县兴鑫建材厂自2016年1月26日起至偿付完毕之日止的违约金；

二、驳回芦山县兴鑫建材厂的其他诉讼请求。

四川莊星建筑工程有限公司不服再审判决提起上诉。

吴某明与四川莊星建筑工程有限公司签订《四川莊星建筑工程有限公司项目部管理协议》能证明侨爱新村清江拆迁户民房建设项目系四川莊星建筑工程有限公司承建。张国元先后于2014年9月19日、2014年12月23日两次以四川莊星建筑工程有限公司名义申领工程款材料均按照2014年10月27日《施工合同》约定由芦山县思延乡草坪村村民委员会签章同意，能证明该两笔款160万元用于芦山县思延乡草坪村侨爱新村灾后农房统规联建项目。而该两笔工程款160万元汇至了四川莊星建筑工程有限公司的账户，且四川莊星建筑工程有限公司未提出异议。故2014年10月27日吴某明在没有四川莊星建筑工程有限公司授权的情况下与芦山县思延乡草坪村侨爱新村联建委员会签订《施工合同》和组织施工的行为构成表见代理。芦山县兴鑫建材厂将砖送至侨爱新村清江拆迁户民房建设项目和芦山县思延乡草坪村侨爱新村灾后农房统规联建项目的施工工地，马某明系两个项目的现场施工员和材料员，芦山县兴鑫建材厂有理由相信马某明在《对账单》的签证确认行为有代理权，该签证确认行为对芦山县兴鑫建材厂和四川莊星建筑工程有限公司均具有约束力。芦山县兴鑫建材厂按《对账单》结算金额要求四川莊星建筑工程有限公司支付货款510306元的诉讼请求应予以支持。因芦山县兴鑫建材厂未提供涉案工程的具体完工时间，且违约金的约定明显过高，原审法院调整违约金符合法律规定。综上所述，四川莊星建筑工程有限公司的上诉请求不成立，原判决事实清楚，适用法律正确，应予以维持。

四川省雅安市中级人民法院依照《中华人民共和国民事诉讼法》第一百七十条第一款第一项规定，作出如下判决：

驳回上诉，维持原判。

【法官后语】

本案虽然在2014年4月26日罗书勇以四川莊星建筑工程有限公司的名义与芦山县兴鑫建材厂签订《页岩砖购销合同》，但无任何证据证明罗书勇与四川莊星建筑工程有限公司有劳动关系、委托代理关系，也无证据证明罗书勇与四川莊星建筑工程有限公司构成表见代理关系，故本案属于涉建设工程无书面合同的商事合同纠纷。涉建设工程的商事合同交易中没有签订书面合同较为普遍，往往案件证据仅有经手人签字的送货单、收货单、结算单、发票、对账确认函、债权确认书等凭证，而签字人的身份无充分证据证明，造成买卖、租赁合同成立的合同主体难以确认。《合同法》第三十六条规定，当事人未采用书面形式但一方已经履行主要义务，对方接受的，该合同成立。审理这类案件前提是债权人履行了合同义务，如卖方已将材料送至施工工程，租赁物已在施工工程，借款用于支付工程费用。审理难点是凭证上签字行为的判断。经手人在凭证上签字行为排除职务行为、有效代理行为后，就是经手人的个人行为。

本案争议的砖款用于芦山县思延乡侨爱新村清江拆迁户民房建设项目和芦山县思延乡草坪村侨爱新村灾后农房统规联建项目。侨爱新村清江拆迁户民房建设项目由四川莛星建筑工程有限公司承建没有争议，但芦山县思延乡草坪村侨爱新村灾后农房统规联建项目与四川莛星建筑工程有限公司未签订合同，也未委托吴某明，2014 年 10 月 27 日吴某明在没有四川莛星建筑工程有限公司授权的情况下与芦山县思延乡草坪村侨爱新村联建委员会签订《施工合同》和组织施工的行为是个人行为还是公司行为，是本案的难点。破解难点在于两笔 160 万元工程款的认定，首先，张国元先后于 2014 年 9 月 19 日、2014 年 12 月 23 日两次以四川莛星建筑工程有限公司名义申领工程款；其次，申领工程款办理手续时均按照 2014 年 10 月 27 日《施工合同》约定由芦山县思延乡草坪村村民委员会签章同意，能证明该两笔款 160 万元用于芦山县思延乡草坪村侨爱新村灾后农房统规联建项目；最后，该两笔工程款 160 万元汇至了四川莛星建筑工程有限公司的账户，且四川莛星建筑工程有限公司未提出异议。故 2014 年 10 月 27 日吴某明在没有四川莛星建筑工程有限公司授权的情况下与芦山县思延乡草坪村侨爱新村联建委员会签订《施工合同》和组织施工的行为构成表见代理。

芦山县兴鑫建材厂将砖送至侨爱新村清江拆迁户民房建设项目和芦山县思延乡草坪村侨爱新村灾后农房统规联建项目的施工工地，马某明系两个项目的现场施工员和材料员，芦山县兴鑫建材厂有理由相信马某明在《对账单》上的签证确认行为有代理权，该签证确认行为对芦山县兴鑫建材厂和四川莛星建筑工程有限公司均具有约束力。芦山县兴鑫建材厂按《对账单》结算金额要求四川莛星建筑工程有限公司支付货款 510306 元的诉讼请求应予以支持。

编写人：四川省雅安市中级人民法院　刘锡阳

22

行为人是否是本人公司员工并非构成表见代理的必要条件

——厦门坤岩石业有限公司诉沈阳沈飞集团铝业幕墙工程有限公司买卖合同案

【案件基本信息】

1. 裁判书字号

福建省厦门市中级人民法院（2017）闽02民终4643号民事判决书

2. 案由：买卖合同纠纷

3. 当事人

原告（上诉人、反诉被告）：厦门坤岩石业有限公司（以下简称坤岩公司）

被告（上诉人、反诉原告）：沈阳沈飞集团铝业幕墙工程有限公司（以下简称沈飞公司）

【基本案情】

2015年3月16日，坤岩公司（乙方）与沈飞公司（甲方）签订一份《德国莱姆石石材采购合同》，约定石材的品名、产地、规格、数量、单价等；付款方式为：甲方无须向乙方付订金，乙方负责将甲方所需石材运到甲方指定工厂，经甲方验收合格后甲方签字作为结算依据后付清石材款，乙方向甲方开具发票等。

沈飞公司分七次转账支付货款共计730万元。坤岩公司开具并邮寄发票金额共计9663067.47元。

马某文以经办人身份出具《结算单》：“截至2015年10月8日，我司尚欠厦门坤岩石业有限公司石材款贰佰叁拾捌万贰仟零玖拾肆元整（￥2382094），发票已全部开完，所购石材德国米黄荒料和大板已全部提货完毕。双方再无其他业务往来。”该《结算单》下方手写备注：“买方：沈阳沈飞集团铝业幕墙工程有限公司。”

青岛宏州石业有限公司（以下简称宏州公司）出具《情况说明》一份，载明了宏州公司接收坤岩公司提供的石材用于沈飞公司青岛绿城项目的具体数量。

孙某杰是青岛东方沈飞装饰工程有限公司（以下简称青岛沈飞公司）的法定代表人，同时也是沈飞公司股东。王某月、马某文是青岛沈飞公司员工。

沈飞公司第二次付款当日，孙某杰向马某文发送的信息中同意付款的金额与当天沈飞公司向坤岩公司的付款金额一致。

坤岩公司员工陈某能与马某文多次就石材交易的相关事宜进行沟通，其中沈飞公司第三次付款当日，马某文告知陈某能的付款金额与当天沈飞公司向坤岩公司的付款金额一致。

2015 年 3 月至 10 月期间，坤岩公司的员工与王某月多次就发票、付款等事宜进行沟通。其中，沈飞公司第五次付款当日，王某月告知坤岩公司员工当天有付款。沈飞公司第七次付款当日，王某月告知坤岩公司员工的付款金额与当天沈飞公司付款金额一致。

2015 年 11 月，沈飞公司的委托诉讼代理人曹海军在录音中确认，沈飞公司原来的经办人员是马某文，马某文是沈飞公司的人员。

马某文作为坤岩公司的证人出庭作证，陈述如下事实：讼争合同是马某文起草并交孙某杰确认后，发送给坤岩公司，坤岩公司盖章后寄回沈飞公司；合同签订后，孙某杰让马某文全权负责讼争石材的采购；涉案石材是运到沈飞公司委托的加工厂——青岛飞科石业有限公司。沈飞公司中标的青岛绿城项目外墙的标书系由其协助张加强一同起草的，马某文负责石材采购；宏州公司没有加工资质，其出具的《情况说明》数量不符；马某文根据王某月和孙某杰的指示与坤岩公司进行结算，结算单是其书写的，所留的电话也是马某文的。涉案石材由马某文签收确认收货后，发给王某月核对，同时向孙某杰汇报。沈飞公司确认其中标青岛绿城项目石材幕墙工程的部分项目。

【案件焦点】

1. 马某文在讼争《结算单》上面签名的行为后果应否由沈飞公司承担；2. 坤岩公司是否应向沈飞公司返还货款。

【法院裁判要旨】

福建省厦门市思明区人民法院经审理认为：双方签订的《石材采购合同》合法

有效。

马某文在讼争《结算单》上面签名的行为后果应否由沈飞公司承担。根据马某文的社保缴交情况以及青岛沈飞公司出具的《情况说明》可知，马某文系青岛沈飞公司员工。坤岩公司并未举证证明马某文与沈飞公司之间有签订劳动合同或者沈飞公司有向马某文发放工资，且马某文的工资是由青岛沈飞公司的王某月向其支付。故坤岩公司应当承担举证不能的不利后果，马某文并非沈飞公司的员工。坤岩公司关于孙某杰、马某文、王某月等在短信、微信、QQ 聊天记录中所确认的付款时间与沈飞公司向坤岩公司付款的时间一致，以及张加强向马某文发送的邮件、沈飞公司代理人曹海军律师的录音资料等证据材料可以证明马某文是沈飞公司履行讼争合同的经办人员的主张，沈飞公司均不予认可且抗辩其代理人曹海军律师其系在不知情的情况下作出的错误意思表示。马某文当庭确认其受孙某杰指派与坤岩公司员工陈某能对接讼争石材事宜。孙某杰虽系沈飞公司的股东，同时也担任青岛沈飞公司的法定代表人，青岛沈飞公司与沈飞公司系不同的法人主体、孙某杰与沈飞公司亦系不同独立主体，马某文接受孙某杰指派的行为后果并不能当然归属于沈飞公司。讼争合同中并未约定马某文有权代表沈飞公司与坤岩公司就双方之间的石材交易进行结算确认，且坤岩公司并未提交其他充分证据佐证沈飞公司授权马某文签字结算，沈飞公司对此亦不予认可，故坤岩公司应当承担举证不能的不利后果，马某文在讼争《结算单》上面签名确认的行为后果不应由沈飞公司承担，坤岩公司据此主张沈飞公司向其支付货款及利息的诉讼请求，于法无据，不予支持。

坤岩公司是否应向沈飞公司返还货款。沈飞公司主张其委托宏州公司向坤岩公司收货，是根据宏州公司的通知和坤岩公司开具的发票付款。坤岩公司主张是向沈飞公司指定的青岛飞科石业有限公司送货并由马某文定期对账确认。沈飞公司并未提交充分证据证明其委托宏州公司向坤岩公司收取讼争货物，亦未提交有关宏州公司收货的原始签收单据，应当承担举证不能的不利后果。现沈飞公司与坤岩公司关于青岛工厂交货的地点与经办人员的主张未能达成一致，沈飞公司并未就其向坤岩公司预付货款的情况作出合理说明，亦未能举证证明收到货物的具体数量。根据讼争合同的约定，沈飞公司无须向坤岩公司支付订金，沈飞公司是在收到货物并验收合格签字后才据以结算付款。沈飞公司仅依据宏州公司出具的《情况说明》主张其向坤岩公司多支付货款并请求返还的反诉请求，没有事实与法律依据，不予支持。

福建省厦门市思明区人民法院依照《中华人民共和国合同法》第六十条第一款，《中华人民共和国民事诉讼法》第六十四条第一款，《最高人民法院关于适用〈中华人民共和国民事诉讼法〉的解释》第九十条、第二百三十二条之规定，作出如下判决：

一、驳回原告厦门坤岩石业有限公司的全部诉讼请求；

二、驳回反诉原告沈阳沈飞集团铝业幕墙工程有限公司的全部反诉请求。

宣判后，坤岩公司和沈飞公司均不服一审判决，提出上诉。

福建省厦门市中级人民法院经审理认为：双方当事人均对签订《德国莱姆石石材采购合同》的事实无异议。根据马某文出庭作证的证人证言，该份合同是由马某文草拟后，双方当事人签订，马某文根据孙某杰的负责履行；在合同履行中，坤岩公司的员工通过短信、微信、邮件等方式，不仅与马某文就讼争石材的交货时间、方式、付款等具体内容进行沟通，还与王某月在付款方面进行数次交流，王某月在邮件中所告知的付款时间、金额均与沈飞公司实际付款的时间和金额相吻合；涉案石材亦是用于沈飞公司中标的青岛绿城项目的石材幕墙工程。马某文、王某月的行为足以让坤岩公司相信马某文、王某月的行为能够代表沈飞公司。坤岩公司主张马某文的行为构成表见代理，予以采纳。马某文以沈飞公司的名义与坤岩公司就讼争合同项下的款项进行的结算，应认定有效，对沈飞公司和坤岩公司均有约束力。沈飞公司应根据《结算单》的内容向坤岩公司支付尚欠的货款 2382094 元，沈飞公司逾期付款，应按中国人民银行同期同类贷款的基准利率支付利息，坤岩公司的诉讼请求，予以支持。一审法院对该事实认定错误，依法予以改判。但一审法院就沈飞公司反诉部分所认定的事实，有相应的事实依据，应予以维持。沈飞公司的上诉理由不能成立，依法应予以驳回。坤岩公司的上诉理由，有相应的事实和法律依据，予以支持。

福建省厦门市中级人民法院依照《中华人民共和国合同法》第四十九条、第六十条，《中华人民共和国民事诉讼法》第一百七十条第一款第二项规定，作出如下判决：

一、维持福建省厦门市思明区人民法院（2015）思民初字第 16778 号民事判决第二项；

二、撤销福建省厦门市思明区人民法院（2015）思民初字第 16778 号民事判决第一项；

三、沈阳沈飞集团铝业幕墙工程有限公司应于本判决生效之日起十日内向厦门坤岩石业有限公司支付尚欠的货款2382094元及利息（以2382094元为基数，按中国人民银行同期贷款基准利率计算，自2015年10月9日计至本判决确定的还款之日止）；

四、沈阳沈飞集团铝业幕墙工程有限公司应于本判决生效之日起十日内向厦门坤岩石业有限公司支付诉讼保全费5000元；

五、驳回厦门坤岩石业有限公司的其他诉讼请求。

【法官后语】

我国关于表见代理的相关规定体现在《合同法》第四十九条规定："行为人没有代理权、超越代理权或者代理权终止后以被代理人名义订立合同，相对人有理由相信行为人有代理权的，该代理行为有效。"

所谓表见代理，即本无代理权，但表面上却足以令人相信其有代理权而按有权代理对待的行为。其特征表现为：1. 行为人实施无权代理行为，即行为人没有代理权、超越代理权或者代理权终止后仍以被代理人名义订立合同；2. 相对人依据一定事实，相信或认为行为人具有代理权，在此认识基础上与行为人签订合同。3. 相对人主观上善意、无过失。

表见代理的举证责任在于相对人。相对人要围绕无权代理人与被代理人之间是否具有一定的联系，从而使自己相信无权代理人具有代理权的事实向法院提供证据。审判实践中常见的情况是无权代理人利用被代理人办公场所从事相同业务；无权代理人曾经是被代理人的工作人员；无权代理人曾经有权代理的证据，盖有被代理人印章的合同书、介绍信等。

现代市场经营活动中，普遍存在着"几个牌子、一套班子"的经营管理混同情况。比如，本案中的沈飞公司和青岛沈飞公司，虽然是不同的独立主体，但法定代表人和股东存在交叉。法律意义上的青岛沈飞公司的员工，同时也接受沈飞公司法定代表人的指示，实际履行了沈飞公司员工的一些职责，如就讼争石材的交货时间、方式、付款等具体内容与坤岩公司进行沟通。坤岩公司在不知道代理人实为青岛沈飞公司员工的情况下，按照与其沟通确认的交付方式交付货物，之后沈飞公司也实际按照青岛沈飞公司员工向坤岩公司反馈的付款情况予以付款。在此情形下，狭隘地以代理人与被代理人不存在劳动人事关系，否认其代理行为的效力，对于善意无过错的合同相对人坤岩公司来说是不公平的。

行为人和相对人对合同交货、付款方式的商谈情况与被代理人接受货物、实际付款的情况相吻合，说明行为人具备表面授权的客观要件，且相对人尽到了其所可能尽到的注意义务，主观上善意无过失，可以认定相对人有理由相信行为人有代理权，构成表见代理，被代理人应对此交易承担后果。

编写人：福建省厦门市中级人民法院　龚妍

23

工程合同中表见代理行为的认定

——王某诉彭某栋等买卖合同案

【案件基本信息】

1. 裁判书字号

广西壮族自治区南宁市中级人民法院（2017）桂01民终2713号民事判决书

2. 案由：买卖合同纠纷

3. 当事人

原告（被上诉人）：王某

被告（上诉人）：彭某栋

被告（被上诉人）：广西建工集团第五建筑工程有限责任公司南宁市分公司（以下简称五建南宁分公司）、广西建工集团第五建筑工程有限责任公司（以下简称五建公司）、黎某、梁某成

被告：刘某

【基本案情】

2011年3月13日至5月29日，王某与广西五建签订了八份《购搭架管协议》，约定五建公司向王某购买搭架管，用于南宁市铜鼓路科技馆新址工地，货款两个月

内付清，如逾期不付，广西五建须支付王某逾期违约金，王某在合同甲方处签字，乙方处仅有彭某栋签字，未加盖有五建公司印章。合同签订后，王某向第三人南宁强源公司、彩业租赁公司购买涉案搭架管并依约供货，货物的《调拨单》显示购货单位为“广西五建彭某栋（南宁市科技馆新址工地）”，提货人为彭某栋。王某、彭某栋等签订一份《协议书》，约定甲方于2013年3月20日支付30万元给乙方，甲方保证在2013年8月1日前支付完200万元给乙方。彭某栋在甲方处签字，王某在乙方处签字，黎某在保证方处签字，梁某成以“广西五建梁某成”的名义书写“乙方确实是供应南宁市科技馆工地钢管（搭架管），但供应数量和价款由相关方核实，此复印件有效与原件相符，但梁某成作用以此件有效”，并加盖“广西五建公司南宁市科技馆（新址）工程技术业务专用章”，王某在该《协议书》中另书写“乙方同意此件梁某成意见。”2013年5月21日，彭某栋出具《欠供搭架管货款确认书及还款计划》，内容为“截止到2013年5月31日，王某共计购搭架管给彭某栋全部用于广西五建南宁市科技馆工地（铜鼓路），货款共计4911713元，彭某栋已付1110162元，尚欠王某3801550元。按双方原签购搭架管协议，彭某栋应尽快付清此全部欠款”。2013年5月10日，五建南宁分公司向第三人南宁强源公司支付涉案搭架管货款68万元。涉案搭架管均用于南宁市科技馆（新址）工程，五建公司系该工程的承包方，五建南宁分公司系该工程的施工方。

彭某栋认为，涉案《购搭架管协议》合同相对方是五建南宁分公司，彭某栋系代表五建南宁分公司与王某购买涉案搭架管，涉案货物由五建南宁分公司使用，货款应由五建南宁分公司承担。

五建公司、五建南宁分公司认为，根据合同相对性原则，涉案合同系王某与彭某栋签订，五建公司与五建南宁分公司均未在《购搭架管协议》上加盖公司印章，合同责任应当由彭某栋承担。

【案件焦点】

彭某栋的行为是否构成表见代理。

【法院裁判要旨】

广西壮族自治区南宁市西乡塘区人民法院经审理认为：八份《购搭架管协议》中乙方虽均为“广西五建彭某栋”，但该八份《购搭架管协议》并未加盖有五建南宁分公司的公章，且王某签订协议后并未向五建南宁分公司进行追认，彭某栋签订该协议时并未向王某出示任何加盖有五建南宁分公司公章的书面材料，如授权委托书、任命书等。虽该《购搭架管协议》加盖有广西五建公司南宁市科技馆（新址）工程技术业务专用章，但技术业务专用章一般仅能用于技术资料管理或报审资料等专门用途，故技术业务专用章的效力不能等同于公司的企业公章或合同专用章，不能仅依据技术业务专用章认定五建南宁分公司具有与王某存在缔约的意思表示；《欠供搭架管货款确认书及还款计划》中明确载明了“王某购搭架管给彭某栋全部用于广西五建南宁市科技馆工地，按双方原签购搭架管协议，彭某栋应尽快付清全部欠款”，根据该证据可以认定彭某栋是王某供应的搭架管的直接使用人，彭某栋才是负有向王某支付搭架管货款的义务人。故，南宁市西乡塘区人民法院判决：

一、彭某栋向王某支付货款3801550元；

二、黎某在彭某栋上述债务中的2000000元的范围内承担连带支付责任；

三、驳回王某的其他诉讼请求。

彭某栋不服，提起上诉。南宁市中级人民法院经审理认为：五建公司虽未在《购搭架管合同协议》上签字盖章，但彭某栋系以五建公司名义与王某签订《购搭架管合同协议》，且涉案搭架管均用于南宁市科技管新址工程，五建公司系南宁市科技管新址工程的承包方及建设方，故王某有理由相信彭某栋与其签订《购搭架管合同协议》系代表五建公司，且五建公司、五建南宁分公司亦自认向涉案搭架管的供货商南宁强源公司支付了68万元涉案搭架管货款，并有转账凭证相佐证，五建公司、五建南宁分公司支付货款的行为表明五建公司已对《购搭架管合同协议》进行了追认，故南宁市中级人民法院认定《购搭架管合同协议》合同相对方为王某与五建公司，彭某栋构成表见代理。王某已按照《购搭架管合同协议》约定向五建公司供应了货物，彭某栋代表五建公司与王某就履行货款签订了《购搭架管协议》，并出具了《欠供搭架管货款确认书及还款计划》，梁某成作为五建公司的职工及涉案科技馆新址工程的项目经理在《协议书》上签字并加盖“广西五建公司南宁市科技馆（新址）工程技术业务专用章”，虽然该印章显示为技术业务章，但这只是五建公司内部的限制行为，并不影响其对外效力，故梁某成签字并加盖公司印章的行为可以认定为五建公司已对与王某之间的货款结算予以确认，故五建公司应当向王某支付所欠货款并按照双方约定支付违约金。南宁市中级人民法院判决：

一、维持南宁市西乡塘区人民法院（2013）西民一初字第1423号民事判决第三项、第四项；

二、撤销南宁市西乡塘区人民法院（2013）西民一初字第1423号民事判决第一项、第二项；

三、五建公司向王某支付货款3801550元；

四、五建公司向王某支付违约金。

【法官后语】

我国现行合同法制度体系中，在兼顾和权衡“所有权安全”和“交易安全”的基础上，表见代理制度是通过牺牲真正权利人的利益来保护善意无过失交易人利益的典型制度。它体现了我国合同法对交易安全的关注和保护，符合民法的公平原则和过错原则，同时亦适应了民法对权益的保护从个人本位向社会本位转向的发展趋势。

表见代理是与有权代理相对的，构成表见代理，一方面代理人须是形式上的无权代理，即代理人并无诸如合同书、公章、印鉴等客观表象形式，因如代理人具备了上述客观表象形式，则是有权代理了；另一方面是主观形式要素，即合同相对人善意且无过失，即相对人有理由相信代理人系有权代理。

本案中，彭某栋以五建公司的名义与王某签订《购搭架管合同协议》，彭某栋未出具合同书、公章、印鉴等有权代理等客观表象形式，故彭某栋符合无权代理的形式要件。王某之所以认为彭某栋确系代表五建公司与其签约，是因为五建公司是涉案工地的承包方及施工方，在本案合同签订前，王某已与五建公司就涉案工地塔机存在租赁合同关系。彭某栋在租赁合同关系中也是作为签约代表人签字，而且五建公司也实际履行了租赁合同关系，故本案搭架管买卖合同中，虽然五建公司没有加盖公司印章，但王某已有理由相信彭某栋的代理行为。五建公司、五建南宁分公司虽在诉讼中否认彭某栋的代理行为，但其实际履行合同的行为已构成追认，故南宁市中级人民法院据此认定彭某栋的行为构成表见代理，本案付款责任由五建公司承担。

当前在国家重大项目和承包租赁行业等领域，由于合同当事人采用转包、分包、转租方式，出现了大量以单位部门、项目经理乃至个人名义签订或实际履行合同的情形。因此，人民法院在审理合同主体和效力认定问题引发表见代理纠纷案件时，认定表见代理不要囿于法条的字面规定，应当结合具体案情，综合考量。

编写人：广西壮族自治区高级人民法院　贺利研　杨钉
广西壮族自治区南宁市中级人民法院　于代亮

24

建设工程施工合同中实际施工人表见代理的认定

——锡山区厚桥凯之盛建材经营部诉江苏顺通建设集团有限公司、张某生买卖合同案

【案件基本信息】

1. 裁判书字号

江苏省无锡市中级人民法院（2018）苏02民终502号民事判决书

2. 案由：买卖合同纠纷

3. 当事人：

原告（上诉人）：锡山区厚桥凯之盛建材经营部（以下简称经营部）

被告（被上诉人）：江苏顺通建设集团有限公司（以下简称顺通公司）、张某生

【基本案情】

2014年3月12日，气业公司作为建设单位（甲方），顺通公司作为施工单位（乙方）签订施工合同一份，由顺通公司承建气业公司新建厂房工程，工程地点在无锡市锡山区羊尖镇工业园B区内，项目经理为姚春锡。

庭审中，经营部提供了2014年4月8日至2015年6月13日送货单96张，用以证明送货合计115200元，其中收货单位一栏载明“廊下，张老板”，对此，经营部解释称“他联系我的，说叫张某生，简写的张老板”。关于买卖业务的洽谈经过，经营部称“当时张某生没有说明他与顺通公司之间的关系”。为证明张某生系案涉工程的

项目经理，经营部提供了张某生下面的工作人员陆某强、恽某兰的证人证言，陆某强称“2012年，他（指张某生）跟我讲他接了个工程，是顺通公司的，在羊尖工业园，打了个围墙，正式开工是2014年。工资是到年付点，月工资是8000，月底付清，由张某生支付给我”，关于工资发放，恽某兰称“顺通公司支付给张某生，再由张某生付给我们”。同时，经营部还提供了张某生于2015年7月3日以项目部名义向其出具的对账单，以及张某生以顺通公司项目部名义与案外人朱金龙签订的《脚手架、防护搭设承包合同》和顺通公司向朱金龙发送的拆除脚手架通知。经营部围绕其上诉请求，向本院提交了无锡市锡山区羊兴镇人民调解委员会出具的情况说明1份，以证明气业公司的工程项目由顺通公司承建，工地负责人为张某生，陆某强、恽某兰、邵某君为工作人员。张某生的行为就是顺通公司的行为。另提交了施工承包合同1份，以证明张某生是实际的项目经理，张某生不是分包人，也不是承包人。经质证，顺通公司认为该证据未有无锡市羊尖镇人民政府盖章、负责人和经办人签字，不符合证据的形式要件，无锡市羊尖镇人民调解委员会的印章真实性无法确认，顺通公司未参加过调解，人民调解委员会也无权对工程情况作出说明。对经营部提交的施工承包合同要求其提供原件。

【案件焦点】

1. 施工企业与挂靠的实际承包人对外是否必然承担连带责任；2. 如否，则承包人行为性质应如何认定。

【法院裁判要旨】

江苏省无锡市锡山区人民法院经审理认为：本案中双方争议的焦点为，张某生向经营部采购建筑材料的法律后果是否应当由顺通公司承担。首先，当事人对自己提出的诉讼请求所依据的事实或者反驳对方诉讼请求所依据的事实，应当提供证据加以证明，但法律另有规定的除外。经营部未能提供充分有效的证据证明张某生向经营部采购建筑材料系职务行为或取得顺通公司授权，应当承担举证不能的法律后果。其次，根据双方提供的现有证据，无法认定顺通公司与张某生之间的法律关系，退一步讲，即使张某生系借用顺通公司资质，作为实际承包人对外采购应当按照是否构成表见代理进行认定，而根据经营部提供的送货单对收货单位为张某生的载明以及经营部在庭审中的陈述，可以看出张某生向经营部采购建筑材料时是以自己的名义进行的，且经营部亦相信合同相对方为张某生，无论是根据合同相对性原则还是表见代理中对相对人善意且无过失的要求，张某生的行为均不构成表见代理。至于之后张某生以项目部名义向经营部出具对账单，因未得到顺通公司的授权和追认，对顺通公司亦不产生法律效力，案涉债务应当由张某生承担。综上，对经营部要求顺通公司承担付款责任的诉讼请求，不予支持，其可以另案向张某生主张。

依照《中华人民共和国合同法》第四十八条、第一百三十条，《最高人民法院关于适用〈中华人民共和国民事诉讼法〉的解释》第九十条之规定，该院判决：驳回经营部的诉讼请求。案件受理费2604元、公告费610元，合计3214元，由经营部负担。

经营部提起上诉。无锡市中级人民法院经审理认为：顺通公司否认其授权张某生代表顺通公司采购建筑材料，经营部也未提供证据证明张某生有相关授权的直接证据，故本案应考察张某生的行为是否构成表见代理。构成表见代理的首要条件是行为人须以被代理人的名义实施民事行为，代理人未以被代理人名义而实施的民事行为，应视为其为自己为之。经营部与张某生未签订书面合同，经营部提供的送货单，收货单位一栏载明“廊下，张老板”，对此，经营部解释称“他联系我的，说叫张某生，简写的张老板”。也就是说，张某生向经营部采购建材时并未以顺通公司的名义实施。二审中，经营部虽称张某生是以工程项目经理的身份与经营部取得联系并采购案涉建筑材料，该陈述与一审中的陈述相矛盾，在经营部未提供相关证据的情况下，本院对其二审中的陈述，不予采信。构成表见代理的第二个条件为行为人有能够代表被代理人实施民事行为的表象，该客观表象形成的时间须在行为人以被代理人的名义与相对人发生交易时，而不能以事后产生的一些事实基础推定行为人先前的行为具有代理权的客观表象。关于案涉买卖业务的洽谈经过，经营部称“当时张某生没有说明他与顺通公司之间的关系”。故张某生也没有能够代表顺通公司进行采购的表象，即使按照经营部的陈述案涉建材是送到顺通公司承建的气业公司项目部工地，但不能通过订立合同之后的送货行为，推定张某生具有代理权的表象。表见代理构成的另一条件为相对人在审查行为人是否有代理权的表象过程中须为善意且无过失，张某生在采购案涉建材时未以顺通公司的名义进行，经营部显然不是善意且无过失的相对人。故张某生的行为不构成表见代理，案涉债务应向张某生主张。经营部要求顺通公司承担付款责任的请求，不能成立。

经营部二审中提供的人民调解委员会出具的情况说明和施工承包合同即使是真实的，也仅表明气业公司的工程项目由顺通公司承建，顺通公司与张某生之间是内部承包关系，但案涉项目对外公示的项目经理为姚春锡。经营部也未提供证据在发生案涉买卖合同时，张某生向其出示了施工合同，其有理由相信张某生能够代表顺通公司。故上述证据也不能证明张某生的行为构成表见代理。

综上，一审判决认定事实清楚、适用法律正确，应予维持。据此，依据《中华人民共和国民事诉讼法》第一百七十条第一款第一项的规定，判决如下：

驳回上诉，维持原判。

【法官后语】

实践中，实际施工人与施工企业之间存在挂靠关系，实际是公认对外以施工企业的名义进行经营，无论是根据合同相对性原理，还是从施工企业权利与义务相统一、保证建设工程质量、维护发包人合法权益、制裁建设工程领域违法挂靠经营的角度考虑，施工企业均应对挂靠人的行为负责，目前实务中有观点认为挂靠人与被挂靠人对外承担连带责任。但是，不排除挂靠人假借施工企业虚构债务或以施工企业名义购买物资、租赁设备等。因此，处理该类问题既要保护合同相对人权益，又要避免合同相对人与挂靠人恶意串通损害施工企业利益，处理路径应从表见代理出发。《最高人民法院关于当前形势下审理民商事合同纠纷案件若干问题的指导意见》第十二条规定：当前在国家重大项目和承包租赁行业等受到全球性金融危机冲击和国内宏观经济形势变化影响比较明显的行业领域，由于合同当事人采用转包、分包、转租方式，出现了大量以单位部门、项目经理乃至个人名义签订或实际履行合同的情形，并因合同主体和效力认定问题引发表见代理纠纷案件。对此，人民法院应当正确适用《合同法》第四十九条关于表见代理制度的规定，严格认定表见代理行为。

按照《合同法》第四十九条的规定，结合最高人民法院相关指导意见内容，表见代理成立的构成要件应当包括以下几个方面：第一，行为人的无权代理行为（没有代理权、超越代理权或者代理权终止）在客观上具有代理权的表象，且产生原因与被代理人的行为直接相关并在被代理人风险控制能力范围内；第二，行为人在设立民事法律关系时以被代理人名义为民事行为；第三，相对人善意且无过失地相信行为人有代理权。

具体到本案中，首先，关于是否在客观上具有代理权表象，客观表象形成的时间须在行为人以被代理人的名义与相对人发生交易时，而不能以事后产生的一些事实基础推定行为人先前的行为具有代理权的客观表象，本案中张某生在与经营部发生买卖合同关系时不具有代理权的表象，亦不能通过订立合同之后的送货行为，推定张某生具有代理权的表象。其次，张某生在与经营部建立买卖合同关系时是以自己名义为之，不符合表见代理构成要件中第二条。综上，张某生的行为不构成表见代理。

编写人：江苏省无锡市锡山区人民法院　吴修贵

25

表意人多重身份下，“自己代理”行为的认定

——江阴天马镍网有限公司诉孙某平等买卖合同案

【案件基本信息】

1. 裁判书字号

江苏省无锡市中级人民法院（2016）苏02民终4430号民事判决书

2. 案由：买卖合同纠纷

3. 当事人

原告（被上诉人）：江阴天马镍网有限公司（以下简称江阴天马公司）

被告（上诉人）：孙某平

被告（被上诉人）：常熟市卫浜金属制品厂、王某平

【基本案情】

2013年10月29日，淮安天马纺织器材有限公司（以下简称淮安天马公司）与孙某平签订供货协议书，约定孙某平向淮安天马公司购买镍网，淮安天马公司提供2000只网铺底。供货协议书由孙某平、任某某分别签名，未加盖印章。2013年11月12日，实际由江阴天马公司向孙某平交付上述协议项下的镍网3000只，送货

回单上收货单位为常熟市卫浜金属制品厂（以下简称金属制品厂）。至2014年11月3日，孙某平以现金购买了第二批货。其间，孙某平向江阴天马公司出示了名片，名片载明孙某平系金属制品厂副厂长，遂江阴天马公司要求孙某平解除原供货协议，并以金属制品厂为需方重新签订镍网买卖合同。2014年11月3日，江阴天马公司与孙某平签订解除合同协议书，约定2013年10月29日淮安天马公司与孙某平签订的供货协议书终止履行，解除合同协议书由孙某平签名，江阴天马公司加盖合同专用章，后淮安天马公司出具授权书，追认江阴天马公司代表其行使的解除权，并确认该合同项下债权由江阴天马公司主张。解除当即，双方重新签订了以江阴天马公司为供方、金属制品厂为需方的工矿产品购销合同，合同有效期半年，双方现均确认该合同项下债权债务已结清，上述合同履行过程中的实际付款人仍是孙某平。2014年11月3日，针对2013年10月29日合同项下的债务，孙某平向江阴天马公司出具欠条1份，欠条内容为："今暂欠江阴天马公司铺垫款贰拾万零伍仟捌佰元整（￥205800）。"欠条署名部分为："2014.11.3. 金属制品厂"，欠条署名部分加盖金属制品厂公章。欠条的内容和署名均由孙某平书写。

金属制品厂系王某平经营的个人独资企业。王某平陈述：金属制品厂原为集体所有制企业，2003年改制后变为个人独资企业，公章从1998年开始使用到现在，2008年起公章由案外人殷某某母女保管；孙某平于2008年挂靠在金属制品厂，每年挂靠费120000元，2012年环保整改时孙某平关厂了，王某平没有为孙某平在案涉欠条上盖过公章，其也从未收到镍网。案外人殷丹萍陈述，2014年11月3日没有为孙某平盖过公章。

现江阴天马公司要求孙某平、金属制品厂、王某平立即偿付货款205800元。

【案件焦点】

原债务人孙某平为金属制品厂作出的负担债务的表意是否有效。

【法院裁判要旨】

江苏省无锡市锡山区人民法院经审理认为：淮安天马公司与孙某平之间的买卖合同终止履行，淮安天马公司的债权转移给江阴天马公司，故孙某平应向江阴天马公司给付货款205800元。金属制品厂没有承担债务的意思表示，王某平没有收到标的物镍网，孙某平仅凭盖章的欠条不能证明金属制品厂愿意承担孙某平的债务，江阴天马公司没有与金属制品厂、王某平就合同签订、合同履行、债务承担等事项进行磋商，仅凭孙某平提供的名片，江阴天马公司没有理由相信孙某平就能代表金属制品厂，故对金属制品厂不成立债务承担，金属制品厂、王某平在本案中不应承担货款的清偿责任。

江苏省无锡市锡山区人民法院判决：

一、孙某平应给付江阴天马公司货款205800元，于本判决发生法律效力后三日内付清；

二、驳回江阴天马公司在本案中的其他诉讼请求。

孙某平不服一审判决，提出上诉。江苏省无锡市中级人民法院经审理认为：首先，关于合同债务人的认定。2013年10月29日供货协议书由孙某平作为需方与供方淮安天马公司签订，孙某平自身经营业务，其虽称供货协议书中的部分镍网是金属制品厂购买，但未提供相应证据，且从合同订立、收货、开票等环节也无法反映与金属制品厂之间的关联性，故无论从合同相对性原则考虑，还是从公平原则考虑，该合同项下货款均应由需方孙某平承担付款责任。其次，关于对欠条的理解。仅从欠条文义看，所表达的是常熟制品厂结欠江阴天马公司205800元，该欠条本身以及江阴天马公司的诉讼行为，均不能体现有免除原债务人孙某平责任的意思。因此，即使金属制品厂应受欠条约束，也仅仅构成第三人加入债务，而非债务转移，原债务人孙某平仍然应当承担付款责任。遂判决：

驳回上诉，维持原判。

【法官后语】

一、对行为人表意行为的分层次考察

表意行为，是行为人通过意思表示，旨在设立、变更、消灭民事法律关系的行为，表意行为是与行为人的主观意愿相联系，并通过签字、盖章等方式表达，将意思表示客观化和外在化。然而，外在的一个表意行为并不意味着行为人只有单一的意思表示，仍应结合行为人的身份、表意行为作出的前因后果等对其真实意思表示作出正确判断。本案中，孙某平既是涉案买卖协议指向的实际经手人，又具有金属制品厂代理人的外在身份（名片、持有印章），故孙某平向江阴天马公司出具欠条的行为，表面上是一个单一行为，但其法律效果的指向是多重的，应对孙某平的表意行为进行分层次逐一考察。其中，第一个表意层次，原供货协议书系孙某平作为需方进行签订，且由孙某平实际参与、接收货物、支付款项等，应认定孙某平为原供货协议的一方合同主体，应受原供货协议项下的权利义务约束。作为合同主体，孙某平有权进行债权债务结算，其出具欠条的第一个表意行为有效，即孙某平确认其结欠江阴天马公司货款。

二、原债务人为第三人作出负担债务的表意属于“自己代理”

法人或者其他非法人组织必须通过自然人表达其意思，因此，该自然人媒介的身份往往是判断意思表示真实性及该表意行为是否有效的关键，如是否构成职务代表行为，表见代理或共负债务等。本案中，孙某平在第一个表意层次上系原债务人，该特殊身份决定了对其第二个表意层次的认定。孙某平未在欠条上签署名字，仅加盖案外人金属制品厂的公章，结合其系原债务人的特殊身份，孙某平的盖章行为实际上系债务转让行为，孙某平即代表自己出让债务，又代理金属制品厂接收债务，应属于非典型的“自己代理”行为。《民法总则》明确规定，“代理人不得以被代理人的名义与自己实施民事法律行为，但是被代理人同意或者追认的除外。”“自己代理”是明显的代理权滥用，有违代理的本质与诚实信用原则，代理人的单方行为，很难避免发生代理人为自己利益而牺牲被代理人利益的情况。本案中，金属制品厂未追认孙某平的代理行为，故孙某平出具欠条的第二个表意无效，仍应按第一个表意层次即孙某平结欠江阴天马公司货款作出对该欠条法律效力的最终认定。

编写人：江苏省无锡市锡山区人民法院　崔锋　柯菲菲

26

当事人约定不得起诉效力的认定

——刘某磊诉刘某方买卖合同案

【案件基本信息】

1. 裁判书字号

安徽省滁州市中级人民法院（2018）皖11民终148号民事判决书

2. 案由：买卖合同纠纷

3. 当事人

原告（上诉人）：刘某磊

被告（被上诉人）：刘某方

【基本案情】

2016年5月10日，刘某方与刘某磊对账，确认：截至2016年4月30日，刘某方欠货款1121500元，刘某磊承诺三年内不得因拖欠货款而起诉刘某方，如起诉，刘某磊自愿让利50万元给刘某方。对账后，双方继续发生业务往来，截至2016年7月18日，刘某磊又向刘某方供应锡条等产品，刘某方支付货款204689元。现刘某磊诉至法院，主张对账前货款1121500元和对账后货款43870元，合计1165370元。

刘某磊与刘某方均认可双方自2013年起至2016年止有业务往来，交易总金额为600多万元。2016年5月10日对账单中的货款1121500元，里面不包含任何利息与违约金。

【案件焦点】

1. 对账单上约定"刘某磊承诺三年内不得因拖欠货款而起诉刘某方，如起诉刘某磊自愿让利50万元给刘某方"的效力；2. 刘某方对刘某磊主张的货款及逾期付款利息损失是否承担给付责任，若承担，具体数额是多少；案涉逾期付款利息损失如何计算。

【法院裁判要旨】

安徽省天长市人民法院经审理认为：对账单上刘某磊承诺三年不得起诉刘某方，如起诉让利50万元，该承诺内容并非对诉讼时效期间的约定，刘某磊提出该内容是对诉讼时效利益的预先放弃属无效的意见，不符合法律规定，不予采信。对账单是刘某磊与刘某方自愿签订，承诺内容系二人真实意思表示，双方应当按约履行。刘某磊现起诉刘某方，违反承诺内容，应当按照约定让利50万元。双方对2016年5月10日对账前，刘某方欠货款1121500元，均无异议。2016年5月10日对账后至2016年7月18日，刘某磊继续供应产品。对此期间发生的货款金额，因刘某磊提供的货物签收记录仅有货物件数，没有具体数量及单价，不能确认。刘某磊主张刘某方欠对账后货款43870元的意见，证据不足，不予采信。

安徽省天长市人民法院依法作出如下判决：

一、被告刘某方于本判决生效之日起十日内偿还原告刘某磊货款621500元及逾期付款损失（损失自2016年10月17日起按中国人民银行同期同类贷款利率计算至款项付清止）；

二、驳回原告刘某磊其他诉讼请求。

刘某磊不服一审判决，提出上诉。安徽省滁州市中级人民法院经审理认为：三年内不起诉的约定系当事人的真实意思表示，并没有违反强制性的规定，应认定为有效，也充分体现当事人的自由处分原则。虽然承诺内容有效，但没有排除在此期间不用支付相应货款，刘某方存在违约行为，故刘某方应支付逾期付款利息损失。而根据对账单约定，“刘某磊三年内不得起诉刘某方，如起诉让利50万元”，该约定实质上是关于违约金的约定，现刘某磊违反该约定，理应承担一定的违约金。但双方关于违约金数额50万元约定过高，明显违反公平原则，应予调整。对于刘某方应支付的逾期付款利息损失作为刘某磊提前起诉应付的违约金，予以冲抵。

综合全案，安徽省滁州市中级人民法院依法作出如下判决：

一、撤销安徽省天长市人民法院（2017）皖1181民初3354号民事判决；

二、被上诉人刘某方于本判决生效后十日内支付上诉人刘某磊货款1121500元；

三、驳回上诉人刘某磊的其他诉讼请求。

【法官后语】

本案在审理过程中形成了两种意见。

第一种意见：三年内不得起诉的约定系无效约定。因为诉权、抗辩权是当事人向人民法院请求保护其权益的权利。民事诉讼法为典型的强制性规范，在民事诉讼法没有明确授权当事人可以处分的情形下，当事人擅自订立放弃诉权的约定，剥夺了当事人的权利，有违民事诉讼法的强制性规定，因此三年内不得起诉的约定不能产生法律效力。

第二种意见：三年内不得起诉的约定系当事人的真实意思表示，并没有违反法律的禁止性规定，应认定为有效约定，也充分体现当事人的自由处分原则。

本案最后采用的是第二种意见。民事诉讼是以国家权力解决当事人之间不能自主解决的民事纠纷。从国家与公民的角度来说，这是公法关系。但是，从民事诉讼所要解决的纠纷的内容，即民事案件的主体对民事纠纷本身自主解决的权利和对诉讼标的的自由处分来看，显然，民事诉讼又是具有私法性质的关系。可以说，民事诉讼法上的处分权主义，是私权自治在公法领域的直接延伸。通常情况下，处分权不会与国家或社会公共利益产生冲突，这就决定了国家应当对其少干涉甚至不干涉。法谚有云，“无原告则无法官，无起诉则无审判”。民事诉讼法明确赋予当事人就特定事项程序上的处分权，如起诉、撤诉、放弃、变更诉讼请求等。显然，针对这些事项，特别是诉权，民事诉讼法并没有明确规定当事人就放弃或者行使可以进行约定或者不可以进行约定。且当事人拥有“诉讼启动选择权”，纠纷发生前或发生后，起诉只是当事人解决纠纷选择之一，是否选择用诉讼解决争议，决定权在于当事人，法院没有权力启动诉讼程序。因此，当事人当然可以达成不起诉契约，使诉讼程序不被开启，而选择其他途径来解决。而在本案中，刘某磊与刘某方达成三年内不得起诉，如起诉让利50万元的契约，不排除刘某磊通过其他途径来催要货款，故三年内不得起诉的约定系当事人的真实意思表示，应认定为有效约定。虽然刘某磊承诺三年内不起诉刘某方，但不排除刘某方不用支付相应的货款，刘某方存在违约行为。同时，刘某磊起诉刘某方，违反双方约定，理应承担一定的违约金。最后，我们结合该案实际情况，根据公平原则和诚实信用原则予以衡量，对于刘某方应支付的逾期付款利息损失作为刘某磊提前起诉应付的违约金，予以冲抵，并没有根据双方的约定直接扣除违约金50万元。

在复杂多变的现实社会中，社会主体的价值观各不相同，对事物的认识也存有差异。因此，纠纷解决机制应当多元化，即应赋予当事人程序选择权。当事人达成不起诉契约，遵循当事人内心的真实意愿，以合意的方式解决纠纷，较之诉讼，其义务的履行率更高，也更有利于彻底化解双方之间的矛盾。除此之外，不起诉契约可以成为民事案件的“分流器”。一些能够用诉讼外纠纷方式解决的争议通过调解、仲裁、谈判等方式来解决，使法院能够集中优势资源审理其他诉讼外纠纷解决方式不能处理的案件，从而最大限度地节约司法成本，减缓法院压力，实现司法资源与实际效益的优化。

编写人：安徽省滁州市中级人民法院　邓见阁

27

二手车交易公司以格式条款免除车辆重要参数的如实告知义务应认定为无效

——张某诉北京某旧机动车经纪有限公司买卖合同案

【案件基本信息】

1. 裁判书字号

北京市海淀区人民法院（2015）海民（商）初字第44452号民事判决书

2. 案由：买卖合同纠纷

3. 当事人

原告：张某

被告：北京某旧机动车经纪有限公司（以下简称某经纪公司）

【基本案情】

2015年8月1日，张某与某经纪公司签订了《二手车买卖合同（非贷款版）》，约定张某以12万元的价格购买轿车一辆。签约时，该车的仪表盘显示里程数为5.3万公里。此外，某经纪公司向张某提供了未签字盖章的《二手车检测报告》作为合同附件，该报告载明“检测报告中标明的里程数，为车辆进场时车内里程表表示的数字，仅供参考，仅对车辆状况进行检测，不对里程数真实性做出承诺”。后张某将车辆送至4S店做检测，从4S店的保养记录中发现，该车辆实际行驶公里数在一年前已经达到10.8万公里。据此，张某认为某经纪公司在销售中存在欺诈行为，请求判决某经纪公司支付赔偿金12万元。

【案件焦点】

1. 某经纪公司出具的《二手车检测报告》中载明：“不对里程数真实性做出承诺”，是否可以免除其法律责任；2. 某经纪公司在车辆销售过程中是否构成欺诈行为。

【法院裁判要旨】

北京市海淀区人民法院经审理认为，当事人对自己提出的主张，有责任提供证据。本案的争议焦点在于：第一，某经纪公司出具的《二手车检测报告》中载明“检测报告中标明的里程数，为车辆进场时车内里程表表示的数字，仅供参考，某经纪公司仅对车辆状况进行检测，不对里程数真实性做出承诺”此条款的效力问题。首先，该条款系作为经营者一方的某经纪公司单方面预先拟定，可重复使用，张某作为消费者在与某经纪公司订立合同时不能对该条款进行协商，仅能接受或不接受，不能修改或取消该条款内容；其次，从内容方面而言，该条款系某经纪公司为单方免除其公司在二手车交易中对表显里程数负有的保真责任而拟定的，违反了公平原则，某经纪公司未能对该条款采取足以引起张某注意的方式提请张某注意，且未能提交证据证明其公司向张某履行了说明义务。综上，该条款系格式条款，应属无效。第二，某经纪公司的行为是否构成欺诈。根据法院的调查取证并结合双方当事人的庭审陈述显示，某经纪公司向张某出售的尼桑天籁车辆存在表显里程变动的情形，而依据二手车交易市场行业惯例，表显里程数在二手车交易中对于车辆的定价具有重要参考意义，某经纪公司作为专门经营旧机动车的经纪公司，具有车辆的相关专业知识，对其所出售的车辆应当明知，且其公司负有将相关情况向张某进行告知的义务，而某经纪公司未能履行这一告知义务，故某经纪公司属于故意隐瞒真实情况，使张某做出了错误的意思表示，应当构成欺诈。根据《中华人民共和国消费者权益保护法》第五十五条之规定，经营者提供商品或者服务有欺诈行为的，应当按照消费者的要求增加赔偿其受到的损失，增加赔偿的金额为消费者购买商品的价款或者接受服务的费用的三倍。现张某要求某经纪公司按照购车款等额赔偿12万元，于法有据，本院对此予以支持。某经纪公司关于本案的相关辩称，未向本院提交证据，本院对此不予采信。

综上所述，本院依照《中华人民共和国合同法》第三十九条、第四十条，《中华人民共和国消费者权益保护法》第五十五条，《中华人民共和国民事诉讼法》第六十四条第一款之规定，判决如下：

被告某经纪公司于本判决生效后十日内向原告张某支付赔偿款十二万元。

【法官后语】

近年来，法院受理多起因二手车交易价格不透明、车况不真实、出卖不规范、售后无保障等情形引发的诉讼。二手车买卖途经多手，许多经销商、中介商为了追求利润，存在改动表显里程数、隐瞒事故车、涉水车等违反商业道德的行为，轻者提高了交易成本，重者造成车辆损坏、引发交通事故，使消费者权益受到严重损害。就本案而言，双方的争议焦点主要集中在：二手车交易公司以格式条款免除车辆重要参数的如实告知义务是否有效，以及二手车交易公司在车辆销售过程是否构成欺诈行为的认定标准。

一、二手车交易公司以格式条款免除车辆重要参数的如实告知义务的效力判断

首先，就《二手车检测报告》中条款的类型而言，该条款载于合同附件《二手车检测报告》中，是某经纪公司为了重复使用而单方面预先拟定的，双方在订立合同时未对此条款进行协商，根据《合同法》第三十九条第二款的规定，该条款的类型为格式条款。其次，就该报告的内容而言，该条款系经营者某经纪公司为单方免除其公司在二手车交易中对仪表盘显示里程数负有的保证真实责任而拟定。并非其运用科学检测手段检验后，因客观原因无法查明车辆实际行驶里程。因此，该种单方约定，客观上降低了二手车经营者对车辆真实状况的如实告知的义务，使本该由销售方核实、查验的车辆行驶里程转嫁由购买者负担，无形中增加了购买方的合同义务及潜在购买风险。合同法的基本原则之一便是双方平等原则，而合同中双方当事人权利义务对等是平等原则内容之一。显然，某经纪公司此种行为系免除自身责任，加重了购买者的责任。根据《合同法》第四十条的规定，提供格式条款一方免除其责任、加重对方责任、排除对方主要权利的，该条款无效。据此，本案格式条款载明的“不对里程数真实性做出承诺”的约定应属无效。

二、二手车交易公司欺诈行为的司法认定标准

所谓民事欺诈行为是指在设立、变更、终止民事权利和民事义务的过程中，故意告知对方虚假情况或故意隐瞒真实情况，诱使对方做出错误意思表示的行为。可见，民事法律行为上的消费欺诈应包含以下四个方面：第一，经营者具有主观故意；第二，经营者实施了欺诈行为；第三，消费者做出了错误的意思表示；第四，经营者的欺诈行为和消费者的购买意思之间具有因果关系。

本案最大争议问题即为，涉案轿车表显里程大幅改动是否构成欺诈。依据二手

车交易市场行业惯例，表显里程数系车辆重要参数指标之一，在二手车辆交易中对于车辆的估价具有极其重要的参考意义，足以影响消费者的购买意愿和车辆的转让价格。某经纪公司作为专门经营二手机动车买卖的经纪公司，其应当对所出售的二手汽车来源的合法性、登记手续、事故记录、维修情况、行驶里程等重要信息进行全面核查、检测，并将结果以书面形式或其他可以确认的方式告知消费者。相对于普通消费者而言，二手车销售公司具有车辆相关的专业知识，也完全拥有检测的能力，对其所出售的车辆状况及主要参数指标应当明知，其负有向消费者告知车辆真实使用状况的义务。本案中，某经纪公司未能履行这一告知义务，且未能证明系因客观原因无法对相关指标核查清楚的情形下，属故意隐瞒二手车辆重要参数的真实数值，由此导致张某做出了错误的意思表示，应当认定构成欺诈。根据《中华人民共和国消费者权益保护法》第五十五条的规定，经营者提供商品或者服务有欺诈行为的，应当按照消费者的要求增加赔偿其受到的损失，增加赔偿的金额为消费者购买商品的价款或者接受服务的费用的三倍。

综上，法院认定某经纪公司免除其责任的格式条款无效，且存在对消费者欺诈的行为，支持了张某的诉讼请求。

本案裁判的重要意义在于：一是反映了法院对该类市场交易的态度。如果某经纪公司以格式条款排除了其公司在二手车交易中对表显里程数保真的法律责任，易对整个二手车交易市场的经济秩序及诚实信用原则产生破坏，亦有违公平原则。法院否定此类不履行提示义务、免除己方责任的格式条款的效力，对欺诈消费者的行为进行责罚，促使二手车交易市场形成一种依靠正当经营、正当竞争来提高经济效益的商业氛围，使二手车质量体系回归核心。二是以判决的形式对该类交易提供规则指引。引导二手车经销商加强管理，明晰自身合同义务，利用自身的专业知识和能力对车辆是否存在、表显里程数、维修记录、事故情况、合法来源、完整手续等重要信息进行检测、核查，并如实告知买卖相关方，杜绝销售欺诈、销售误导等行为；促进规范二手车交易市场，保护消费者的合法权益。

编写人：北京市海淀区人民法院　宋硕　马欣

28

分期付款协议与以物抵债协议同时存在时的效力认定

——无锡市海绿石材经营部诉江苏龙升节能科技股份有限公司买卖合同案

【案件基本信息】

1. 裁判书字号

江苏省无锡市锡山区人民法院（2017）苏0205民初3823号民事判决书

2. 案由：买卖合同纠纷

3. 当事人

原告：无锡市海绿石材经营部（以下简称海绿经营部）

被告：江苏龙升节能科技股份有限公司（以下简称龙升公司）

【基本案情】

2012年10月10日起，海绿经营部向龙升公司供应石材，海绿经营部的李祖招经手双方的业务往来。2015年9月25日，海绿经营部（乙方）与龙升公司（甲方）签订补充协议，主要内容：甲方尚欠乙方石材款捌拾叁万玖仟陆佰元整（¥83.96万元），双方共同同意甲方自2017年1月开始每月还款约3.5万元，至2018年12月底前还清全部石材货款。在整个还款过程中乙方同意可接受3个月的宽容期。补充协议“供货单位”处载明海绿经营部，“代理人签字”处有李祖招签字。2017年6月18日，“李祖招”以海绿经营部作为甲方与龙升公司作为乙方签订抵债协议，主要内容：乙方结欠甲方款项839600元，由乙方用房产一套及地下汽车车位一个来抵偿结欠甲方的全部款项。房产总价为559020元，剩余部分金额甲方自愿放弃。乙方应当将本协议所涉抵偿房屋登记过户至甲方名下或者甲方指定的第三方名下。因抵偿房屋存在抵押，现乙方承诺上述事项于2018年6月30日前完成等。海绿经营部主张龙升公司未按补充协议约定付款，已构成预期违约，要求立即付款。龙升公司主张海绿经营部无权要求支付全部款项。

【案件焦点】

1. 龙升公司结欠海绿经营部的货款 839600 元现是否需要全部支付；2. 双方是否按抵债协议履行。

【法院裁判要旨】

江苏省无锡市锡山区人民法院经审理认为：关于焦点一：补充协议书约定“自 2017 年 1 月开始每月还款约 3.5 万元，至 2018 年 12 月底前还清全部石材货款”，至海绿经营部起诉，龙升公司未支付到期价款的金额达到五分之一以上，即使考虑了“3 个月的宽容期”，也已达到五分之一以上，海绿经营部有权要求龙升公司支付结欠的全部货款 839600 元。关于焦点二：李祖招是海绿经营部与龙升公司业务往来中海绿经营部的代理人，海绿经营部与龙升公司之间的业务往来在 2015 年 9 月 25 日签订补充协议书时结束，该协议明确了整个往来的总货款、欠款数额、付款期限，李祖招代理海绿经营部与龙升公司业务往来的代理权已终止。且 2017 年 6 月 18 日抵债协议系以物抵债协议，具有一定的债的担保性质，该抵债协议没有约定在抵债实现时对所抵之物进行评估，有可能使双方利益失衡的风险及对案外债权人利益间接产生影响，故对龙升公司要求按照抵债协议履行的抗辩意见，不予采纳。

综上所述，海绿经营部仍有向龙升公司主张支付 839600 元货款的权利。江苏省无锡市锡山区人民法院依照《中华人民共和国合同法》第一百零九条、第一百五十九条、第一百六十七条，《中华人民共和国物权法》第一百八十六条，《中华人民共和国民事诉讼法》第一百四十二条之规定，判决：

龙升公司应于本判决生效后十日内向海绿经营部支付货款 839600 元。

【法官后语】

买卖合同业务往来过程中，尤其是数额较大的业务往来，极少数情况下货款能及时结清，大多数企业以年底结账的方式结算，或是上一年度货款结转至下一年度。待业务往来中止或企业经营不善，一方长期不支付货款，经双方对账，会就未付货款形成一份对账单。本案中双方在形成对账单的同时，就付款方案达成了一致，买受人应按约定支付货款，根据合同法规定，分期付款的买受人未支付到期价款的金额达到全部价款的五分之一的，出卖人可以要求买受人支付全部价款或者解除合同。

如达成付款方案后，付款方到期没有金钱履行能力，提出以物抵债或以其他方式抵债，双方可重新达成协议，但协议必须是买卖双方当事人一致同意后订立，需符合合同的基本要件，且符合公平原则。双方应按照以物抵债协议履行。对于同时存在分期付款协议与以物抵债协议时的效力认定，法律并未进行明确规定。

以物抵债是以他种给付代替原定给付而消灭原有债务的法律行为，有观点认为，以物抵债协议满足债的变更的要件：(1) 存在旧债；(2) 创立新债；(3) 当事人双方就更改达成合意；(4) 新债和旧债有不同的内容；(5) 须履行一定的方式。其产生的后果是：消灭旧债成立新债；旧债的所有担保，除有特别约定外，都随旧债同时消灭；旧债有利息的，停止计算；免除迟延履付的责任；等等。签订以物抵债协议，等同于债的变更，原来的债务消灭，形成了新的债务，债权人只能依照以物抵债协议向债务方主张权利，不能再主张原来的分期付款协议。在此种情况下，债务人必须按照以物抵债协议履行，不能反悔。

笔者认为，签订以物抵债协议，是双方真实意思表示，应按照约定履行，但是，因以物抵债协议具有实践性，故应以所有权转移认定协议是否生效。如债务人按约履行以物抵债协议，则以物抵债协议生效，原来的分期付款协议自动消灭，反之，以物抵债协议不生效，债权人只能主张原来的分期付款协议。另外，在以物抵债协议涉及的所有权转移之前，债务人反悔不履行抵债协议的，因抵债协议的实践性，债权人只能主张原来的分期付款协议。

编写人：江苏省无锡市锡山区人民法院　高苑梦

29

买卖、变相买卖小客车指标合同的效力认定及法律后果

——王某锋诉王某磊买卖合同案

【案件基本信息】

1. 裁判书字号

北京市第一中级人民法院（2017）京01民终9377号民事判决书

2. 案由：买卖合同纠纷

3. 当事人

原告（上诉人）：王某锋

被告（上诉人）：王某磊

【基本案情】

2011年10月14日，王某锋（甲方）与王某磊（乙方）签订车辆买卖备案协议一份，约定王某锋将其奥拓牌小型轿车（以下简称奥拓轿车）车牌号及车辆的终身使用权转让给王某磊所有，即日起车辆所发生的一切事故与违章与王某锋无任何关系；王某锋今后有义务协助车辆实际拥有人王某磊办理变更过程中所需的身份证；待政府部门可过户时及时过户。庭审中，双方当事人均认可奥拓轿车及购车款18000元均已交付完毕。

其后，王某磊将奥拓轿车转卖。2012年9月14日，王某磊出资购买了五菱牌小型轿车（以下简称五菱轿车），并继续使用王某锋的小客车指标及身份证等材料办理了变更手续。目前，五菱轿车登记在王某锋名下，并一直由王某磊占有、使用。王某锋向法院提出诉讼请求要求确认王某锋与王某磊的车辆买卖备案协议无效，王某磊返还五菱轿车及行驶本。

【案件焦点】

1. 本案买卖、变相买卖小客车指标的合同法律效力如何认定；2. 当事人就买卖、变相买卖小客车指标的行为承担何种法律后果；3. 王某磊就涉案五菱轿车是否应当予以返还。

【法院裁判要旨】

北京市海淀区人民法院经审理认为：《北京市小客车数量调控暂行规定实施细则》明确规定，小客车指标不得转让，小客车指标确认通知书仅限指标所有人使用，对于买卖、变相买卖、出租或者出借小客车指标确认通知书的，由指标管理机构收回已取得的配置指标或更新指标，三年内不再受理该申请人提出的指标申请。本案中，根据王某锋与王某磊签订车辆买卖备案协议内容及当事人的当庭陈述，足以认定该协议系双方当事人转让车辆及相应小客车指标的协议，因违反现行法律规定，应属无效。登记在王某锋名下的五菱轿车对应的小客车指标，应由车辆管理部门依据相关规定作出处理，本院将在本判决生效后依法向车辆管理部门发送相应司法建议。

合同无效后，因该合同取得的财产，应当予以返还，不能返还或者没有必要返还的，应当折价补偿，有过错的一方应当赔偿对方因此所受到的损失，双方都有过错的，应各自承担相应的责任。本案中，双方当事人明知涉案车辆因上述北京市现行政策无法办理过户依然签订相关协议，均存在过错，应当各自承担相应的责任，现涉案车辆奥拓轿车已经客观上无法返还，故王某磊已交付的相应价款18000元应依法认定为折价补偿，无须返还。对于王某锋要求返还五菱轿车的诉讼请求，根据本案已查明的事实，五菱轿车系王某磊出资购买，与车辆买卖协议并无关联，不属于“因该合同取得的财产”，故本院对王某锋的上述诉讼请求，不予支持。

综上所述，北京市海淀区人民法院依照《中华人民共和国合同法》第五十二条、第五十八条之规定，判决如下：

一、确认王某锋与王某磊于2011年10月14日签订的车辆买卖备案协议无效；

二、驳回王某锋的其他诉讼请求。

王某锋、王某磊均不服一审判决，向北京市第一中级人民法院提起上诉。二审法院同意一审法院裁判意见，依照《中华人民共和国民事诉讼法》第一百七十条第一款第一项之规定，判决如下：

驳回上诉，维持原判。

【法官后语】

本案在审理与裁判过程中，需要考量三个问题，一是如何将“小客车指标”理解为一项公共利益从而认定本案协议无效；二是协议认定无效后，小客车及相应指标相分离的情况如何处理；三是如何从根本上恢复被侵害的公共利益及公共秩序。

第一，通常情况下，社会公共利益与公序良俗一样，具有普遍社会认同性与稳定的适用范围，同时也随着特定地域发展的需要及公民认知水平不断提高作相应的变化。近年来由于北京市交通压力的不断增大，以及空气质量问题等面对的节能减排需求，控制小客车的数量是一项有效的应对举措，其中限制小客车指标分配着实能有效控制小客车数量的急速增加。北京市政府于2010年年底以后相继出台《北京市小客车数量调控暂行规定》《北京市小客车数量调控暂行规定实施细则》，明确小客车配置指标需按照公开、公平、公正的原则，以摇号方式无偿分配；指标有效期为6个月，不得转让等内容，因而小客车指标的获取就此成为北京市特定地域内的公共利益。若本案当事人双方的车辆转让协议发生在此地域之外，并非需要约定小客车的过户问题，亦不会侵害到社会公共秩序。据此，依据《合同法》第五十二条第五项规定，对违反法律、行政法规的强制性规定的小客车指标转让协议认定无效。

第二，实质上，动产物权以交付取得的法律规则使得车辆所有权的转让与车牌所对应的小客车指标相分离的情形是引发本案争议的关键矛盾。就本案涉及的五菱轿车王某磊是否应当予以返还，按照合同法关于合同无效后涉案合同财产返还的规定，五菱轿车系王某磊出资购买，与车辆买卖协议并无关联，不属于“因该合同取得的财产”，当属不予返还。但是，王某锋却对五菱轿车登记在其名下却并非由其所有的事实不予认可，车辆登记公示制度本是一种“确权”，否则是否造成一种法律悖论？实则，要结合北京市现行相关限号政策来理解，车辆登记公示制度不仅仅应当是对车辆这一动产物权的所有权公示，还应当包括对车辆对应的小客车牌照指标“独占”的公示，而且针对限号环境下部分有购车需求的人群在没有中签的情况下，假借车辆买卖合同名义，实施买卖、变相买卖小客车指标的行为，后者更具有公示的现实意义。

第三，恢复本案中被侵害的社会公共秩序从根本上需要通过相应的联动机制，即相关小客车指标调控管理部门对违法行为作出后续处理，否则生效判决没有产生应有的法律惩罚效果及社会示范效果。若生效的法律判决得不到有效的执行，无疑会削弱司法的公信力，而事实上，这种买卖、变相买卖、出租或者出借小客车指标导致车辆的实际所有人与在车辆管理部门登记的所有人不一致的情形进入司法程序的案件大量存在，又会进一步引发新的法律问题，即涉案车辆一旦出现违章、交通事故等问题，车辆的实际所有人与登记权利人都会面临涉诉及承担连带赔偿责任的法律风险。从一定意义上讲，亦是一种对司法资源的预设的浪费。故我院在本判决生效后根据《北京市小客车数量调控暂行规定实施细则》第三十一条第二款向北京市交通委员会发送了司法建议，建议收回王某锋名下的配置指标或更新指标，三年内不再受理其指标申请，并对王某磊的违法行为亦作出相应处理。以期通过相关部门的进一步处理使得生效的法律文书真正发挥司法作用。

编写人：北京市海淀区人民法院　陈聪慧　范志云

30

人防车位买卖合同应为无效合同

——周某诉张某、济南泽源房地产经纪有限公司买卖合同案

【案件基本信息】

1. 裁判书字号

山东省济南市中级人民法院（2017）鲁01民终8946号民事判决书

2. 案由：买卖合同纠纷

3. 当事人

原告（被上诉人）：周某

被告（上诉人）：张某

被告（上诉人）：济南泽源房地产经纪有限公司

【基本案情】

2016年5月29日，周某、张某、济南泽源房地产经纪有限公司三方签订《车位买卖合同》，明确约定将“所有权”为张某的位于济南市鲁能领秀城L4地块（19区）东区地下车库T107出售给周某，金额总计150000元。合同签订后，周某给付张某20000元定金，给付济南泽源房地产经纪有限公司佣金5000元。经济南市市中区人防工程管理服务中心认定，案涉车位所在位置属于战时人防防护区域。后周某获悉该车位为人防车位，所有权不得买卖，因此向法院起诉，要求解除合同，返还定金和佣金。张某以签订合同时，已告知车位相关情况；济南泽源房地产经纪有限公司以合同是各方真实意思表示，且周某出具过免除该方责任的免责声明为由，均不同意解除合同、返还定金和佣金。

【案件焦点】

1. 针对人防车位的买卖合同，其效力如何认定；2. 济南泽源房地产经纪有限公司持免责声明，能否产生抗辩效力。

【法院裁判要旨】

山东省济南市市中区人民法院经审理认为：本案的争议焦点主要是关于人防车位所有权能否买卖、双方签订的《车位买卖合同》是否有效的问题。本案中，涉案车位已被证实为人防车位。根据《中华人民共和国人民防空法》规定，人民防空是国防的组成部分。人民防空工程包括为保障战时人员与物资掩蔽、人民防空指挥、医疗救护等而单独修建的地下防护建筑，以及结合地面建筑修建的战时可用于防空的地下室。国防资产属于国家所有。禁止任何组织或者个人破坏、侵占人民防空设施。由于涉案车位为人防车位、人防设施，不得进行买卖，人防车位买卖合同违反了强制性规定和社会公益，因此周某与张某、济南泽源房地产经纪有限公司签订的《车位买卖合同》为无效合同。根据合同法相关规定，合同无效或被撤销后，因该合同取得的财产，应当予以返还。因此，被告张某应当返还给原告交付的定金20000元，被告泽源房地产经纪有限公司应当返还给原告支付的佣金5000元。

关于被告泽源房地产经纪有限公司能否以“免责声明”主张抗辩的问题，本院认为，尽管该免责声明为张某、周某所签，内容为“……经双方协商，同意由双方自行办理业务，由此产生的风险及后果由双方自行承担，与21世纪不动产（济南泽源房地产经纪有限公司）无关，同时自动放弃21世纪不动产（济南泽源房地产经纪有限公司）对社会所做的关于资金安全、过户迅速等承诺，特此声明。”但该声明明显违背周某接受济南泽源房地产经纪有限公司中介服务事宜的事实，且被告泽源房地产经纪有限公司一方面获得了佣金收入，一方面又排除了自身义务，因此，本院对济南泽源房地产经纪有限公司的抗辩意见不予采信。

综上，济南市市中区人民法院依照《中华人民共和国合同法》第五十二条第五项、第五十八条，《中华人民共和国人民防空法》第二条、第九条、第十八条之规定，判决如下：

一、周某与张某、泽源房地产经纪有限公司于2016年5月29日共同签订的车位买卖合同无效；

二、张某于本判决生效之日起十日内，退还周某车位定金20000元；

三、济南泽源房地产经纪有限公司于判决生效之日起十日内，退还周某支付的佣金5000元。

张某、济南泽源房地产经纪有限公司不服原审判决，提起上诉。济南市中级人民法院认为：本案的争议焦点是张某、周某、泽源房地产经纪有限公司签订的案涉车位买卖合同是否有效。根据查明事实，涉案车位系人防设施，人防设施不得进行买卖，张某对案涉车位仅享有使用权，无权对案涉车位出售所有权。一审判决认定该买卖合同无效并无不当。在合同无效的情况下，张某、济南泽源房地产经纪有限公司应向周某返还因该合同取得的财产。综上，张某、济南泽源房地产经纪有限公司的上诉请求及理由均不成立，本院不予支持。依照《中华人民共和国民事诉讼法》第一百七十条第一款第一项之规定，判决：

驳回上诉，维持原判。

【法官后语】

本案是济南市人防车位买卖合同被判定为无效合同的第一个案例，具有典型意义，对规范房地产公司与业主之间，或业主与业主之间的车位使用权、所有权让渡具有指导意义。

目前，房地产公司开发的地下车位，有相当一部分为人防车位。针对人防车位，因利益需求驱使，房地产公司与业主签订的合同或前业主与后业主之间签订的合同，大都不规范，不少合同直接涉及“车位买卖”“所有权转让”等内容，违反了国家法律的强制性规定。根据《国防法》和《人民防空法》，人民防空工程包括为保障战时人员与物资隐蔽、人民防空指挥、医疗救护等而单独修建的地下防护建筑，以及结合地面建筑修建的战时可用于防空的地下室。人民防空工程所涉资产为国有资产，任何人不得买卖、破坏、损害、侵占。本案所涉车位，为人防车位；合同的主要形式和内容，均直指人防车位买卖，因人防车位所有权属于国家，因此该车位买卖合同是无效的，买卖双方的合同行为不能得到国家法律的支持。需说明的是，根据《人民防空法》，国家是鼓励社会资金参与对人防工程的开发、投资的，也鼓励平时利用人民防空工程为经济建设和人民生活服务，并明确了谁投资、谁受益的原则，建设人防车位的房地产开发公司，有权对该车位使用、收益。前后业主之间，也可以对人防车位的使用权进行租赁，但无论如何，均不得针对人防车位的所有权设置买卖、让渡等实质性的处分行为。

编写人：山东省济南市市中区人民法院　梁伟

31

疑似诈骗的合同效力认定

——上海证方国际贸易有限公司诉中能乾港（北京）实业有限公司、洛阳智凯集团有限公司买卖合同案

【案件基本信息】

1. 裁判书字号

河北省沧州市中级人民法院（2017）冀09民终4825号民事判决书

2. 案由：买卖合同纠纷

3. 当事人

原告（被上诉人）：上海证方国际贸易有限公司（以下简称证方公司）

被告（被上诉人）：中能乾港（北京）实业有限公司（以下简称中能公司）

被告（上诉人）：洛阳智凯集团有限公司（以下简称智凯公司）

【基本案情】

2016年12月19日，原告证方公司、被告中能公司签订《煤炭购销合同》，向中能公司购买煤炭1万吨，交货期限为2016年12月15日至2016年12月30日。付款方式：合同签订，支付中能公司10万元定金；船到锚地，中能公司出具下水单，据实际装船数量付至货款85%；中能公司出具发票及双方协定化验结果清单，付清余款15%。

合同签订后，原告当日向中能公司汇定金10万元。

2016年12月29日，被告中能公司、被告智凯公司签订《煤炭买卖合同》，向智凯公司购买电煤1.45万吨，交货期限为2016年12月29日至2017年1月3日。

合同签订后，中能公司、智凯公司当日共同向原告承诺：原告与中能公司签订的《煤炭购销合同》所涉煤炭由智凯公司转移至中能公司，物权明确且不存在纠纷；原告支付中能公司50%款项后2天内，中能公司、智凯公司确保可将不少于1.08万吨煤炭装运至原告指定船，否则中能公司、智凯公司愿承担一切经济损失、法律责任。

同日，中能公司、智凯公司两次向案外人中海船务公司出具《货权转移确认书》，证明智凯公司将其场地约14393.96吨煤炭货权转移至中能公司；自双方在《货权转移确认书》签章日起，视为卖方已按约定交货，买方已接受货物。中海船务公司据中能公司、智凯公司上述《货权转移确认书》为原告出具《货权证明》。

2016年12月30日，原告、中能公司签订《煤炭购销合同补充协议》，变更付款方式：合同签订，支付中能公司10万元定金；船到锚地，中能公司出具下水单，付至货款50%；煤炭运至目的港装卸完毕，据实际装船数量，付至货款85%；中能公司出具发票及双方协定化验结果清单，付清余款15%。

补充协议签订后，原告当日向中能公司汇50%货款272.5万元。后中能公司未按约定交付煤炭，致原告租用的船舶空载，被收取5万元定金；原告向下游公司赔偿经济损失35万元。因中能公司始终未向智凯公司付款，中能公司、智凯公司于2017年1月9日共同向中海船务公司出具《证明》，将涉案煤炭货权重新转移至智凯公司。

【案件焦点】

1. 原告与被告中能公司签订合同的效力；2. 原告因被告中能公司违约所致经济损失的认定；3. 被告智凯公司承担法律责任的依据。

【法院裁判要旨】

河北省黄骅市人民法院经审理认为：本案第一争议焦点为原告、被告中能公司签订合同的效力。原告、被告中能公司签订的《煤炭购销合同》、《补充协议》经过要约承诺过程，符合合同成立要件，故自成立时生效。智凯公司辩称中能公司存在欺诈行为，但原、被告均未提交相关证据加以证实；即使中能公司或其工作人员行为经司法机关认定构成诈骗犯罪，依照《最高人民法院关于在审理经济纠纷案件中涉及经济犯罪嫌疑若干问题的规定》第三条之规定，并不必然导致原告、中能公司的合同无效，中能公司对因签订、履行合同所致后果，仍应依法承担相应民事责任。根据《中华人民共和国合同法》第五十四条之规定，因欺诈而签订的合同属可撤销民事法律行为，撤销权在于受损害方，而本案原告明确表示认可其与中能公司的合同有效。中能公司根本违约，原告请求解除合同，中能公司同意，本院予以支持。合同解除后，中能公司应退还原告已交纳定金 10 万元、煤款 272.5 万元。

第二争议焦点为原告因中能公司违约所致经济损失的认定。原告主张返还定金 20 万元，因主张违约损失，不能同时适用定金条款。原告主张船舶滞港费，未举证已实际支付。原告主张被告按每日 1% 的标准支付违约金，但违约金应以实际损失为限。故原告因中能公司违约所致经济损失为船舶定金 5 万元、向下游公司赔偿金 35 万元，合计 40 万元。

第三争议焦点为智凯公司承担法律责任的依据。2016 年 12 月 29 日《承诺书》约定原告支付 50% 货款后，智凯公司应按承诺交付煤炭或承担相应违约责任，此系智凯公司的保证行为。

河北省黄骅市人民法院依照《中华人民共和国民法通则》、《中华人民共和国合同法》、《中华人民共和国担保法》、《最高人民法院关于审理买卖合同纠纷案件适用法律问题的解释》之规定，判决如下：

一、解除原告与中能公司签订的《煤炭购销合同》和《补充协议》；

二、中能公司返还原告定金 10 万元、煤款 272.5 万元，并赔偿经济损失 40 万元；

三、智凯公司对中能公司本判决第二项债务承担连带清偿责任；

四、驳回原告其他诉讼请求。

一审判决后，被告智凯公司不服，向沧州市中级人民法院提起上诉，二审法院经审理认为，本案一审判决并无不当，判决驳回上诉，维持原判。

【法官后语】

《最高人民法院关于在审理经济纠纷案件中涉及经济犯罪嫌疑若干问题的规定》第二条规定："单位直接负责的主管人员和其他直接责任人员，以为单位骗取财物为目的，采取欺骗手段对外签订经济合同，骗取的财物被该单位占有、使用或处分构成犯罪的，除依法追究有关人员的刑事责任，责令该单位返还骗取的财物外，如给被害人造成经济损失的，单位应承担赔偿责任。"第三条规定："单位直接负责的主管人员和其他直接责任人员，以该单位的名义对外签订经济合同，将取得的财物部分或全部占为已有构成犯罪的，除依法追究行为人的刑事责任外，该单位对行为人因签订、履行该经济合同造成的后果，依法应当承担民事责任。"对比上述两条法律规定所规定的行为模式及其法律后果，可以清晰地认识到，涉及单位的经济合同诈骗行为，可以根据查明事实的不同，产生两种处理结果：1. 财物归于单位，个人承担刑事责任，单位退还财物、赔偿损失。2. 财物归于个人（含部分归于个人），个人承担刑事责任，单位承担与合同相关的民事责任。但是，该规定对于涉嫌诈骗的合同效力均未予以明确。本案中，原告汇出的定金及货款均进入被告中能公司的账户。即使本案中存在诈骗行为，诈骗属于严重欺诈情形，仍然要使用合同法关于欺诈的相关规定，依照《合同法》第五十四条之规定，涉嫌欺诈的合同系可撤销合同，受损害方可在一年除斥期间内行使撤销权。那么，在本案原告明确认可合同效力的情况下，将合同认定为有效，符合法律规定。

对于被告智凯公司而言，其向原告证方公司作出了承担保证责任的承诺，与原告证方公司形成了保证合同关系，该保证合同如因受到被告中能公司的欺诈而做出，那么根据《民法总则》第一百四十九条规定，智凯公司尽管可能受到中能公司欺诈而做出保证承诺，但除非证方公司明知或者应当知道该欺诈行为存在的，智凯公司才能够行使撤销权，而证方公司事先并不知道中能公司的欺诈行为，因此，智凯公司不能对证方公司行使撤销权。

最终，综合上述两种思路，本案将疑似欺诈的合同认定为有效合同进行处理。

编写人：河北省黄骅市人民法院　滕奉朝

四、买卖合同的履行

32

买卖合同付款条件成就的举证责任

——无锡市天成机电设备厂诉酒泉市博世秾种业有限公司买卖合同案

【案件基本信息】

1. 裁判书字号

江苏省无锡市中级人民法院（2017）苏02民终3260号民事判决书

2. 案由：买卖合同纠纷

3. 当事人

原告（被上诉人）：无锡市天成机电设备厂（以下简称天成厂）

被告（上诉人）：酒泉市博世秾种业有限公司（以下简称博世秾公司）

【基本案情】

天成厂作为供方与博世秾公司作为需方分别于2012年4月5日、2012年10月18日签订合同书两份，由博世秾公司向天成厂购买种子机两套，总价640000元。双方约定交货时间由需方电话通知起算45天到货安装交验使用。供方负责发运，需方负责卸货，运费由供方承担。验收按行业标准，货到后一个月内以书面提出质量异议。对于货款，需方预付30%，提货时再付50%，安装验收合格后再付15%，剩余5%一年内付清。天成厂交付设备后，博世秾公司仅支付货款480000元，余款160000元始终不予支付。博世秾公司庭审中抗辩已经支付了80%的价款，但天成厂并未完全履行设备的安装调试义务，案涉设备始终处于闲置状态，并未实际使用，要求驳回天成厂的诉讼请求。

【案件焦点】

出卖人是否已经履行对设备的安装调试及验收义务，双方约定的付款条件是否已经成就。

【法院裁判要旨】

江苏省无锡市惠山区人民法院经审理认为：当事人应当按照约定全面履行自己的义务。当事人对提出的请求或抗辩意见有责任提供证据，没有证据或者证据不足的，由负有举证责任的当事人承担不利后果。天成厂与博世秾公司对总价款640000元及已付款480000元并无争议，法院对此予以认定。双方争议焦点为天成厂是否已经履行设备的安装调试及验收义务，付款条件是否成就。综合双方的陈述与证据，可以认定天成厂派遣人员对涉案设备进行了安装调试的事实，未能整机运行的原因在于博世秾公司处的电量不足，该原因不能归结于天成厂。设备验收系买卖双方均负有的义务，且双方约定质量异议需在货到后一个月内以书面形式提出，但博世秾公司在2013年1月收到设备并经安装调试后长达三年的时间中始终未对设备验收提出异议，该过错应由其自行承担。买受人逾期付款应承担相应的违约责任。博世秾公司结欠天成厂货款160000元，扣除运费20500元，余款139500元应当按约及时付清。天成厂要求逾期付款利息按银行同期同类贷款基准利率自起诉之日计算至实际履行之日，事实充分，理由正当，应予支持。

江苏省无锡市惠山区人民法院依照《中华人民共和国合同法》第六十条、第一百零七条、第一百六十一条，《最高人民法院关于民事诉讼证据的若干规定》第二条，作出如下判决：

一、酒泉市博世秾种业有限公司于本判决发生法律效力之日立即支付无锡市天成机电设备厂货款139500元及利息；

二、驳回无锡市天成机电设备厂的其他诉讼请求。

博世秾公司不服一审判决，提出上诉。

江苏省无锡市中级人民法院同意一审法院裁判意见，依照《中华人民共和国民事诉讼法》第一百七十条第一款第一项，作出如下判决：

驳回上诉，维持原判。

【法官后语】

合同系双方当事人根据自己的实际需要订立，合同中约定的各项条款都反映了当事人所追求的目的及实际承受能力，如果不能按照约定条款全面履行，权利人的合同目的就无法实现。因此，根据合同法确定的合同严格履行条款，当事人应当按照约定全面履行自己的义务。同时根据诚实信用原则，合同当事人还应当履行相应的附随义务。如未能按约履行，则应当承担继续履行甚至是赔偿损失等违约责任。买卖合同系出卖人转移标的物的所有权于买受人，买受人支付价款的合同。司法实践中存在大量买卖合同纠纷，其中标的物为机器、设备等的买卖合同中，买卖双方往往会在合同中约定产品调试合格后付款的付款条件，即要求出卖人对案涉物品进行安装调试，交付符合合同要求的标的物后，买受人才予以付款。审判实践中，经常出现买卖双方对标的物是否经过安装调试并合格产生较大争议。对于此类纠纷，应当由出卖人充分证明其已经按约履行安装调试的义务，从而证明付款条件已经成就。出卖人可提交调试合格完成单等有效书面依据证明其已经履行安装调试义务。如举证不能，无法证明付款条件已经成就，则其主张支付价款的请求无法获得支持。

然而，由于法律意识淡薄及操作不规范等原因，往往会出现没有调试合格单等书面依据或者调试合格单遗失的情况，此时如买卖双方对有无进行安装调试并合格的事实产生争议。在此种情形下，裁判者不能简单以是否有书面的调试合格单来作为付款条件是否成就的唯一证据，而是应当通过举证责任的合理分配尽可能查明案件事实。举证责任的合理分配是裁判者解决事实真伪不明，促进公正裁判的有效举措。根据“谁主张，谁举证”的一般举证原则，出卖人主张付款条件已经成就，要求给付价款，即应当承担“付款条件”已经成就的举证责任。如出卖人已经充分举证，买受人抗辩付款条件未成就的情况下，相应的举证责任应当向买受人予以转移。以本案为例，买受人抗辩案涉设备未能安装调试合格的，首先将举证责任分配至出卖人，要求出卖人举证证明是否已经履行安装调试义务。审理过程中，虽然出卖人未能提交书面的安装调试合格单等证据，但提交的其他证据能够相互印证，证明其已经全面履行了合同义务。此时，买受人仍坚持产品质量或存在其他异议的，应对抗辩意见承担举证责任。

此外，在此类案件中，还应考虑到：对交付的机器、设备进行安装调试并验收合格系出卖人的义务，但与此同时，买受人也有提供满足安装调试条件或环境及积极配合验收的应有之义务。因此，在合同类案件的审理过程中，裁判者应处理好契约自由原则与诚实信用原则之关系，保障裁判的公平公正。

编写人：江苏省无锡市惠山区人民法院　舒秀琴

33

买受人未在约定和法定期限内验收的不能以此为由拒付货款

——凯睿达粉体工程（上海）有限公司诉淄博邑山化纤材料有限公司买卖合同案

【案件基本信息】

1. 裁决书字号

山东省淄博市中级人民法院（2017）鲁03民终3849号民事判决书

2. 案由：买卖合同纠纷

3. 当事人

原告（上诉人）：凯睿达粉体工程（上海）有限公司

被告（被上诉人）：淄博邑山化纤材料有限公司

【基本案情】

2011年8月26日，上海凯睿达机电设备有限公司（出卖人）与淄博邑山聚合材料有限公司（买受人）签订买卖合同，约定：标的PTA管链输送系统，价款140万元；第九条结算方式、时间及地点约定：合同生效后预付合同总价43万元预付款，发货前付70万元，安装调试经验收合格付20万元，留7万元质保金一年内无质量问题付清（质保期一年，自安装调试经验收合格之日起算），质保期内发生设备质量问题由出卖人承担损失。

2012年5月16日，上海凯睿达机电设备有限公司与淄博邑山聚合材料有限公司签订补充合同，约定：因地基尺寸变换需增加材料，价款25000元；付款方式变更为安装调试经验收合格付225000元。

2011年10月10日，淄博岜山聚合材料有限公司向上海凯睿达机电设备有限公司付款43万元。2012年2月17日，淄博岜山聚合材料有限公司向上海凯睿达机电设备有限公司付款70万元。后上海凯睿达机电设备有限公司向淄博岜山聚合材料有限公司供货。

2013年9月，上海凯睿达机电设备有限公司变更名称为凯睿达粉体工程（上海）有限公司。2017年7月31日，淄博岜山聚合材料有限公司变更名称为淄博岜山化纤材料有限公司。

【案件焦点】

买受人未在约定或法定的期间内进行验收，以买卖标的物未经验收合格为由拒付货款的，人民法院应否支持。

【法院裁判要旨】

山东省淄博市博山区人民法院经审理认为：原告提供的5号证据两份售后服务单中，客户名称为“岜山万杰集团”，与被告名称不符；客户签名处为“郭某民”，该签名是否真实，郭某民是否为被告职工，郭某民是否取得被告授权在售后服务单上签名，均不能确定；故本院对原告的已经将涉案设备安装调试并验收合格的主张，不予采信。因付款条件不成就，原告要求被告支付剩余价款的诉讼请求，本院不予支持。原告以保证金单据复印件要求被告返还保证金5万元；被告主张已经返还保证金并收回单据原件。被告的主张符合常理，原告提交的证据不能支持其主张，本院对原告的该诉讼请求不予支持。因本院对原告的支付价款、返还保证金的诉讼请求均不予支持，故相应的逾期付款利息损失，亦不予支持。据此判决：驳回原告凯睿达粉体工程（上海）有限公司的诉讼请求。

一审宣判后，上海凯睿达机电设备有限公司提出上诉。

山东省淄博市中级人民法院经审理认为，关于一审证据认定问题，凯睿达粉体工程（上海）有限公司于一审中提交的证据5售后服务单，其中客户名称为岜山万杰集团与被上诉人名称不符，也不能证明在客户意见栏中签字的人员郭某民的身份；证据6到证据8，不能证明快递所邮寄的内容与函件内容一致；证据9到证据11，不能证明系为催款事项发生；一审对于上述证据不予认定，并无不当。关于应否支付欠付货款及利息损失的问题,《中华人民共和国合同法》第一百五十七条规定:“买受人收到标的物时应当在约定的检验期间内检验。没有约定检验期间的,应当及时检验。”第一百五十八条规定,“当事人约定检验期间的,买受人应当在检验期间内将标的物的数量或者质量不符合约定的情形通知出卖人。买受人怠于通知的,视为标的物的数量或者质量符合约定。当事人没有约定检验期间的,买受人应当在发现或者应当发现标的物的数量或者质量不符合约定的合理期间内通知出卖人。买受人在合理期间内未通知或者自标的物收到之日起两年内未通知出卖人的,视为标的物的数量或者质量符合约定,但对标的物有质量保证期的,适用质量保证期,不适用该两年的规定”。本案中,虽然双方合同在结算方式条款中约定安装调试验收合格为后期付款的条件,但并未约定检验期间,淄博岜山化纤材料有限公司作为买受人,应当及时检验,因淄博岜山化纤材料有限公司怠于检验,也未有证据证明其在前述法律规定的合理期限或两年期限内就上诉人所供设备存在质量问题通知过出卖人,由此,应当认定凯睿达粉体工程(上海)有限公司交付的货物符合双方约定的质量标准,自货物交付之日即2012年5月23日至上诉人主张计算利息损失的起算日2015年10月20日,已过三年,超过前述法律规定的最长两年质量异议期间和合同约定的一年质保期间,此时,未经调试验收已不能成为淄博岜山化纤材料有限公司拒付货款的理由,故,上诉人的诉讼请求,有事实和法律依据,本院予以支持。一审对此处理不当,本院予以纠正。凯睿达粉体工程(上海)有限公司主张的逾期付款利息损失,符合法律规定,亦应予以支持。据此判决:

一、撤销山东省淄博市博山区人民法院(2017)鲁0304民初2213号民事判决;

二、被上诉人淄博岜山化纤材料有限公司于本判决生效之日起十日内支付上诉人凯睿达粉体工程(上海)有限公司货款29.5万元及利息(以29.5万元为基数,自2015年10月20日起至实际给付之日,按中国人民银行同期同类人民币贷款基准利率计算)。

【法官后语】

买卖合同纠纷审判实务中,经常遇到当事人在合同中约定“安装调试并验收合格”为付款条件。针对出卖人的付款请求权,买受人常以未经调试验收进而不具备付款条件为由行使先履行抗辩权。在质量异议期间经过后,买受人未提异议,该抗辩还能否得到支持?

在商事买卖合同中，超过质量异议期间将产生法律拟制标的物无瑕疵的后果，这有利于尽快确定标的物的质量状况，明确责任，及时解决纠纷，有利于加速商品的流转；否则，就会使合同当事人之间的法律关系长期处于不稳定状态，不利于保护健康正常的交易秩序。根据《合同法》第一百五十七条、第一百五十八条的规定，对质量异议期间的使用，有着明显的适用层次。第一层是约定的检验期间。第二层是未约定检验期间的，应当及时检验的期间。第三层是发现或者应当发现标的物瑕疵的合理期间，但最长为两年。第四层是质量保证期间。本案未约定检验期间，买受人应及时检验，而买受人在合理期间及两年的最长异议期间内未提出质量异议，应认定出卖人交付的货物符合约定的质量标准。

当事人对自己提出的诉讼请求所依据的事实或反驳对方诉讼请求所依据的事实均有责任提供证据加以证明；对合同是否履行发生争议的，负有履行义务的当事人须承担举证责任。当事人在合同中对安装调试并验收约定明确的，应按照约定处理。在合同未约定或约定不明，当事人事后又未能达成补充协议的情况下，安装调试系出卖人的义务，验收系买受人的义务。本案一审本着“谁主张，谁举证”的原则，将安装调试并验收合格的举证责任分配给出卖人，而二审在查明货物安装完成时间后，依据《合同法》第一百五十七条、第一百五十八条的规定，因买受人在质量异议期间内未提异议，产生了出卖人交付货物无瑕疵的后果，即使出卖人不能证明案涉货物调试完成的时间，但自交付之日起两年确定为验收合格日，故买受人不能再以未经调试验收作为拒付货款的理由。二审的举证责任分配更加公平合理，向参与商事活动的主体传递了商法追求市场效率、交易迅捷、交易简便的价值取向，具有更好的社会效果。

在买方市场的商事交易中，买卖合同通常附有“安装调试并验收合格”这一付款的前提条件，出卖人若能在合同中约定：调试完毕后×日内向买受人提交验收报告，买受人拖延验收的，以出卖人提交验收报告之日为质量合格之日。这样更有利于明晰双方的权利、义务，有利于交易的迅捷。若未能就此约定，出卖人也应在调试完毕后及时函告买受人，提示其进行验收，以维护自己的权益。

编写人：山东省淄博市博山区人民法院　刘盛炅

34

卖方迟延交货时实际损失的认定与违约金调整的标准

——北京杰必信科技发展有限责任公司诉绍兴上虞英达风机有限公司买卖合同案

【案件基本信息】

1. 裁判书字号

北京市第三中级人民法院（2017）京03民终6708号民事判决书

2. 案由：买卖合同纠纷

3. 当事人

原告（上诉人）：北京杰必信科技发展有限责任公司（以下简称杰必信公司）

被告（被上诉人）：绍兴上虞英达风机有限公司（以下简称英达公司）

【基本案情】

2016年9月23日，杰必信公司同英达公司签订《购销合同》，约定杰必信公司向英达公司采购风机，合同总价款13万元，全款付清后18天内到货；合同签订付清全部货款，英达公司收到100%合同款18天内交货到杰必信公司指定地点，如英达公司未按指定时间到货，英达公司按每天支付合同总额5%的违约金给杰必信公司。合同签订当日，杰必信公司通过转账方式将13万元货款支付给英达公司。英达公司于2016年10月10日发货，于10月16日将货物送至合同约定地点。

杰必信公司向一审法院起诉请求：1. 判令英达公司支付违约金32500元；2. 判令英达公司承担本案诉讼费。

一审中，杰必信公司陈述由于英达公司迟延交货，导致其额外发生了人工劳务费用，但未提交证据证明该项损失。二审期间，杰必信公司提交了与案外人海南送变电工程有限公司三亚吉阳220KV变电站新建工程项目部（以下简称三亚吉阳项目部）之间的买卖合同，三亚吉阳项目部向杰必信公司发出的催货函、违约告知函，三亚吉阳项目部向杰必信公司出具的收到违约金80000元的收据，汇款人丁某杰向收款人田某军汇款80000元的上海浦东发展银行业务凭证等证据，欲证明杰必信公司因英达公司逾期交货而向第三方实际支付了违约金，产生了经济损失80000元。二审另查明：汇款人丁某杰向收款人田某军汇款80000元的上海浦东发展银行业务凭证中，附言一栏注明："支付三亚吉阳工程通风管道防火阀……"

【案件焦点】

1. 非违约方主张发生实际损失的证明标准；2. 支付约定违约金是否须以损失的实际发生为前提；3. 迟延交货违约金的调整标准如何掌握。

【法院裁判要旨】

北京市朝阳区人民法院经审理认为：英达公司于2016年10月16日到货，逾期5天交货，构成违约。杰必信公司有权要求英达公司支付违约金，但双方在合同中约定的违约金过高，且杰必信公司未提交证据证明英达公司的违约行为对其造成的具体损失。法院对违约金比例予以调整，即英达公司按照延迟交货货款年息24%的标准向杰必信公司支付违约金。故判决：

一、英达公司于判决生效之日起十日内向杰必信公司支付逾期交货违约金427元；

二、驳回杰必信公司的其他诉讼请求。

判决后，杰必信公司不服，提起上诉。

北京市第三中级人民法院经审理认为：杰必信公司提交了向三亚吉阳项目部支付违约金的转账凭证，但转账凭证的附言中标明转账系支付通风管道、防火阀费用，并不能证明该80000元系杰必信公司所称的支付违约金，与三亚吉阳项目部出具的收据中写明的"违约金"不一致，两份证据无法相互印证。此外，结合杰必信公司提供的其他证据形式与提交时间，法院认为其提交的现有证据不足以证明其所主张的已经产生了80000元违约金损失。一审法院依英达公司答辩意见对英达公司应支付的违约金数额予以调整，即按照延迟交货货款年息24%的标准向杰必信公司支付违约金，并无不当，法院予以认可。故判决：驳回上诉，维持原判。

【法官后语】

一、非违约方主张发生实际损失的证明标准

虽然对违约金约定过高的初步举证责任在于违约一方，但是在违约方对于违约金约定过高之举证达到一定证明程度后，举证证明责任转移至非违约方。根据《最高人民法院关于适用〈中华人民共和国民事诉讼法〉的解释》第九十一条，非违约方主张发生实际损失、存在违约损害赔偿法律关系的，应当按照上述司法解释第一百零八条第一款关于本证的证明标准进行审查，即对负有举证证明责任的当事人提供的证据，人民法院经审查并结合相关事实，确信待证事实的存在具有高度可能性的，应当认定该事实存在。本案中，杰必信公司就其产生80000元实际损失这一事实举证尚未达到具有高度可能性的标准。

二、支付约定违约金是否须以损失的实际发生为前提

观点一认为，支付约定违约金应以损失的实际发生为前提，违约金是否过高的参照标准即为实际发生的损失。观点二认为，不必以实际损失发生为前提，约定违约金的调整标准不取决于法定损害赔偿中的损失，而是重在对约定违约金“合理性”的判断上。观点三认为，需要以存在损失为前提，但是该损失是指同类合同、同类违约情况下的典型损害，不限于守约方实际产生的具体的损害。例如，就迟延付款的损害，通常是银行贷款利息，而不需要守约方证明其收到货款后款项的实际用途。

本案采用第三种观点。一是约定违约金的意义在于对损害赔偿总额的预定，避免证明损害和计算损害的困难。当事人主张约定的违约金过高请求予以适当减少的，法院应当以实际损失为基础，兼顾合同的履行情况、当事人的过错程度以及预期利益等综合因素，根据公平原则和诚实信用原则予以衡量。从立法和司法解释的精神来看，违约金尚未脱离以损失为基础的原则，但实际损失并非唯一的衡量标准，在个案中，即使违约金超过了损失，也可能是适当的。二是就违约金功能而言，在于给债务人心理上制造压力，促使其积极履行债务，在债务不履行时，则表现为对违约行为的惩罚，因此违约金既要体现赔偿性，亦要适度体现一定的惩罚性。

三、迟延交货违约金的调整标准如何掌握

本案中在非违约方不能证明其遭受实际损失的情况下，法院有权依当事人申请酌定调整违约金。一审法院判决违约方按照延迟交货货款年息24%的标准支付违约金，二审法院予以认可，主要基于以下考量：一是迟延交货情况下的典型损害认定。买方已按照合同约定支付了全部价款，基于买卖双方之间系公平自由交易而达成合同价款的推定，以买方需要支付的对价数额来作为违约金计算基数较为合理，可预期性更强。二是以法律所保护的民间借贷利率的标准确定违约金为宜。调整后

的违约金一般不应超过年利率24%的标准，既与其他民事法律关系的要求保持体系性的一致，不至于因此导致利用买卖合同关系规避民间借贷利息上限规定的情况，也能适度发挥违约金的担保和惩罚功能。考虑本案合同的履行情况、当事人的过错程度等综合因素，买方严格按照合同约定支付了货款，而卖方迟延交货没有提交任何证据证明有正当理由。在商事交易活动中，恪守契约是一项重要准则，在不违反法律和公平原则、诚实信用原则的情况下，可以将违约金标准调整到年利率24%。三是对于调整违约金数额，法官具有自由裁量权。在一审法院酌定数额不违反法律、行政法规的强制性规定且不违反公平原则的场合，二审法院应当谨慎予以再次酌定。

编写人：北京市第三中级人民法院　邢军　张雅霖

35

平行进口车辆卖方有特殊的交付单证义务

——深圳市国兆投资发展有限公司诉深圳前海牧得隆平行进口商贸有限公司、甘肃华银远融贸易有限公司买卖合同案

【案件基本信息】

1. 裁判书字号

广东省深圳前海合作区人民法院（2017）粤0391民初267号民事判决书

2. 案由：买卖合同纠纷

3. 当事人

原告：深圳市国兆投资发展有限公司

被告：深圳前海牧得隆平行进口商贸有限公司（以下简称牧得隆公司），甘肃华银远融贸易有限公司（以下简称华银公司）

【基本案情】

2016年8月15日，原告作为买方与被告牧得隆公司作为卖方签订一份《车辆

订购合同》，约定："原告向被告牧得隆公司购买一辆奥迪车，车型为Q7，排量为3.0T，颜色为墨蓝或米色。车辆价格为983800元，定金16万元。"原告在订车人处盖公司公章，被告牧得隆公司在合同结尾处盖公司公章。

2016年8月16日，被告牧得隆公司向原告出具一份"奥迪Q7"定金16万元的收据。

2016年9月12日，原告作为买方与被告牧得隆公司作为卖方签订一份《牧得隆平行进口销售合同》，约定："原告向被告牧得隆公司购买一辆进口奥迪，车辆型号为Q7。约定车辆价格为983800元（已包含保险、车辆购置税、配件、上牌费和售后服务），其中定金为16万元，余款为823800元。被告牧得隆公司向原告提供机动车销售统一发票原件、进口货物证明书原件、进口机动车辆随车检验单原件。"原告在买方处盖公司公章，被告牧得隆公司在卖方处盖公司公章。同日，被告牧得隆公司向原告出具一份"奥迪Q7"购车款818800元的收据和一份"奥迪Q7"质保费9800元的收据。

原告提交一份案外人蔡某的承诺书，载明：被告牧得隆公司法定代表人案外人蔡某承诺，针对第二类车主问题（有车无关单无发票无购置税），案外人蔡某于2016年12月13日与被告华银公司沟通车辆资料问题，若沟通无果，将于12月14日登报并开始补办货物进口证明书、进口机动车随车检验单、车辆一致性证书，于2017年4月30日前办理完毕。关于消费者发票，案外人蔡某于2017年5月31日前开具完毕。关于消费者先行支付购置税，案外人蔡某于2017年7月15日前将购置税返还消费者。案外人蔡某承担办理材料期间消费者的车辆临时牌照费用。案外人蔡某于承诺书结尾处签字捺印。原告提交一份表格，显示"华银应交付牧得隆资料"中明确载有车架尾号为22015的奥迪Q7一辆。

首先，被告华银公司庭审中主张其从未向任何单位出具过原告提交的表格，并且原告提交的表格中仅有"华银"字样，承诺书中也仅有"华银"字样，并没有被告华银公司全称，也没有被告华银公司公章；其次，本案案由为买卖合同纠纷，原告与被告华银公司之间没有买卖合同关系，被告华银公司不是合同相对方，不应承担责任。

【案件焦点】

平行进口情况下卖方是否有特殊的交付单证的义务和责任。

【法院裁判要旨】

广东省深圳前海合作区人民法院经审理认为：原告与被告牧得隆公司之间的买卖合同关系真实有效，双方应依约履行各自的义务。

原告已按约支付了价款，被告牧得隆公司已交付了车辆。本案涉及平行进口，给付与车辆有关的证单属平行进口车辆买卖合同更严格的从给付义务。关于从给付义务，《中华人民共和国合同法》第一百三十六条规定，出卖人应当按照约定或者交易习惯向买受人交付提取标的物单证以外的有关单证和资料。《最高人民法院关于审理买卖合同纠纷案件适用法律问题的解释》第七条规定，《合同法》第一百三十六条规定的“提取标的物单证以外的有关单证和资料”，主要应当包括保险单、保修单、普通发票、增值税专用发票、产品合格证、质量保证书、质量鉴定书、品质检验证书、产品进出口检疫书、原产地证明书、使用说明书、装箱单等。

天津市高级人民法院（2013）津高民三终字第0024号案对产品来源和单证的举证和提供责任体现了三个方面内容：一是单证的种类方面，包括销售合同、发票、装箱单、海运提单、货物报关单、出入境检验检疫卫生证书等；二是相应买卖关系应具有时间上的连贯性和内容上的一致性；三是买卖合同与海关备案的各项单证所指向的进口货物应相互印证。

合同亦约定被告牧得隆公司向原告提供机动车销售统一发票原件等单证。原告诉求被告牧得隆公司提供机动车进口货物证明书原件等，具有合同和法律依据，本院予以支持。

本院依照《中华人民共和国合同法》第六十条第一款、第一百三十六条，《中华人民共和国民事诉讼法》第六十四条第一款、第一百四十四条之规定，判决如下：

一、被告深圳前海牧得隆平行进口商贸有限公司应于本判决生效之日起十日内向原告深圳市国兆投资发展有限公司提供涉案车辆的机动车进口货物证明书原件、进口机动车辆随车检验单原件、车辆一致性证书原件、购买车辆发票、车辆购置完税证明；

二、驳回原告深圳市国兆投资发展有限公司的其他诉讼请求。

【法官后语】

平行进口也称平行贸易，是与垂直贸易相对应的概念。平行贸易是指产品的制造商或供应商将产品投放市场后，获得产品的经销商向不同分支网络的商家或消费者转售商品。当分支网络是以不同国家划分时，这种转售就称为平行进口。平行进口的主要特点：第一，平行进口的商品是真品，即商标所标示的商品是由商标权人或其被许可人生产的，所使用的商标在进口国受法律保护；第二，进口商的进口行为未经商标权人或其被许可人许可；第三，平行进口的商品是进口商通过合法途径获得的；第四，在国内市场，平行进口商销售该商品的价格通常比商标权人或其许可的经销商销售该商品的价格低。根据商标权利用尽原则，平行进口并不构成商标侵权。因此，平行进口看似跟商标权无关，实际亦涉及商标权对消费者利益的保护问题。商标最基本的功能在于其识别性，即区分商品或服务的来源，从这一角度看，商标保护的目的一方面是对商标权人的保护，即对商标权人的商业和身份识别的保护；另一方面也是对买方消费者的保护，以降低消费者的搜寻成本、防止交易中的混淆。

本案特点在于对平行进口下卖方是否有特殊的交付单证的义务和责任进行分析。给付与车辆有关的证单属平行进口车辆买卖合同更严格的从给付义务。平行进口车辆买卖具有与一般买卖不同的特点，一是具有涉外进口性质，二是涉及对商标权的限制和保护。

从涉外进口性质看，平行进口商的进口行为实际上未经商标权人或商标权被许可人许可，因而缺乏商标权人的直接监督和管理。平行贸易没有垂直贸易那样依次向下一层次的经销商供货的体系，不利于实行统一的配置和价格体系管理。因此相比一般车辆买卖，平行进口车辆的特点导致平行进口商在获取车辆信息方面处于更大的优势，为平衡消费者和经营者的利益，平行进口商对车辆配置和来源及相应的单证应承担更严格的说明义务和提供责任。从商标权防止交易中的混淆等角度，允许平行进口限制商标权的同时，应对平行进口商赋予特别的义务——平行进口商应当尽到告知、标注等义务。因此得出的结论是给付与车辆有关的证单属平行进口车辆买卖合同更严格的从给付义务。

本案另一特点在于从其他案例中提取规则，即其他案例表明，平行进口商对产品来源和单证的举证和提供责任体现了三个方面内容：一是单证的种类方面，包括销售合同、发票、装箱单、海运提单、货物报关单、出入境检验检疫卫生证书等；二是相应买卖关系应具有时间上的连贯性和内容上的一致性；三是买卖合同与海关备案的各项单证所指向的进口货物应相互印证。

编写人：广东省深圳前海合作区人民法院　陈柳波

36

合同先履行方部分履行义务的，后履行方不得对已受领部分行使后履行抗辩权

——俊泰行（北京）通信技术有限公司诉上海甬丰电子设备有限公司买卖合同案

【案件基本信息】

1. 裁判书字号

北京市第二中级人民法院（2017）京02民终9870号民事判决书

2. 案由：买卖合同纠纷

3. 当事人

原告（反诉被告、被上诉人）：俊泰行（北京）通信技术有限公司（以下简称俊泰行公司）

被告（反诉原告、上诉人）：上海甬丰电子设备有限公司（以下简称甬丰公司）

【基本案情】

2015年11月9日，甲方甬丰公司与乙方俊泰行公司签订《销售合同》，约定：甲方向乙方购买船载红外热像仪1个，价款1121000元；配件转接盒、30米标准延长线各1个，价款“0”元，上述货物的厂商均为FLIR；货款签订合同时预付560500元，剩余货款货到甲方后立即支付；乙方于收到预付款后63日内向甲方发货；甲乙双方逾期履行义务的，每迟延一日，违约方支付守约方合同总货款2%的违约金；

2015年11月16日，甬丰公司支付预付款560500元。2016年1月19日，俊泰行公司寄给甬丰公司船载红外热像仪，甬丰公司于2016年1月21日收到，该货物为FLIR出厂原包装产品，包装中不含转接盒、延长线，甬丰公司未提出异议。2016年2月22日，俊泰行公司寄给甬丰公司配件转接盒、30米延长线（均非厂商FLIR的产品），甬丰公司于2016年2月23日收到。2016年3月至5月，甬丰公司通过电子邮件向俊泰行公司表示因延长线等配件质量太差，需另行购买；俊泰行公司表示同意承担费用4650元。此后，甬丰公司向俊泰行公司寄回该公司提供的配件。2016年3月16日，甬丰公司向俊泰行公司付款35万元，剩余210500元一直未付。

2017年1月，俊泰行公司起诉，要求甬丰公司给付剩余货款210500元并赔偿利息损失。甬丰公司辩称，同意支付货款，但不同意赔偿利息损失，理由是配件转接盒、30米延长线是合同约定的货物一部分，虽然俊泰行公司交付了船载红外热像仪，但未提供同品牌的配件，未履行合同约定的交货义务，违约在先。甬丰公司有权拒绝支付货款，故不存在逾期付款的违约行为。同时，甬丰公司另提起反诉，要求俊泰行公司承担逾期供货违约金、另购配件损失费及开具发票等责任义务。

【案件焦点】

1. 甬丰公司于2016年1月21日收到船载红外热像仪后是否发生付款义务；2. 甬丰公司能否以俊泰行公司未提供符合合同约定的配件为由拒绝付款；3. 甬丰公司是否应承担逾期付款的违约责任。

【法院裁判要旨】

北京市西城区人民法院经审理认为：合同约定剩余货款需货到甲方后立即支付。根据合同文义，此处的“货”指船载红外热像仪。甬丰公司于2016年1月21日收到船载红外热像仪，应立即支付剩余货款，其未付清货款，构成违约，应向俊泰行公司支付剩余货款并赔偿利息损失。俊泰行公司应向甬丰公司开具发票、支付另购配件费用以及延期一日交付船载红外热像仪的违约金。

北京市西城区人民法院依照《中华人民共和国合同法》第六十二条第四项、第一百零七条、第一百一十四条，《中华人民共和国民事诉讼法》第六十四条第一款规定，作出如下判决：

一、甬丰公司于判决生效后七日内向俊泰行公司支付剩余货款210500元及逾期付款利息损失（以210500元为基数，按照中国人民银行同期贷款基准利率上浮50%的标准，自2016年1月22日计算至实际付清货款之日）；俊泰行公司收到货款后七日内向甬丰公司开具金额为1121000元的增值税专用发票；

二、俊泰行公司于判决生效后七日内向甬丰公司支付逾期交货违约金5000元及购买配件费用4650元；

三、驳回甬丰公司的其他反诉诉讼请求。

甬丰公司不服一审判决，提出上诉。北京市第二中级人民法院经审理认为：甬丰公司主张自己不承担逾期付款的违约责任，实质系主张在俊泰行公司未履行交付货物的先合同义务的情况下，自己享有拒绝付款的后履行抗辩权。《中华人民共和国合同法》第六十七条规定，先履行一方履行债务不符合约定的，后履行一方有权拒绝其相应的履行要求。据此，在先履行一方部分履行的情况下，后履行一方只享有相应的后履行抗辩权，并不当然享有拒绝履行己方全部义务的抗辩权。俊泰行公司交付船载红外热像仪后，甬丰公司已予以受领，未提出异议。即便如甬丰公司理解，合同约定“货到甲方”中的“货”包括相关配件，在甬丰公司对俊泰行公司的履行行为予以受领后，甬丰公司对已受领的部分并不享有后履行抗辩权，而是负有对待给付义务。故甬丰公司应自收到船载红外热像仪时付款，其逾期付款应赔偿利息损失。关于其他争议问题，一审法院处理正确。

北京市第二中级人民法院依照《中华人民共和国民事诉讼法》第一百七十条第一款第一项规定，作出如下判决：

驳回上诉，维持原判。

【法官后语】

本案的典型问题是双务合同约定先后履行顺序，在先履行一方部分履行且后履行一方予以受领的情况下，后履行一方能否以先履行一方未完全履行义务为由，主张行使后履行抗辩权，拒绝履行己方的全部义务。本案对该问题的处理具有参考意义。

后履行抗辩权是双务合同抗辩权的一种，指在约定了先后履行顺序的双务合同中，后履行一方当事人享有的在先履行一方未履行或者履行债务不符合约定时，得拒绝其履行请求权的权利。先履行一方未履行合同义务，后履行一方有权拒绝履行己方义务，对此并无争议。但通常遇到的情况是，先履行一方部分履行了合同义务，但未全部履行，此时后履行一方能否拒绝履行己方的全部义务。对此，司法实践存在争议。一种观点认为，后履行抗辩权的产生是因为合同约定了双方义务的先后履行顺序，先履行一方未完全履行在先义务，意味着未达到能够请求后履行一方履行义务的条件，故在先履行一方部分履行的情况下，后履行一方有权行使后履行抗辩权，拒绝履行己方全部义务。另一种观点则认为，如果先履行一方部分履行了合同义务，而后履行一方予以受领的，此时后履行一方就对已受领的部分负有对待履行的给付义务，只能对未受领的部分行使后履行抗辩权。

笔者同意第二种意见。首先，《合同法》第六十七条规定，当事人互负债务，有先后履行顺序，先履行一方未履行的，后履行一方有权拒绝其履行要求；先履行一方履行债务不符合约定的，后履行一方有权拒绝其相应的履行要求。此处规定了拒绝“相应”的履行要求，说明后履行一方并不必然具有拒绝履行全部义务的抗辩权。其次，《合同法》第六条规定，当事人行使权利、履行义务应当遵循诚实信用原则。当事人行使后履行抗辩权，也应当符合该原则。先履行一方部分履行而后履行一方予以受领的，此时部分履行并不影响合同目的的实现，后履行一方拒绝履行全部义务，实系滥用后履行抗辩权，有悖诚实信用原则。最后，后履行一方对部分履行予以受领，系对部分履行的认可，此时后履行一方即对已受领部分产生了支付相应对价的对待给付义务，对该义务先履行一方享有请求权，后履行一方并不享有抗辩权。综上，对于先履行一方的部分履行，后履行一方予以受领的，后履行一方仅享有相应的后履行抗辩权，不得拒绝履行己方全部义务。

本案中，俊泰行公司虽然仅交付了船载红外热像仪，未交付约定配件，属于未履行完毕合同义务，但甬丰公司已受领了船载红外热像仪，且未提出质量异议。故甬丰公司对已交付部分不享有后履行抗辩权，应当支付相应的对价。甬丰公司逾期未支付货款，构成违约，应承担违约责任。因此，本案裁判结果是正确的。

编写人：北京市第二中级人民法院　孙盈

37

供货方未开具发票的行为不影响对收货方延期支付货款的认定

——神华天泓贸易有限公司诉中建一局集团第三建筑有限公司买卖合同案

【案件基本信息】

1. 裁判书字号

北京市第二中级人民法院（2017）京02民终5042号民事调解书

2. 案由：买卖合同纠纷

3. 当事人

原告（被上诉人）：神华天泓贸易有限公司（以下简称神华公司）

被告（上诉人）：中建一局集团第三建筑有限公司（以下简称中建三公司）

【基本案情】

2013年12月16日，神华公司与中建三公司签订水泥采购合同，约定由神华公司向中建三公司提供水泥；同时约定神华公司应在每次收款前5日向中建三公司提交等额的符合要求的发票，否则中建三公司有权拒绝付款而无须承担任何责任；中建三公司未能按合同规定的时间付款，除应支付货款外，应另外支付违约金。违约金支付数额上限为延迟支付货款部分的1%。该合同项下神华公司实际供货数额为10022629.1元，中建三公司于2014年5月26日支付200万元，于2014年9月25日支付400万元，神华公司向中建三公司开具金额9400004.58元发票，其中最后一次开票时间为2015年4月23日，2014年9月23日后，开票数额大于付款数额。

2014年3月4日，神华公司与中建三公司签订木模板采购合同，约定神华公司向中建三公司供应木模板。2014年3月14日，双方签订木方采购合同，约定神华公司向中建三公司提供木方。这两个合同项下神华公司实际供货数额为15695268.74元，最后一笔供货在2014年6月。中建三公司未支付款项，神华公司未开具发票。2014年5月13日，神华公司与中建三公司签订生石灰块采购合同，约定神华公司向中建三公司提供黄石万达广场工程所需生石灰块，该合同项下神华公司实际供货数额为500558.4元，其中最后一笔供货在2014年6月。中建三公司未支付款项，神华公司未开具发票。以上三个合同中均约定了开具发票条款。2014年12月12日及2015年1月4日，神华公司通过发函方式向中建三公司主张以上三个合同的货款。

【案件焦点】

供货方未开具发票可否作为收货方行使同时履行抗辩权的理由，尤其是合同明确约定开具发条为付款前提的情况下，法院该如何认定。

【法院裁判要旨】

北京市丰台区人民法院经审理认为：神华公司与中建三公司之间签订的买卖合同，系当事人真实意思表示，双方当事人均应依约履行己方义务。神华公司提供货物，中建三公司应依约支付货款。双方对到期货款数额存在争议，对此本院认为：一、关于水泥采购合同，最后一笔供货在2014年8月15日，合同约定半年内付清该笔货款的100%，则全部货款的到期日在2015年2月15日。中建三公司认为神华公司未在付款前依约开具全部发票，但神华公司在货款到期前开具的发票数额已大于中建三公司的已付货款数额，且神华公司在致函催要货款后亦未见中建三公司有任何付款表示，在此情况下，本院认为未开具全部发票的原因系中建三公司拒绝付款，中建三公司应对此承担责任，故对中建三公司以此主张货款未到期的意见，本院不予采信。该合同项下，扣减已付款数额，中建三公司的应付数额为4022629.1元。二、关于木模板合同及木方采购合同，结合期待竣工时间，应视为涉案工程完工，故本院确认15695268.74元为中建三公司的应付款项。中建三公司认为神华公司未依约开具相应发票，但神华公司发出催款函后中建三公司并无付款的意思表示，故未开票的责任不在神华公司。三、关于生石灰块合同，该合同在起诉前，神华公司既未开具发票，亦未催要货款，故不符合合同约定的付款条件。本案起诉后，中建三公司以未到付款期限为由拒绝付款，神华公司开具发票与否不应再成为付款条件。本院对中建三公司有关工程未完工的意见，与木材合同的相关意见一致。则中建三公司的应付款数额为500558.4元。

就违约金部分，由于神华公司并未列明违约金的计算方法，仅按违约金上限主张，本院依据上述违约金计算节点综合确定截止到本判决作出之日止的违约金数额。对本院确定数额外的诉求内容，不再支持。

北京市丰台区人民法院依照《中华人民共和国合同法》第一百零七条、第一百一十四条之规定，判决如下：

一、中建一局集团第三建筑有限公司于本判决生效之日起十日内支付神华天泓贸易有限公司货款 20218456.2 元；

二、中建一局集团第三建筑有限公司于本判决生效之日起十日内支付神华天泓贸易有限公司违约金 1328042.36 元；

三、驳回神华天泓贸易有限公司其他诉讼请求。

中建三公司提起上诉。经北京市第二中级人民法院主持调解，当事人自愿达成如下协议：

一、中建一局集团第三建筑有限公司向神华天泓贸易有限公司支付货款本金 20218456.2 元，利息 1010000 元，分三期支付：中建一局集团第三建筑有限公司于 2017 年 8 月 18 日前以银行承兑汇票（六个月）方式向神华天泓贸易有限公司支付人民币 12000000 元，神华天泓贸易有限公司收到中建一局集团第三建筑有限公司开具的 12000000 元银行承兑汇票（六个月）后十日内，向北京市丰台区人民法院申请解除对中建一局集团第三建筑有限公司账户（开户行：中国建设银行北京丰台支行，账号：1100101620005603XXXX 的保全；中建一局集团第三建筑有限公司于 2017 年 9 月 18 日前以银行承兑汇票（六个月）方式向神华天泓贸易有限公司支付人民币 6000000 元；中建一局集团第三建筑有限公司于 2017 年 10 月 18 日前以银行承兑汇票（六个月）方式向神华天泓贸易有限公司支付人民币 3228456.2 元；

二、如果中建一局集团第三建筑有限公司未按前款约定按期足额开具银行承兑汇票，则中建一局集团第一建筑有限公司同意立即向神华天泓贸易有限公司支付人民币 20218456.2 元（扣除已付款部分），并以人民币 20218456.2 元（扣除已付款部分）为本金，按照年利率 20% 负担违约金（自 2015 年 1 月 1 日起计算至付清之日止）。

三、神华天泓贸易有限公司于 2017 年 8 月 18 日向中建一局集团第三建筑有限公司开具金额为 8599995.42 元的发票；神华天泓贸易有限公司于 2017 年 9 月 18 日向中建一局集团第三建筑有限公司开具金额为6000000元的发票；神华天泓贸易有限公司于2017年10月18日向中建一局集团第三建筑有限公司开具金额为3228456.2元的发票。就上述发票事宜，如神华天泓贸易有限公司不能按期开具发票，则中建一局集团第三建筑有限公司当期款项的付款期限相应延迟至当期发票开出之日；

四、一审案件受理费156671元以及案件保全费5000元，由神华天泓贸易有限公司负担7138元（已交纳），由中建一局集团第三建筑有限公司负担154533元（中建一局集团第三建筑有限公司于2017年10月18日前以银行承兑汇票（六个月）方式向神华天泓贸易有限公司支付）。二审案件受理费16752元，减半收取8376元，由中建一局集团第三建筑有限公司负担（已交纳）；

五、双方就本案再无其他争议；

六、本协议自双方当事人签字后即发生法律效力。

【法官后语】

随着商事交易规范化的发展，在近年来的商事审判实践中，出现不少因开具发票问题引发的争议，发票虽通常不被视为合同的主要内容，但却直接影响到交易的进程，因此该问题也成为案件审理过程中的重点和难点。本案涉及争议焦点之一是供货方未开具发票可否作为收货方行使同时履行抗辩权的理由，尤其是合同明确约定开具发票为付款前提的情况下，法院综合考虑开具发票行为的义务属性、同时履行抗辩权的行使条件以及本案实际履行情况等具体因素，综合认定原告未开具发票的行为并不影响认定被告延期支付货款。

一、开具发票属于合同从给付义务的认定

《发票管理办法》第三条规定："本办法所称发票，是指在购销商品、提供或者接受服务以及从事其他经营活动中，开具、收取的收付款凭证。"由此可见，就开具发票行为本身而言其应该是发生在收款行为之后的。大陆法系根据义务设定的目的，将合同中的给付义务分为主给付义务和附随义务。我国大陆学者一般将合同中的给付义务分为主给付义务、从给付义务和附随义务。就一般的买卖合同而言，出卖人的主要义务是：交付标的物并转让标的物的所有权于买受人；权利瑕疵担保；交付有关单证和资料等。买受人的主要义务为：支付价款；受领标的物；及时检验交付标的物等义务。《合同法》第一百三十六条及《最高人民法院关于审理买卖合同纠纷案件适用法律问题的解释》第七条对出卖人应向买受人交付发票问题进行了明确规定，应当认定，开具发票属于基于法律明文规定而产生的从义务，且该从义务属性并不因双方当事人在合同中有明确约定而发生改变。

二、应区分情况判定是否具备行使同时履行抗辩权的条件

从同时履行抗辩权的行使需具备的条件分析，该权利行使的基础在于双务合同功能上的牵连性，在双务合同中，当事人一方的履行义务与对方的履行义务互为前提，双方履行互为条件。那么卖方开具发票的合同义务未履行的前提下，买方是否可以行使同时履行抗辩权？对此笔者认为应该区分情况予以认定。

1. 合同未做约定情况下的判定思路

在双方的买卖合同中，未对卖方的开具发票义务作出明确约定的情况下，笔者认为，基于开具发票义务的从合同义务属性分析，合同的主给付义务与从合同义务原则上是不能发生对价、牵连关系的，同时，根据发票的财务制度规定，其本身应就在付款完毕之后开具，则在该种情况下，买方是不能以卖方未开具发票行使同时履行抗辩权的。但是就同时履行抗辩权的国际理论和实践来看，存在着一种扩张的趋势。也即从义务，尤其是与合同目的实现具有密切关系的从义务，原则上可以认为与合同的主义务履行具有牵连关系，可以据以行使同时履行抗辩权。

2. 合同有明确约定情况下的判定思路

如果双方就开具发票进行了明确约定的情况下，应具体分析约定条款和实际履行情况进行综合分析。如双方已经明确约定了一方未开具发票则另一方有权拒绝付款的，则应该尊重双方当事人的意思自治，赋予付款方行使同时履行抗辩权的权利；若未约定付款方有权拒绝付款，则需要法庭综合判断，一方未开具发票的行为是否对合同目的的实现具有实质性的影响来进行认定。

三、本案被告不具备行使同时履行抗辩权的条件

就本案而言，虽然在双方签署的合同中均有约定“神华公司应在每次收款前5个工作日向中建三公司提交等额的符合要求的发票，否则中建三公司有权拒绝付款而无须承担任何责任”，但是神华公司在货款到期前开具的发票数额已经大于中建三公司的已付款数额，且神华公司在致函催款后亦未见中建三公司有任何付款表示，且中建三公司也未及时提出开具发票要求而仅仅在庭审阶段以此进行抗辩理由。故综上分析，法庭认为神华公司是否开具发票并没有对双方签订的合同目的的实

现造成较大影响，开具发票行为与付款之间也不能构成牵连对价关系。故中建三公司以神华公司未开具发票为由行使同时履行抗辩权的理由一审法院无法采信。综上中建三公司应履行其付款义务及承担延期付款违约金。

四、结语

开具发票的从义务属性及发票本身的适用规则决定了将发票作为一项付款条件必然不同于一般的付款约定，应受到相应限制。善意合同方遵循发票作为“收付款凭证”的属性，在未见任何付款征兆的情况下，拒绝开具大额发票，不应视为违反合同约定的行为。反观付款人一方，在收到部分未付款发票后，未积极支付款项，在对方不断催告的情况下，未支付相应货款，也未说明需开具全部发票的理由，其行为系消极的阻止收款方开具发票。在此情况下，其诉讼中以此为由认为付款条件并不具备，没有说服力。

在买方市场下签订的合同，大多对付款条件作了严苛的规定，将开具发票的从义务作为付款条件就是其中之一。司法实践中，既要尊重当事人的意思自治，尊重合同约定，又要探究这些苛刻的约定在实际履行中是否存在影响合同目的实现的情况。以未开具全部发票作为不支付货款的借口，影响了供货方的合同目的实现，司法实践中应当进行干预。

编写人：北京市丰台区人民法院　赵昭　赵晓蕾

38

不适用七天无理由退货的网络销售产品需有显著的确认程序且经消费者单次购买时确认

——杨某诉北京苏宁云商销售有限公司买卖合同案

【案件基本信息】

1. 裁判书字号

北京市丰台区人民法院（2017）京0106民初17361号民事判决书

2. 案由：买卖合同纠纷

3. 当事人

原告：杨某

被告：北京苏宁云商销售有限公司（以下简称苏宁云商公司）

【基本案情】

2017年5月5日，原告在被告网站购买iphone 6手机一部，支付价款2679.79元。当月16日被告送货至原告处，后原告向被告发起7天无理由退货后屡次遭被告拒绝。原告认为涉案手机因不断弹出“新iCloud条款与条件”影响使用，属于产品质量问题。故认为被告存在欺诈。为此原告向法院起诉产生了交通费、误工费等损失，另外被告构成欺诈，依照消费者权益保护法的规定应三倍赔偿。故原告请求判令被告：1. 退还手机价款2679.79元；2. 赔偿原告经济损失交通费140元；3. 被告按照货款三倍赔偿7100元；4. 被告承担本案诉讼费。

被告认为：第一，原告购买手机后使用并激活，不符合7天无理由退货的条件。根据《中华人民共和国消费者权益保护法》第二十五条以及《网络购买商品七日无理由退货暂行办法》第七条，已经激活或者贬值金额较大的商品不适用7天无理由退货。第二，被告不存在任何欺诈行为，涉案手机弹出“新iCloud条款与条件”属于手机的正常现象，不构成欺诈。

【案件焦点】

1. 涉案手机是否符合七日无理由退货；2. 被告是否存在欺诈。

【法院裁判要旨】

北京市丰台区人民法院经审理认为：关于焦点一，《中华人民共和国消费者权益保护法》（2013年修正）第二十五条规定：经营者采用网络、电视、电话、邮购等方式销售商品，消费者有权自收到商品之日起七日内退货，且无需说明理由，但下列商品除外：（一）消费者定作的；（二）鲜活易腐的；（三）在线下载或者消费者拆封的音像制品、计算机软件等数字化商品；（四）交付的报纸、期刊。除前款所列商品外，其他根据商品性质并经消费者在购买时确认不宜退货的商品，不适用无理由退货。消费者退货的商品应当完好。经营者应当自收到退回商品之日起七日内返还消费者支付的商品价款。退回商品的运费由消费者承担；经营者和消费者另有约定的，按照约定。《网络购买商品七日无理由退货暂行办法》第七条规定：下列性质的商品经消费者在购买时确认，可以不适用七日无理由退货规定：（一）拆封后易影响人身安全或者生命健康的商品，或者拆封后易导致商品品质发生改变的商品；（二）一经激活或者试用后价值贬损较大的商品；（三）销售时已明示的临近保质期的商品、有瑕疵的商品。第二十条规定：网络商品销售者应当采取技术手段或者其他措施，对于本办法第六条规定的不适用七日无理由退货的商品进行明确标注。符合本办法第七条规定的商品，网络商品销售者应当在商品销售必经流程中设置显著的确认程序，供消费者对单次购买行为进行确认。如无确认，网络商品销售者不得拒绝七日无理由退货。综合以上法律规定，应当认为，某一商品如果同时符合下列条件，其不适用无理由退货的规定：（一）一经激活或者试用，价值贬损较大；（二）网络商品销售者在商品销售必经流程中设置了显著的确认程序，供消费者对单次购买行为进行确认。本案中，苏宁云商公司作为网络商品销售者，其主张诉争商品不适用无理由退货的规定，应就以上事实承担举证责任。然而，第一，本案双方虽认可涉案手机已经激活，但，苏宁云商公司未举证证明价值贬损较大；第二，网络商品销售者所设置的“显著的确认程序，供消费者对单次购买行为进行确认”显然应当与消费者点击购买行为形成两个独立完成的流程。苏宁云商公司主张其在非首页位置进行了提示并且消费者进行了点击购买即构成网络商品销售者完成了该项义务，混淆了“确认不适用无理由退货”与“确认购买”两个行为，与法律规定相悖，故法院对被告辩称意见不予采信。

关于焦点二，原告主张涉案手机不断弹出“新 iCloud 条款与条件”对话框构成质量问题的意见。法院认为，众所周知，iPhone 手机的软硬件具有一体性，杨某所称的“新 iCloud 条款与条件”提示条款系该款手机软件之 iCloud 部分使用中所必须查看、接受或查看并不予接受的提示性对话框。对此，杨某可以选择查看并选择接受或者不接受该条款，承受使用或不使用 iCloud 软件的后果，该提示性对话框不构成产品质量问题。杨某据此主张苏宁云商公司存在欺诈，缺乏事实与法律依据，法院不予支持。

综上，北京市丰台区人民法院判决：

一、北京苏宁云商销售有限公司于本判决生效之日起十日内退还杨某手机价款 2679.79 元；

二、杨某于本判决生效之日起十日内将其于2016年5月18日在北京苏宁云商销售有限公司网络购物平台购买的价格为2688元的Apple iPhone 6 32G金色移动联通电信4G手机1部退还给北京苏宁云商销售有限公司；

三、北京苏宁云商销售有限公司于本判决生效之日起十日内赔偿杨某交通费损失140元；

四、驳回杨某其他诉讼请求。

【法官后语】

该案值得思考的问题有以下两个方面：

一、涉诉手机是否符合七日无理由退货条件

《消费者权益保护法》中明确列明了四类产品不适用七日内无理由退货的特殊类别产品，手机并未被列入其中。但根据《网络购买商品七日无理由退货暂行办法》（以下简称《退货办法》）的规定，通过网络购买的商品，除了《消费者权益保护法》中列明的四类产品之外，还有三类产品属于可以不适用七日无理由退货。

但是，《退货办法》对不适用无理由退货予以了明确的限制，即对该类产品应当在商品销售必经流程中设置显著的确认程序供消费者对单次购买行为进行确认。如无确认则不得适用七日无理由退货。因此本案的手机是否符合七日内无理由退货，需要符合两个要件：第一，属于《退货办法》中明确规定的产品；第二，需对该产品的销售程序设置显著的确认程序供消费者单次购买行为进行确认。

对于第一要件，需要判断手机是否属于《退货办法》中明确规定的产品。根据《退货办法》，一经激活或者试用后价值贬损较大的商品属于可以不适用七日无理由退货的产品。通常而言，手机一但被激活即不再属于全新产品，故其具有激活后价值贬损较大这一特征。由此可以判断，通过网络购买的手机属于可以不适用七日无理由退货的产品，符合第一要件。

对于第二要件，如何认定网络销售者对销售程序设置了显著的确认程序供消费者单次购买行为进行确认？法院认为，就该规定设置的目的而言，其在于能够让消费者在该次购买过程中明确知道将购买的该商品不适用七日无理由退货。要达到该效果，网络商家至少应当在消费者从选购到付款的过程中向消费者发出一个该商品不适用七日无理由退货的明确告知，并且要求消费者点击确认已阅读该告知之后才可完成付款。而本案中的被告显然没有在购买程序中为消费者设置该种确认程序，其辩称消费者点击确认购买即表示已方完成了设置该确认程序的义务，属于误读《退货办法》中关于显著确认程序的规定。点击购买只能证明消费者同意购买该产品，并不能证明其已经知晓并同意该产品不适用七日无理由退货。因此，由于网络销售者未履行其设置确认程序的义务导致涉案手机不符合七日无理由退货的第二要件，故在本案中所涉的手机不应适用七日内无理由退货，被告有义务为原告退货。

二、苹果手机等电子产品软件更新提示所引发的“困扰”是否构成质量问题及欺诈

关于手机产品更新提示是否属于质量问题，目前的法律法规及相关司法解释均未予以明确的表述。故应根据《民事诉讼法》规定的“众所周知的事实”进行论述。所谓“众所周知”的事实，即该事实能达到社会中一般民众凭常识和生活经验即可确信。根据公民的常识和生活经验，当前阶段的智能手机在正常状态下的使用过程中均会不定期出现提示系统或软件更新。而手机系统或软件更新是手机优化自身性能的一种方式，其属于手机厂商提供的一种售后服务。并且该种更新并非强制性的行为，使用者自身可以决定接受或者不接受更新甚至可以永久性地禁止手机自动更新以达到不再收到软件更新提示的效果。因此根据上述依据认定，手机的更新提示属于众所周知的事实，不属于产品质量问题，被告据此不构成欺诈。故对于原告要求被告因欺诈承担三倍赔偿的诉讼请求未能予以支持。

编写人：北京市丰台区人民法院　李佳　黄昊

39

代办托运合同的货物风险转移及责任承担

——无锡大中旭装饰配套有限公司诉临沂东泰建筑陶瓷有限公司买卖合同案

【案件基本信息】

1. 裁判书字号

江苏省无锡市新吴区人民法院（2017）苏0214民初4244号民事判决书

2. 案由：买卖合同纠纷

3. 当事人

原告：无锡大中旭装饰配套有限公司（以下简称大中旭公司）

被告：临沂东泰建筑陶瓷有限公司（以下简称东泰公司）

【基本案情】

2017 年 5 月 2 日，大中旭公司与东泰公司通过微信就墙砖、地砖买卖合同的主要事项达成一致，约定由大中旭公司向东泰公司购买“东鹏美陶”（镜面金刚釉）墙砖 J8126A 计 431 件、J8131 计 400 件、J8121 计 372 件，配套小地砖 J8126 计 89 件、J8131 计 53 件、J8121 计 58 件，总价 40775 元，款到发货，由东泰公司联系运输车辆，运费由大中旭公司支付。后东泰公司联系到运输车辆，并通过微信将车辆照片发送给大中旭公司，大中旭公司亦将无锡市锡山区团结中路 26 号这一到货地的位置发送给东泰公司以转发给货运司机。2017 年 5 月 3 日大中旭公司向东泰公司汇付货款 40775 元。2017 年 5 月 3 日至 4 日，司机张某刚驾驶运输车辆将东泰公司出售给大中旭公司的墙地砖从临沂市罗庄区汤庄运至无锡市锡山区团结中路 26 号，大中旭公司在 2017 年 5 月 4 日收货时发现货物浸水、包装破损，遂拒收货物，并拍摄现场照片通过微信发送至东泰公司。后大中旭公司与东泰公司、货运司机交涉未果，遂向本院提起诉讼。

【案件焦点】

1. 东泰公司是否交付案涉货物；2. 若认定货物交付，则货物受损是否发生在运途中；3. 若认定货物受损系运输途中所致，则风险负担如何厘定。

【法院裁判要旨】

江苏省无锡市新吴区人民法院经审理认为：本案中大中旭公司与东泰公司通过微信联系达成了墙地砖买卖合同，该合同真实有效，对双方具有约束力。在合同履行中，大中旭公司在收货时发现购买的墙地砖存在被水浸泡、包装破损的事实，本院对该事实予以确认。但就货物受损责任归属问题，双方存在争议。因大中旭公司主张东泰公司未交付质量合格货物存在违约责任，结合东泰公司的抗辩意见，围绕该争议问题应从以下几方面逐次厘清：一是东泰公司是否交付案涉货物；二是若认定货物交付，则货物受损是否发生在在运途中；三是若认定货物受损系运输途中所致，则风险负担如何厘定。本院综合本案证据及查明的事实，结合双方相关争议作出以下认定：

一、关于双方争议的东泰公司是否已向大中旭公司交付出卖的货物的问题，本院认为，东泰公司与大中旭公司并未约定货物的交付地点，双方微信中涉及的无锡市锡山区团结中路26号系用于告知货运司机的到货地，并非对买卖合同中货物交付地点的约定；关于货物的交付方式，虽然东泰公司对运输车辆的确定一直与大中旭公司保持联系，但“沂罗物流”运输凭证上的主要信息系由东泰公司提供而形成，实际运输既非卖方送货，亦非买方自提，而是由张某刚驾驶车辆所有人为新华驿公司的运输车辆完成，即承运人系独立于买卖合同当事人之外的运输业者，故案涉货物的交付方式属于东泰公司代办托运以运交买受人大中旭公司的情形。根据法律规定，在没有约定交付地点或者约定不明确的情形下，东泰公司在完成货物装车交付承运人起运时即已完成了出卖物的交付。

二、关于案涉货物存在的被水浸泡、包装破损的质量瑕疵是东泰公司出售的货物在交运前即已存在还是在运输途中所致的问题，东泰公司提供的证人证言等证据，本院经审查认定并结合本院调查材料等相关事实，能够确信货物存在的被水浸泡、包装破损的质量瑕疵系因承运人未尽妥善保管义务以致在运输途中发生货损事实的存在具有高度可能性，本院认定该事实存在。

三、东泰公司以代办托运方式交付货物后，货物受损的后果承担应属于合同法规定的风险负担问题。我国合同法规定，当事人没有约定交付地点或者约定不明，依照法律的规定仍不能确定的，标的物需要运输的，出卖人将标的物交付给第一承运人后，除法律另有规定或当事人另有约定以外，标的物毁损、灭失的风险由买受人承担。本案案涉货物系由东泰公司以代办托运方式交付承运人后，在承运人交付大中旭公司之前发生了货损事实，因双方对货物的风险负担并未作出约定，故根据法律规定的风险负担规则，该货损风险应由买受人大中旭公司承担。而东泰公司就买卖合同之主要义务已履行完毕，并无证据证明东泰公司存在交付的标的物不符合质量要求致使不能实现合同目的的违约事实，因而东泰公司无须向大中旭公司承担合同解除、退还货款的违约责任。

综上，大中旭公司的诉讼请求，欠缺事实及法律依据，本院不予支持。据此，依照《中华人民共和国合同法》第一百四十一条、第一百四十二条、第一百四十五条，《最高人民法院关于适用〈中华人民共和国民事诉讼法〉的解释》第九十条、第一百零八条，《中华人民共和国民事诉讼法》第六十四条、第一百四十二条之规定，判决如下：

驳回无锡大中旭公司的诉讼请求。

【法官后语】

一、本案涉及出卖人代办托运后货物的风险转移及责任承担问题，根据《合同法》第一百四十一条规定，标的物需要运输的，出卖人应当将标的物交付给第一承运人以运交给买受人。第一百四十二条规定："标的物毁损，灭失的风险，在标的物交付之前由出卖人承担，交付之后由买受人承担，但法律另有规定或者当事人另有约定的除外。"从以上法条我们可以看出，动产标的物所有权的转移以交付为准。而且交付是卖方的义务。通俗的说法就是卖方将所售货物及相关销售票据交给买方的过程。但在代办托运过程中，出卖人将货物交给承运人的过程也应视为交付，只是在这种情况下，货物的风险转移要依据法律或合同约定来承担。那么交付对标的物的风险转移产生哪些具体的影响呢？目前主流观点有两种：即所有权主义和交付主义。所谓所有权主义，是指买卖合同标的物的风险由所有人承担，以所有权转移的时间为风险转移的时间，无论实际占有是否转移。所谓交付主义，是指标的物的风险由占有人负担，以标的物实际占有的转移为风险转移的标志，而不问标的物的所有权在何时转移。而我国民法理论上一般认为，在没有特别规定或特别约定的情况下，交付本身就含有"转移所有权"的内容，交付也即意味着所有权的转移。根据合同法规定，在一般情况下，无论是采取所有权主义还是交付主义，交付时风险就开始从卖方转移给了买方。本案中代办托运中的墙砖受损的风险何时开始转移呢？根据《合同法》第一百四十五条的规定，当事人没有约定交付地点或者约定不明确，依照本法第一百四十一条第二款第一项的规定标的物需要运输的，出卖人将标的物交付给第一承运人后，标的物毁损、灭失的风险由买受人承担。从该条款可以很清楚地看出，货交承运人风险转移的前提条件是当事人没有约定交付地点或者约定不明确且需要运输的情况。如果该条件不成立，那么就不适用该条对风险转移的规定。那么本案中买卖双方对交付地点约定也不明确，因此根据法律规定，卖方将所售墙砖交付给承运人后，该墙砖的毁损灭失的风险转由买受人承担。二、卖方是否构成违约？卖方在将板材交由承运人后，该批货物的所有权就视为由出卖方转移给了买方。依据《合同法》第一百四十五条的规定，此时货物毁损、灭失的风险开始由买方来承担。交付给第一承运人后，标的物毁损、灭失的风险由买受人承担。如果买方想让卖方承担货物的在途风险，那就要在合同中明确约定交付地点(如卸货地、买方仓库之类)，即使不约定明确交付地点，也要写明“卖方送货”一类表示在途风险由卖方承担的语句。前述案例中的买方就没有做好签约工作，最终由自己承担了风险。当然本案中的买方也可以直接按照侵权起诉承运人要求赔偿相关损失。

编写人：江苏省无锡市新吴区人民法院　姚风华　李庆玲

40

第三人代为履行和债务转移的区别

——厦门杭叉叉车有限公司诉厦门市川闽物流代理有限公司买卖合同案

【案件基本信息】

1. 裁判书字号

福建省厦门市中级人民法院（2017）闽02民终2162号民事判决书

2. 案由：买卖合同纠纷

3. 当事人

原告（被上诉人）：厦门杭叉叉车有限公司（以下简称杭叉叉车公司）

被告（上诉人）：厦门市川闽物流代理有限公司（以下简称川闽物流）

【基本案情】

2015年1月8日，被告川闽物流（乙方）与原告杭叉叉车公司（甲方）签订《工程机械买卖合同》，向原告购买型号规格为CPCD30HB－G2的杭州叉车，价款为76000元。因原告欠付同集利公司运费，被告与同集利公司存在经济往来关系，故双方约定由同集利公司代被告向原告支付45000元货款［合同原文表述为：此部分货款“从同集利（公司）运费扣掉”］。余款31000元整由川闽物流公司付完，货到一次性付清。并约定若川闽物流违反本合同约定，未按期支付款项的，逾期金额应按日千分之五利率向杭叉叉车公司支付逾期违约金。因川闽物流违约导致杭叉叉车公司的损失，包括但不限于杭叉叉车公司为追索债务而支出的差旅费、诉讼费、律师费、保管费等，由川闽物流承担。若本合同在履行过程中发生争议的，由杭叉叉车公司所在地有管辖权的人民法院管辖。2015 年 1 月 21 日，川闽物流公司在《杭叉集团股份有限公司产品验货记录》上签字，验收型号为 CPCD30HB - G2 的叉车。被告向原告支付货款 30000 元。2016 年 10 月 20 日，杭叉叉车公司因与川闽物流买卖合同纠纷一案委托福建盖普律师事务所律师代理，律师费为 2000 元。另外，原告欠付同集利公司的运费 29674 元，已从被告应付的货款中抵扣，尚欠的案涉货款为 76000 元 - 30000 元 - 29674 元 = 16326 元。

厦门杭叉叉车有限公司认为，其于 2015 年 1 月 21 日已交付讼争杭州叉车一台，付款期限届满后，川闽物流迟迟未付清货款。因多次要求偿清余款均无果，其诉至法院，请求判令：（1）川闽物流支付货款 16326 元及逾期违约金（违约金按照所欠货款的月利率 2%，从 2015 年 1 月 24 日计至还清货款本金时止）；（2）川闽物流向杭叉叉车公司支付律师费 2000 元；（3）川闽物流承担本案诉讼费用。

厦门市川闽物流代理有限公司认为，原被告签订的《工程机械买卖合同》中明确约定了付款方式为“从同集利运费中扣掉 45000 元整，货到一次性付清余款 31000 元整由川闽物流公司付完”。合同中使用“扣掉”一词是经过三方协商的，是三方债权债务的相互抵销，并非由同集利公司代为支付的货款部分直接从杭叉叉车公司欠付同集利公司的运费中抵扣。因此，根据合同约定，其应支付叉车款项 31000 元，剩余 16326 元应由同集利公司支付。现其已经支付给原告 30000 元，叉车尾款应由同集利公司支付。另外，其对于尾款是否为 16326 元其不清楚，亦不同意支付律师费 2000 元，请求驳回原告的诉讼请求。

【案件焦点】

同集利公司的支付行为是第三人代为履行还是债务转移。

【法院裁判要旨】

福建省厦门市海沧区人民法院经审理认为：被告川闽物流公司与原告杭叉叉车公司签订《工程机械买卖合同》购买叉车，双方确立买卖合同关系。双方签订的

《工程机械买卖合同》系当事人双方的真实意思表示，不违反法律和行政法规的强制性规定，应确认合法有效，双方均应依约全面履行合同。被告作为买受人，负有向原告支付货款的义务。因同集利公司并非案涉买卖合同的买受人，其对案涉货款无法定或约定的支付义务，双方约定案涉货款中的45000元“从同集利（公司）运费扣掉”，应认定为双方约定由同集利（公司）代被告向原告履行支付货款义务。根据《中华人民共和国合同法》第六十五条“当事人约定由第三人向债权人履行债务的，第三人不履行义务或者履行义务不符合约定，债务人应当向债权人承担违约责任”的规定，现同集利公司仅代为支付了29674元货款，剩余的货款16326元应由被告向原告支付。被告未予支付剩余货款，应由被告向原告承担违约责任。原告诉请被告支付16326元货款，并按月利率2%的标准支付违约金和实现债权支出的律师费，具有合同和法律依据，本院予以支持。

综上，本院依照《中华人民共和国合同法》第六十五条，《中华人民共和国民事诉讼法》第六十四条第一款之规定，判决如下：

一、被告厦门市川闽物流代理有限公司应于本判决生效之日起十日内支付厦门杭叉叉车有限公司货款16326元及逾期违约金（违约金按照所欠货款的月利率2%，从2015年1月24日计至还清货款本金时止）；

二、被告厦门市川闽物流代理有限公司应于本判决生效之日起十日内支付厦门杭叉叉车有限公司律师费2000元。

若被告厦门市川闽物流代理有限公司未按本判决指定的期间履行给付金钱义务，应当依照《中华人民共和国民事诉讼法》第二百五十三条之规定，加倍支付迟延期间的债务利息。

川闽物流不服一审判决提出上诉，二审法院同意一审法院裁判意见，判决驳回上诉，维持原判。

【法官后语】

本案的争议焦点是同集利公司的支付行为是第三人代为履行还是债务转移。为了正确认定同集利公司支付行为的性质，首先应当准确把握第三人代为履行和债务转移。

第三人代为履行的规定可见于《合同法》第六十五条，是指合同双方当事人约定由合同以外的第三人代替债务人履行合同义务的情形，当第三人不履行债务或者履行债务不符合约定，债务人应当向债权人承担违约责任。

债务转移的规定可见于《合同法》第八十四条至第八十六条，是指债务人经债权人同意，将自己的合同义务全部或部分转移给第三人承担，债务人自己完全或部分退出与债权人之间的合同关系，新债务人可以主张原债务人对债权人的抗辩，并应承担与主债务有关的从债务，但专属于原债务人自身的除外。

第三人代为履行与债务转移均存在第三人代为履行债务的意思表示，但二者也存在着不同意见：

一、生效条件不同

第三人代为履行不需要经过债权人的同意，只要第三人与债务人达成合意即可；债务转移成立的前提条件是取得债权人的同意，且债权人同意必须以合同的方式进行。

二、法律地位不同

在第三人代为履行中，第三人仅仅是债务人的“履行辅助人”，其并不是债务合同中的当事人；在债务转移中，不管是全部转移还是部分转移，第三人的身份都会变成合同的当事人，成为新的债务人。

三、法律关系不同

在第三人代为履行中，第三人只是作为债务履行的辅助人，与债权人没有合同关系，债务人不因第三人代为履行而退出合同关系；在债务转移中，第三人却替代了原债务人的部分或全部义务，与债权人形成了新的合同关系，若原债务人全部转移了义务，则原债务人就脱离了原债权债务关系。

四、法律责任不同

在第三人代为履行中，基于合同的相对性原则，在第三人不履行债务或者履行债务不符合约定的情形下，债权人只能向债务人主张权利；在债务转移中，由于第三人与债权人之间形成了新的合同关系，且原债务人退出了第三人承受的债务范围内的债权债务关系，故当第三人不履行债务或履行债务不符合约定时，债权人仅能向第三人主张权利。

本案中，在川闽物流向杭叉叉车公司购买叉车的买卖合同中，约定川闽物流应支付的部分款项从同集利公司运费中扣掉，该行为的性质认定关键在于对“扣掉”二字的理解，是属于第三人代为履行还是债务转移？首先，本案中同集利公司并非买卖合同的当事人，且也没有证据表明同集利公司支付川闽物流的部分债务是以合同的方式进行的，故不宜将“扣掉”二字理解为债务转移。其次，在庭审中，川闽物流未对杭叉叉车公司的当庭陈述“因原告欠付同集利公司运费，被告与同集利公司存在经济往来关系，故双方约定由同集利公司代被告向原告支付45000元货款。支付方式为：同集利公司代为支付的货款部分，直接从原告欠付同集利公司的运费中抵扣”表示异议，该陈述中“代被告向原告支付”的表述表明了“扣掉”二字应作第三人代为履行理解。综上，同集利公司的支付行为属于第三人代为履行，川闽物流应就同集利公司未依约支付的部分债务承担法律责任。

编写人：福建省厦门市海沧区人民法院　郑松青　杨惠美

天津市南开区人民法院　王娜

41

返还货款不适用“接受货币一方”为合同履行地管辖

——溧阳市天助环保能源设备有限公司诉济南龙腾新能源重型设备有限公司买卖合同案

【案件基本信息】

1. 裁判书字号

江苏省溧阳市人民法院（2017）苏0481民初7577号民事裁定书

2. 案由：买卖合同纠纷

3. 当事人

原告：溧阳市天助环保能源设备有限公司（以下简称天助公司）

被告：济南龙腾新能源重型设备有限公司（以下简称龙腾公司）

【基本案情】

天助公司与龙腾公司双方口头约定，由天助公司向龙腾公司购买颗粒机。后天助公司向龙腾公司支付款项228000元。双方未再签订书面合同。支付该款项后，天助公司不再向龙腾公司支付余款，且不再购买该货物。天助公司诉至江苏省溧阳市人民法院，请求判令：龙腾公司向天助公司支付货款 228000 元。龙腾公司在提交答辩期间，对管辖权提出异议认为，本案系买卖合同纠纷，因双方未签订书面合同，没有明确约定合同纠纷处理的管辖地，双方达成的口头合同也没有明确约定合同纠纷处理的管辖地。根据法律规定，对法人或者其他组织提起的民事诉讼，由被告住所地人民法院管辖。龙腾公司的住所地为山东省济南市章丘区。因此，江苏省溧阳市人民法院对本案无管辖权，应移至山东省济南市章丘区人民法院管辖。

天助公司认为，双方确实未明确约定合同纠纷处理的管辖地，亦未约定合同履行地，但因本案系买卖合同纠纷，根据《最高人民法院关于适用〈中华人民共和国民事诉讼法〉的解释》第十八条第二款的规定，合同对履行地点没有约定或者约定不明确，争议标的为给付货币的，接受货币一方所在地为合同履行地。本案中，天助公司要求龙腾公司支付货款，天助公司系接受货币一方，应为合同履行地，江苏省溧阳市人民法院对本案有管辖权。

【案件焦点】

返还货款请求是否适用接受货币一方所在地为合同履行地。

【法院裁判要旨】

江苏省溧阳市人民法院经审理认为：《最高人民法院关于〈中华人民共和国民事诉讼法〉的解释》第十八条第二款“争议标的为给付货币”是指争议的合同义务本身是以给付货币为内容。本案中天助公司以买卖合同为主张权利的基础，该买卖合同中的合同义务应理解为：天助公司系买受人应为支付货币一方，龙腾公司系出卖人为交付货物一方。确定合同履行地不能仅凭诉讼请求的内容，而应结合诉讼请求所指向的合同义务，因此本案中天助公司不能以其系接受货币一方为由确定其住所地为合同履行地。

《中华人民共和国民事诉讼法》第二十三条规定：因合同纠纷提起的诉讼，由被告住所地或者合同履行地人民法院管辖。本案中，双方没有明确约定管辖法院，亦未约定合同履行地，因此，本案应由被告住所地人民法院管辖。根据被告住所地，本案应由山东省济南市章丘区人民法院管辖。综上，龙腾公司提出的管辖权异议成立，本案应由山东省济南市章丘区人民法院管辖处理。

江苏省溧阳市人民法院依照《中华人民共和国民事诉讼法》第二十四条、第一百二十七条规定，裁定如下：

龙腾公司对本案管辖权提出的异议成立，本案移送山东省济南市章丘区人民法院管辖处理。

后双方均未上诉，该裁定书已发生效力。

【法官后语】

《最高人民法院关于〈中华人民共和国民事诉讼法〉的解释》第十八条规定：合同约定履行地点的，以约定的履行地点为合同履行地。合同对履行地点没有约定或者约定不明确，争议标的为给付货币的，按收货币一方所在地为合同履行地。在没有约定合同履行地的合同纠纷中，一方起诉另一方请求支付货币，请求方作为接受货币方能否认定为合同履行地，其住所地法院是否有权管辖该纠纷？《最高人民法院关于〈中华人民共和国民事诉讼法〉的解释》颁布以来，各地法院处理意见不尽一致，且争议较大。

确定合同履行地必须根据当事人诉讼请求并结合合同的履行义务来综合判断。否则，只考虑诉讼请求，大多数合同案件请求均为请求支付货币，请求方均有管辖权必然会导致管辖权的滥用。履行义务的含义要结合实体法内容确定。“给付货币”的义务是指实体内容的合同义务，而非诉讼请求中简单的给付金钱请求。当事人在合同履行中要求对方支付金钱，但不包括因解除合同返还款项、赔偿损失或者因合同被撤销、被确认无效而赔偿损失的给付金钱情形。因为这是因违反合同义务的民事责任承担方式，不是发生争议的合同义务本身。不能以给付金钱这种责任承担的形式来确定合同履行地，应当根据当事人起诉时的请求结合合同履行义务的内容，确定履行地。

本案中，天助公司的合同义务为支付货款，龙腾公司的合同义务为交付货物。尽管天助公司诉讼请求为给付货币，但该请求不是龙腾公司合同义务，因此，不能简单以接受货币一方作为合同履行地。

编写人：江苏省溧阳市人民法院　杜平

42

履行期间届满后达成的以物抵债协议是诺成性协议

——滨海安华混凝土有限公司诉东台市东宇环保设备厂买卖合同案

【案件基本信息】

1. 裁判书字号

江苏省盐城市滨海县人民法院（2017）苏0922民初1707号民事判决书

2. 案由：买卖合同纠纷

3. 当事人

原告：滨海安华混凝土有限公司（以下简称安华公司）

被告：东台市东宇环保设备厂（以下简称东宇厂）

【基本案情】

2012年4月23日，被告东宇厂向原告安华公司出具还款承诺书，承诺在辰风科技项目部的项目中，其从原告安华公司所购砼尾款402152.5元，从2012年5月开始还款，每月还款不少于5万元整……最迟在2012年12月底无条件结清混凝土款。

盐城新美园置业有限公司（以下简称新美园公司）因差欠被告东宇厂工程款，于2012年4月协商用新美园公司开发的东台市碧绿苑小区综合楼413室购房款冲抵37万元工程款，并承诺积极向被告东宇厂或者其指示的人履行义务。2012年5月30日，原告安华公司的总经理刘某成、被告东宇厂的董事长张某平和案外人张某山进行协商，约定用案涉房屋抵算被告东宇厂差欠原告安华公司的货款，因为案涉房屋在东台，案外人张某山是东台人，刘某成将案涉房屋卖给张某山。同日，刘某成向被告东宇厂出具收据，载明“今收到张某平阜宁辰风科技项目砼款计币叁拾柒万元整（370000.00元）。刘某成　2012年5月30日”。2012年7月2日，新美园公司向案外人张某山的母亲杨某女出具收到案涉房屋房款的收据，杨某女并未实际付款。

2015年7月10日，原告安华公司就该笔402152.5元货款向本院起诉张某平和被告东宇厂，经调解，双方约定张某平、东宇厂于2015年11月20日前支付原告安华公司32152.5元混凝土货款，尚欠37万元货款用房屋进行抵算的问题另外协商处理。2016年3月25日，原告安华公司就37万元货款向本院起诉被告东宇厂，本院立案号为（2016）苏0922民初1736号，后原告安华公司申请撤诉，该案件中载明案涉房屋自2012年8月23日被其他法院查封至今，目前仍预登记在新美园公司名下。现原告安华公司主张案涉房屋并未实际交付，要求解除其副经理刘某成、被告东宇厂董事长张某平和案外人张某山达成的以房抵债协议，并由被告东宇厂向其支付货款37万元及利息。

被告东宇厂抗辩称案涉以房抵债协议已经履行完毕。

【案件焦点】

以房抵债协议是要物性合同还是诺成性合同，是否以房屋的实际交付为要件。

【法院裁判要旨】

江苏省盐城市滨海县人民法院经审理认为：案涉以房冲抵货款协议系本案当事人与案外人张某山三方口头达成的一致协议，该协议约定的内容为：（1）被告东宇厂将新美园公司抵给其的案涉房屋抵算其差欠原告安华公司的37万元货款，原告安华公司予以接受；（2）原告安华公司将案涉房屋卖给案外人张某山，张某山答应待案涉房屋的房产证到手后交付37万元给原告安华公司。协议达成当日，原告安华公司向被告东宇厂出具收到37万元货款的收据，据此，原告安华公司接受被告东宇厂作为货款抵算的房屋，并卖给案外人张某山，原、被告之间的债权债务已经消灭，原告安华公司和案外人张某山之间形成新的债权债务关系，张某山应向原告安华公司履行交付37万元款项的义务，因此，原、被告之间以房冲抵货款的协议已经履行完毕，原告安华公司要求解除该协议并要求被告东宇厂支付货款及利息的诉讼请求无事实和法律依据，本院对原告安华公司的诉讼请求不予支持。

江苏省盐城市滨海县人民法院依照《中华人民共和国合同法》第九十一条、第一百三十条，《最高人民法院关于民事诉讼证据的若干规定》第二条之规定，判决如下：

驳回原告滨海安华混凝土有限公司的诉讼请求。

【法官后语】

本案处理重点主要在于对以房抵债协议是诺成性合同还是要物性合同的理解。目前法律法规对以物抵债协议的组成要件、法律效力等均未作出明确的规定，只是在司法和理论界遇到相关问题时会引起大家热烈的探讨。

笔者认为，区分以物抵债协议是诺成性合同还是要物性合同应从以物抵债协议的形成时间来区分，这个形成时间不是物理上的形成时间，因为很多以物抵债协议签订的物理时间都是在履行期间届满前，因此，这个形成时间应该根据债权债务是否已经确定来界定是否属于履行期间届满。如果履行期间届满了，双方达成的以物抵债协议就是一个简单的合同，符合合同的成立生效要件即可，且《合同法》规定的要物性合同并不包括以物抵债协议，因而不能人为地创设要物性合同，此时，以物抵债协议可以认定是一个简单的诺成性合同。

如果在履行期间届满之前，双方达成以物抵债协议，协议中可以约定具有担保功能的权利义务关系，虽然不符合担保法、物权法关于法定担保方式的类型，但也不存在《合同法》第五十二条，《民法总则》第一百五十三条、第一百五十四条规定的无效的情形，因此应该认为该以物抵债协议有效，并根据以物抵债协议的内容来确定当事人之间的权利义务关系，如让与担保等，除非违反禁止流押、流抵条款。即虽然债权人不能按照以物抵债的协议取得抵押物的所有权或抵押财产，但可以请求履行清算程序或者拍卖程序获得权利。

具体到本案，原告安华公司和被告东宇厂的债权债务已经清楚明确，此时原、被告双方和第三人张某山达成以物抵债的协议属于履行期间届满后达成的协议，该以物抵债协议是诺成性的，无须房屋的物权变动即可履行完毕。三方口头达成的以房抵债协议的内容包括以下几个方面：(1) 原告安华公司接受了新美园公司抵给被告东宇厂的房屋；(2) 原告安华公司接受该房屋后卖给张某山；(3) 原告安华公司向被告东宇厂出具收到37万元货款的收条。被告东宇厂用房屋抵算其差欠原告安华公司的37万元货款，并由原告安华公司出具收条，此时，原、被告之间达成的以房抵债协议已经全部履行完毕，双方的债权债务关系已经消灭。

对于原告安华公司主张案涉房屋一直预登记在新美园公司的名下，从未产生过物权变动，因此，三方达成的以房抵债协议不成立，对此，法院认为，本案以房抵债协议具有诺成性，并不是要物性的协议，房屋的物权变动不是协议成立要件，故对该案作出驳回原告安华公司诉讼请求的判决。

编写人：江苏省盐城市滨海县人民法院　黄丽君

43

夫妻一方对外主动承担的债务是否能认定为夫妻共同债务

——王某、祝某荣诉孙某等买卖合同案

【案件基本信息】

1. 裁判书字号

辽宁省盘锦市双台子区人民法院（2017）辽1102民初826号民事判决书

2. 案由：买卖合同纠纷

3. 当事人

原告：王某、祝某荣

被告：沈阳易佳利达物资有限公司（以下简称易佳利达公司）、孙某、焦某、杨某

【基本案情】

2016年9月1日，原告与被告易佳利达公司签订了购销合同，购买北方华锦化学工业集团有限公司生产的聚乙烯K44－11－122原料40吨，货物总价36.84万元。合同签订当日，原告将货款36.84万元一次性汇到被告指定账户。2016年9月5日，原告提货时被告知，该货物已被法院查封，无法正常供货。2016年9月28日，被告孙某向原告出具欠据一份，自愿承担拖欠货款32.5万元，被告焦某与孙某是夫妻关系，理应共同承担偿还责任。2016年10月1日，原告与被告易佳利达公司、孙某签订了还款协议，约定被告孙某按照还款计划表偿还原告货款32.5万元，被告杨某对上述货款承担连带偿还责任。后被告没有按计划表履行还款义务，

故原告诉至法院。

被告孙某、易佳利达公司、杨某对欠货款事实予以认可。被告焦某未答辩。

【案件焦点】

被告焦某是否对其配偶孙某在外主动承担的债务承担偿还责任。

【法院裁判要旨】

辽宁省盘锦市双台子区人民法院经审理认为：原告与被告易佳利达公司签订的两份购销合同是双方真实的意思表示，合同内容不违反法律及行政法规强制性规定，该购销合同成立、生效。原告支付货款，被告易佳利达公司迟延履行交付货物的义务，致使合同目的不能实现，原告主张解除合同，要求被告返还货款，后原告与被告孙某、易佳利达公司签订了三方还款协议，该协议是对原购销合同的变更，孙某作为新的合同当事人，履行偿还货款义务，易佳利达公司退出原购销合同关系，作为担保人出现在新合同关系中，对拖欠的货款承担连带偿还责任。该还款协议是当事人真实的意思表示，内容不违反法律及行政法规强制性规定，应为有效，当事人应当按照协议约定履行自己的义务。被告孙某违反协议约定，到期没有履行偿还货款义务，被告易佳利达公司没有承担相应的担保责任，确属违约。故原告主张被告孙某偿还货款32万元这一诉讼请求本院予以支持，被告易佳利达公司对上述款项承担连带清偿责任。关于利息部分，因原、被告之间签订的三方还款协议对利息部分没有约定，原告主张的利息部分没有法律依据，故本院不予支持。

关于原告要求被告焦某承担偿还货款义务这一部分，被告孙某与焦某是夫妻关系，夫妻共同债务是指为满足夫妻共同生活需要所负的债务，判定是否是夫妻共同债务，一是看夫妻是否有共同举债的合意，二是看夫妻是否分享了债务所带来的利益。本案中，焦某并未在还款协议上签字，偿还原告货款是孙某的个人行为，并无夫妻共同举债的合意，且焦某也并没有分享该还款行为带来的利益，故原告要求被告焦某偿还货款及利息这一请求，本院不予支持。

关于原告要求被告杨某承担连带清偿责任这一部分，被告易佳利达公司的性质是一人有限责任公司，根据《中华人民共和国公司法》第六十三条的规定，一人有限责任公司的股东不能证明公司财产独立于股东自己的财产的，应当对公司债务承担连带责任。杨某作为易佳利达公司的法定代表人及股东，没有提供证据证明公司财产独立于自己的财产，故应对公司债务承担连带责任，对于原告要求杨某承担连带清偿责任这一诉讼请求，本院予以支持。

辽宁省盘锦市双台子区人民法院根据《中华人民共和国合同法》第八条、第一百零九条，《中华人民共和国担保法》第十八条，《中华人民共和国公司法》第六十三条，《中华人民共和国民事诉讼法》第一百四十四条之规定，判决如下：

一、被告孙某于本判决生效后十日内一次性给付原告货款32万元；

二、被告沈阳易佳利达物资有限公司、被告杨某对上述款项承担连带责任；

三、驳回原告的其他诉讼请求。

【法官后语】

夫妻共同债务认定问题一直是离婚诉讼、民间借贷诉讼、买卖合同诉讼中常见的也是急需解决的问题，一方面既要保障债权人的合法权益不受侵害；另一方面也要顾及非举债夫妻一方的合法权益，避免虚假诉讼的发生。根据《最高人民法院关于适用〈中华人民共和国婚姻法〉若干问题的解释（二）》第二十四条的规定："债权人就婚姻关系存续期间夫妻一方以个人名义所负债务主张权利的，应当按夫妻共同债务处理。但夫妻一方能够证明债权人与债务人明确约定为个人债务，或者能够证明属于婚姻法第十九条第三款规定情形的除外。"如若机械地适用这一法律条文，则凡是夫妻关系存续期间，一方以个人名义对外举债，债权人均可向夫妻双方主张债权（例外情形除外），且举证责任在于夫妻一方，这无异于加重了夫妻一方尤其是未举债一方的证明责任，侵害了其合法权益，也增加了虚假诉讼的风险。故在适用该条文时要严格把握夫妻共同债务的概念，即一是看夫妻是否有共同举债的合意，二是看夫妻是否分享了该债务所带来的利益。

夫妻共同债务认定，最实质性的问题是举证责任的分配。一直以来解决这一实践问题都在适用《最高人民法院关于适用〈中华人民共和国婚姻法〉若干问题的解释（二）》第二十四条，将举证责任分配给了债务人，即夫妻一方。最高人民法院（2015）民一他字第9号复函又对夫妻共同债务问题做了进一步的说明，即"夫妻一方对外担保之债不应认定为夫妻共同债务"。2018年1月8日最高人民法院审判委员会第1731次会议通过，自2018年1月18日起施行的《最高人民法院关于审理涉及夫妻债务纠纷案件适用法律有关问题的解释》第一条规定：夫妻双方共同签字或者夫妻一方事后追认等共同意思表示所负的债务，应当认定为夫妻共同债务；第二条规定：夫妻一方在婚姻关系存续期间以个人名义为家庭日常生活需要所负的债务，债权人以属于夫妻共同债务为由主张权利的，人民法院应予支持；第三条规定：夫妻一方在婚姻关系存续期间以个人名义超出家庭日常生活需要所负的债务，债权人以属于夫妻共同债务为由主张权利的，人民法院不予支持，但债权人能够证明该债务用于夫妻共同生活、共同生产经营或者基于夫妻双方共同意思表示的除外。该解释出台后，将婚姻关系存续期间以个人名义超出家庭日常生活需要所负的债务的举证责任分配给了债权人，这看似维护了夫妻非举债一方的利益，不利于维护债权人利益，但实质上很好地解决了夫妻共同债务认定问题。因为债权人在出借款项时往往处于有利一方，尽可将债务通知到夫妻双方，在夫妻双方均对债务认可后再行出借款项，这样能很好地减少甚至规避日后被主张债权的风险。

编写人：辽宁省盘锦市双台子区人民法院　戚媛媛

44

夫妻作为股东的公司债务责任承担的认定

——广州市南沙区松岭管业制品厂诉柳州市渊博贸易有限公司等买卖合同案

【案件基本信息】

1. 裁判书字号

广东省广州市南沙区人民法院（2017）粤0115民初4290号民事判决书

2. 案由：买卖合同纠纷

3. 当事人

原告：广州市南沙区松岭管业制品厂

被告：柳州市渊博贸易有限公司（以下简称柳州公司）、黄某基、孙某莲

【基本案情】

黄某基、孙某莲是夫妻关系，同时也是柳州公司仅有的两名股东和实际经营人。

柳州公司从原告处购买管件进行分销，截至起诉之日尚欠原告货款318778.38元未付，故诉请柳州公司支付货款并要求黄某基、孙某莲承担连带责任。

【案件焦点】

黄某基、孙某莲是否应当对柳州公司的债务承担连带责任。

【法院裁判要旨】

广东省广州市南沙区人民法院经审理认为：柳州公司应向原告支付货款318778.38元，黄某基、孙某莲应对该债务承担连带责任。理由如下：

依据《中华人民共和国公司法》第五十七条第二款的规定："本法所称一人有限责任公司，是指只有一个自然人股东或者一个法人股东的有限责任公司"；第六十三条规定："一人有限责任公司的股东不能证明公司财产独立于股东自己的财产的，应当对公司债务承担连带责任"。

首先，从公司的股东人数来分析。"一人公司"可分为形式意义上的"一人公司"与实质意义上的"一人公司"。后者是指形式上公司股东虽为复数，但公司实际上是由一名股东掌握，即公司的"真正股东"，其余的股东仅仅是为了规避法律，满足法律对股东人数要求而持有较少股份的挂名股东。本案中，被告黄某基、孙某莲作为夫妻双方共同投资设立有限公司，在形式上股东虽为复数，但该公司实际上只有一个股权，作为夫妻双方的黄某基、孙某莲利用夫妻共同财产投资设立公司，并共同行使公司管理权，就是该股权的共同享有人，实际上只是享有一个股权，而非形式上的两个。因此，被告黄某基、孙某莲设立的公司为实质意义上的"一人公司"。

其次，从公司权利主体来分析。夫妻关系存续期间，除约定财产制外，夫妻双方对夫妻共同财产为共同共有，且在共同共有关系存续期间，共有财产一般不得在共有人之间进行分割。本案中，被告黄某基、孙某莲在其夫妻关系存续期间同时作为渊博公司的股东，其作为出资的财产在被告黄某基、孙某莲没有证明其存在约定财产制的情况下应认定为共同共有财产，即其二人的出资属于夫妻共同财产，属于一个共同共有的所有权，被告黄某基、孙某莲作为公司唯一股东权的共同享有人，应承担一人有限公司的相应义务。

再次，从公司的财产混同的角度进行分析。一人有限责任公司的设立，其出发点在于节约创业成本，这与我国现阶段倡导的“大众创业、万众创新”不谋而合。鉴于其便利性带来的风险性，公司法同时规定一人公司股东不能证明公司财产独立于股东自己的财产的，应当对公司债务承担连带责任。该条款设立的目的就是避免有限责任公司的财产与个人财产发生财产混同。本案中被告黄某基、孙某莲以其夫妻共有财产作为出资，虽已按照公司法的规定办理了财产转移手续，但该公司财产在只有一个所有权控制的情况下，难以避免公司财产与夫妻共同财产的财产混同。因此，被告黄某基、孙某莲成立的“夫妻公司”亦应适用一人有限责任公司的责任制度。

最后，从法律效果和社会效果来分析，“夫妻公司”对债权人利益的保护存在天然的缺陷，以至于债权人在与“夫妻公司”发生纠纷时，得不到法律的有力保护，而解决问题的关键在于对“夫妻公司”法律适用的完善。本案中，仅有的两个发起人和股东黄某基、孙某莲系夫妻关系，依照法定的夫妻财产制，两个股东的财产构成了不可分割的整体，而该公司则实质上充任了两位股东实施民事行为的代理人，若依法人有限责任制度认定夫妻股东的公司承担有限责任，则与民法的公平原则相悖，且不利于维护交易相对方的合法利益。

被告黄某基、孙某莲在不能证明公司财产独立于股东自己的财产的情况下，应对其公司债务承担连带清偿责任。

综上所述，广东省广州市南沙区人民法院依照《中华人民共和国合同法》第一百零九条、第一百五十九条、第一百六十一条，《中华人民共和国公司法》第五十七条第二款、第六十三条，《中华人民共和国民事诉讼法》第一百四十四条，《最高人民法院关于适用〈中华人民共和国民事诉讼法〉的解释》第九十条的规定，判决如下：

一、被告柳州市渊博贸易有限公司于本判决发生法律效力之日起十日内向原告广州市南沙区松岭管业制品厂支付货款 318778. 38 元；

二、被告黄某基、孙某莲对上述债务承担连带清偿责任。

判决后，三被告均未提起上诉。

【法官后语】

根据公司法的规定，有限责任公司的股东是以其出资额对外承担有限责任，而一人有限责任公司的股东在不能证明公司财产独立于股东自己的财产的时候，应当对公司债务承担连带责任。对于夫妻双方为公司的仅有的两个股东时，其如何对外承担责任。夫妻公司在现实中较常见，在当前认定夫妻共同债务关系比较谨慎的背景下，如何平衡债权人的利益保护和公司股东利益，是直接根据有限责任分配债权人举证股东财产混同，还是倾向认定一人有限责任公司加重夫妻股东的举证义务。本案处理该问题的突破口，一是认定夫妻公司只有一个股权，无论是从夫妻出资方面来讲，还是从股权利益享受方面来讲，公司的财产将指向是同一家庭财产，应将夫妻公司视为一人公司处理。二是股东财产混同，夫妻公司财产在只有一个所有权控制的情况下，难以避免股东之间的财产混同，该被告不能举证证明夫妻共同财产已分割或公司财产与股东财产相独立时，则可判定该夫妻股东对公司债务承担连带责任。三是考虑的社会效果，由夫妻股东来举证其家庭财产与公司财产相互独立，客观上也有助于公司加强企业管理，倒逼企业的规范化运作，维护市场秩序，达到保护债权人利益与股东利益的平衡。

编写人：广东省广州市南沙区人民法院　陈文铂　黄俊城

45

委托他人讨债是否受到法律保护

——李某能诉韦某锋买卖合同案

【案件基本信息】

1. 裁判书字号

广西壮族自治区河池市南丹县人民法院（2017）桂1221民初204号民事判决书

2. 案由：买卖合同纠纷

3. 当事人

原告：李某能

被告：韦某锋

【基本案情】

原告李某能与被告韦某锋系生意上朋友关系，原告负责供货给被告经营，2014年5月8日经结算被告韦某锋尚欠原告李某能100000元货款，双方经协商作出并签订还款计划，由于被告韦某锋没有按还款计划还款，原告李某能于2015年11月21日写好授权委托书交给其朋友李某权寻找人为其催款，李某权找到罗某文（广西巴马县人）并将委托书交给罗某文，罗某文接到委托书，填写其姓名及身份证号码后，拿着委托书对被告韦某锋进行催款，被告韦某锋两次共还款15000元给罗某文（均有收条）后，因经济困难无偿还能力，被告韦某锋叫其朋友黄某华（广西金城江区人）代其偿还余款25000元，黄某华分两次给罗某文共计25000元。其间，原告多次打电话均无法联系被告，原告认为被告尚欠其货款40000元，为维护其合法权益而提起诉讼，请求法院判决被告偿还其货款40000元。

另查明，原告李某能委托内容为全权代理，委托期限为收回所有货款止。

【案件焦点】

原告的授权委托书是否合法有效，被告是否还要偿还原告的货款40000元。

【法院裁判要旨】

广西壮族自治区河池市南丹县人民法院经审理认为：原、被告双方签订的《关于河池韦某锋欠李某能货款的还款计划》是双方在自愿、合法的基础上签订的，是双方的真实意思表示，是合法有效的协议，双方应当共同遵守。被告欠原告货款，被告应当偿还给原告。本案被告韦某锋在2014年5月8日签订还款协议和原告委托罗某文时确实欠原告李某能货款，但原告李某能在难以催款后已亲笔委托他人代为催款，而且被告韦某锋和其朋友黄某华已如数将款付给受委托人罗某文，已不存在被告韦某锋尚欠原告李某能货款的事实，纵使被告韦某锋尚未还清货款也应由罗某文主张而不应当是原告李某能来主张，因为原告李某能已经委托罗某文代为催款。原告的授权委托书是其亲笔书写捺印，是其真实意思表示，没有违反法律的规定，是合法有效的。受委托人罗某文虽然不是原告直接委托，但系原告李某能授权其朋友李某权委托的。诉讼时货款已经还清，因此对原告请求被告偿还其货款没有事实和法律依据。综上所述，根据《中华人民共和国民事诉讼法》第一百一十九条第一款第三项的规定，判决如下：

驳回原告李某能的诉讼请求。

【法官后语】

欠债还钱，本是天经地义。但往往因借钱容易，还钱难，使有的债权人不走正规的法律途径，而找人“帮忙”。他们把简单的债权债务关系恶化升级，如暴力讨债、堵门要债、非法拘禁等行为时有出现。这种专门替人讨债的公司及个人究竟合不合法？如果讨债人实施了违法犯罪行为，债权人是否也会受连累？

一、讨债公司不合法

工商部门对注册的经营范围是不可能设定讨债这个项目的，所有的讨债公司均严禁注册。在《关于取缔各类讨债公司严厉打击非法讨债活动的通知》中，明确将讨债公司定性为违法，明令禁止任何单位和个人开办任何形式的“讨债公司”从事讨债业务。讨债的公司不具备追债的资格。现在，讨债公司大都以打着“商务调查”“商务咨询”的幌子，以“信息咨询公司”的名义注册。讨债公司不论是以受委托人的形式出现，还是以债权人公司的职员身份出现，其实质都是在从事非法讨债活动。因此，债权人和讨债公司签订的“讨债协议”不合法，不受法律保护。

二、委托讨债公司讨债，法律风险较大

第一，可能构成共犯，承担刑事责任。债权人虽然与讨债公司签订了“讨债协议”，但债权人其实根本无法控制讨债公司的行为。讨债公司为达到目的，追求自身利益，很可能会采用一些非法手段，如威胁、骚扰、敲诈、绑架等。一旦涉嫌违法犯罪，债权人可能会被认为是“指使”人，进而可能成为该犯罪行为的“共犯”，被牵连承担法律责任。第二，有可能钱债皆空。现实中，由于讨债公司不合法，很多注册的都是空壳公司，一旦出现问题，就可能人间蒸发。如果讨债公司拿走相关的债权凭证，如果取得了债务人归还的款项后卷款潜逃。债权人因没有收到款而再找债务人时，因债权凭证已经不在自己手中，或者讨债公司以债权人的全权委托人身份，已经向债务人出具了清偿债务的凭据，债权人将难以再通过法律途径维权。

三、讨债过程中可能会触犯的罪名

第一，非法拘禁罪。为索要合法债务，将债务人或其亲属及相关人员扣押，非法限制人身自由，可能构成非法拘禁罪。在控制他人人身自由的过程中，债权人不要错误地认为，只要在此过程中照顾了债务人的饮食起居，且没有实施殴打等暴力行为就是合法的。限制他人人身自由本身就是一种非法的“暴力”手段，是法律所禁止的。第二，故意伤害罪。为索要合法债务，暴力、殴打债务人或其亲属及相关人员，造成人身伤害或死亡的，可能构成故意伤害罪。第三，非法侵入住宅罪。为索要债务，债权人或其委托的讨债公司非法进入、搜查他人住宅的，讨债人明知自己的行为违反了债务人的意思，而继续破坏他人住宅的安宁，积极侵入或消极不退出，可能构成非法侵入住宅罪。第四，寻衅滋事罪。

本案中，原告李某能在难以催款后已亲笔委托他人代为催款，而且被告韦某锋和其朋友黄某华已如数将款付给受委托人罗某文，已不存在被告韦某锋尚欠原告李某能货款的事实，纵使被告韦某锋尚未还清货款也应由罗某文主张而不应当是原告李某能来主张，因为原告李某能已经委托罗某文代为催款。受委托人罗某文虽然不是原告直接委托，但系原告李某能授权其朋友李某权委托的。诉讼时货款已经还清，因此对原告请求被告偿还其货款没有事实和法律依据。在生活中，基于商业活动或者合同所产生的债权债务，我们应该通过法律途径来维护自己的合法权益，不应该委托一些所谓的“讨债公司或者讨债专业户”来解决问题，如此一来，不但自己的合法权益无法得到有效保障，还可能因触犯法律而造成不可挽回的严重后果。

编写人：广西壮族自治区河池市南丹县人民法院　韦焜

46

股东出资期限尚未届至情况下的责任承担

——中山市胡氏蛋制品有限公司诉中山市小榄镇宝威食品有限公司等买卖合同案

【案件基本信息】

1. 裁判书字号

广东省中山市第二人民法院（2016）粤 2072 民初 13614 号民事判决书

2. 案由：买卖合同纠纷

3. 当事人

原告：中山市胡氏蛋制品有限公司（以下简称胡氏公司）

被告：中山市小榄镇宝威食品有限公司（以下简称宝威公司）、余某洪、余某志

【基本案情】

原告与被告宝威公司素有业务往来，由原告供应咸蛋黄给宝威公司。2015年10月13日，宝威公司在原告出具的对账单上盖章，确认尚欠原告2015年7月至9月货款160788元。2016年8月28日、30日、31日，原告三次向宝威公司供应货值分别为2700元、1950元、1950元的货物。2016年1月18日、2月2日、4月6日、6月25日、7月17日，宝威公司通过无卡存款、转账等方式分别向原告支付货款8000元、8000元、5000元、2500元、5000元，合计28500元，尚欠原告货款138888元（160788+2700+1950+1950-28500）。

宝威公司系有限责任公司，成立于2012年1月10日，注册资本为200万元，股东为余某洪、余某志。余某洪认缴出资120万元，实缴出资额3万元，余某志认缴出资80万元，实缴出资额2万元，出资方式为货币出资，两人认缴出资日期为2025年5月4日。原告主张三被告连带清偿货款167388元及支付利息（从起诉之日起按照中国人民银行同期同类贷款利率计算至清偿之日止）。被告宝威公司主张其已向原告支付了28500元的货款。本案债务属于被告宝威公司的债务，与被告余某洪、余某志无关。

【案件焦点】

被告余某洪、余某志是否对被告宝威公司的涉案债务承担责任。

【法院裁判要旨】

广东省中山市第二人民法院经审理认为：原告与被告宝威公司之间存在买卖合同关系，被告宝威公司尚欠原告货款138888元的事实，有原告提供的对账单、收款收据及被告提供的收款收据、银行存款回单、借记卡账户历史明细清单等证据为凭，双方对此均予以确认，本院予以确认。被告宝威公司拖欠货款未付的行为已经构成违约，应承担相应的违约责任。原告诉请被告宝威公司支付尚欠货款并赔偿逾期付款利息损失，理据充分，本院予以支持。但尚欠货款金额应以本院认定的138888元为准，超出部分，本院不予支持。

关于余某洪、余某志是否应对宝威公司的上述债务承担补充赔偿责任的问题。根据双方当事人确认的企业信息资料，宝威公司的股东余某洪、余某志均采用的是认缴制，认缴出资时间为2025年5月4日，缴纳期限尚未到期，且目前公司尚在经营。本案中，股东余某洪、余某志是否承担补充赔偿责任，实际上是在探讨公司注册资本认缴制下股东出资责任加速到期的问题。对此，本院认为，首先，认缴制是公司法的明文规定，而加速到期无疑是对认缴制的突破，这种突破实质上是加重了股东个人的责任，这种对个人责任的科处，在法无明确规定的情况下，不宜对相关条款作扩大解释；其次，原告并未提供证据证明宝威公司“不能清偿债务”，且对该事实的认定应通过执行来解决，而不宜在诉讼过程中判定；最后，原告作为债权人，并不是只有通过诉讼来直接判定加速到期才能对债权人利益予以救济，如可以通过认定行为无效来规制股东转移公司财产行为、适用破产法来实现股东出资义务加速到期等法律明确规定的方式来维权。因此，在法无明文规定的情况下，以诉讼方式通过突破认缴制来判定股东责任加速到期，进而让出资不实的股东承担补充责任，这一诉请理由尚不充分，法律依据不足，本院不予支持。故余某洪、余某志不应对宝威公司的上述债务承担补充清偿责任，更不应对宝威公司的上述债务承担连带清偿责任，原告诉请余某洪、余某志对宝威公司上述债务承担连带清偿责任，理据不足，本院不予支持。

综上，广东省中山市第二人民法院依照《中华人民共和国合同法》第一百零七条、第一百零九条、第一百三十条，《中华人民共和国公司法》第三条、第二十六条、第二十八条，《中华人民共和国民事诉讼法》第六十四条第一款，《最高人民法院关于适用〈中华人民共和国民事诉讼法〉的解释》第九十条的规定，判决如下：

一、被告宝威公司于本判决发生法律效力之日起七日内向原告中山市胡氏蛋制品有限公司支付货款138888元并赔偿逾期付款利息损失（以实欠货款本金数额按中国人民银行同期同类贷款利率自2016年11月17日起计至清偿完毕之日止）；

二、驳回原告中山市胡氏蛋制品有限公司超出上述判项的诉讼请求。

【法官后语】

《公司法》明确规定了认缴制，该制度旨在鼓励创业，促进公司发展，但不可避免地减少了对债权人的保护。

在该案中，债权人主张尚未到出资期限的股东对公司债务承担责任，法院不予支持。除因法律没有明确规定外，还有一些原因。股东认缴的金额、期限都明确记载于公司章程，作为一种公示文件，通过市场主体信用信息公示系统向社会公示。目前，债权人通过信息化、网络化形式很容易获得股东出资信息。债权人应当知道股东的出资期限等情况，在交易过程中对此风险也应予以预见。

在股东的出资义务尚未到期前，其享有“期限利益”，债权人要求股东的出资义务“加速到期”，剥夺了股东的期限利益的，明显不合理。

股东未出资的金额均有一定限额，如果允许某一债权人通过诉讼直接向股东主张清偿责任，那么对于公司的其他债权人来说是不公平的，这样就无法平等地保护全部债权人的利益。

在这种现状下，债权人如何救济自身的合法权益至关重要。股东出资期限尚未届至时，债权人可以通过以下方式维护自身的合法权益。债权人可以通过启动破产程序促使股东出资义务加速到期，股东出资责任的履行不受约定的出资期限限制；债权人亦可以通过否定公司法人人格要求滥用公司法人独立地位和股东有限责任的股东对公司债务承担连带责任；债权人可以通过强化股东的清算责任要求其承担责任。

编写人：广东省中山市第二人民法院　牛璐

47

公司法人人格否认类案件的合并审理及举证规则

——深圳市山富五金配件经营部诉深圳市鸿楷兴塑胶制品有限公司等买卖合同案

【案件基本信息】

1. 裁判书字号

广东省深圳市中级人民法院（2016）粤03民终13616号民事判决书

2. 案由：买卖合同纠纷

3. 当事人

原告（上诉人）：深圳市山富五金配件经营部（以下简称山富经营部）

被告（被上诉人）：深圳市鸿楷兴塑胶制品有限公司（以下简称鸿楷兴公司）、俞某茹、邱某强

【基本案情】

山富经营部与鸿楷兴公司之间长期存在业务往来，由鸿楷兴公司向山富经营部购买司筒、订针等五金配件。截至本案起诉之时，鸿楷兴公司积欠山富经营部自2014年7月至2015年5月货款共计237099元。2015年6月30日，俞某茹以个人名义向山富经营部开具支票一张，金额为61596元，收款人一栏空白，同年8月31日，俞某茹再次以个人名义向山富经营部开具支票一张，金额为72909元，收款人为郑时华。该两张支票均未获承兑，山富经营部申请撤回的诉讼请求即为该两张支票所对应货款，共计134505元。鸿楷兴公司未提交任何证据予以证明。邱某强、俞某茹为鸿楷兴公司的股东，出资比例各占50%。

鸿楷兴公司现已停业。俞某茹任鸿楷兴公司法定代表人、总经理、执行（常务董事），邱某强任鸿楷兴公司监事。

山富经营部在一审程序中提交了案外人深圳市华胜隆模胚钢材有限公司、深圳市龙岗区龙岗哈工量五金商店、深圳市亮一彩环保科技有限公司、深圳市龙岗区龙岗强达模具润滑油销售店、深圳市龙岗区金泰来精密刀具行、深圳市龙岗区横岗利兴泰五金塑胶店出具的证明材料，证明俞某茹、邱某强长期用其私人账户收付鸿楷兴公司的货款，并出具用于支付货款的、有俞某茹签章的支票复印件或向邱某强个人账户支付货款的凭证、以邱某强个人账户收取货款的银行流水单。鸿楷兴公司对上述证明材料的真实性和关联性不予认可，但却并未提出具体的辩护意见，未提交任何反证，俞某茹与邱某强也未出庭应诉、未就此出具任何反驳意见和反证，结合俞某茹以个人名义向山富经营部开具支票、山富经营部因此减免鸿楷兴公司相应货款的事实，可以认定俞某茹、邱某强多次用个人账户收支鸿楷兴公司相关经济往来款项的事实。

【案件焦点】

俞某茹、邱某强是否应当对鸿楷兴公司支付涉案货款的义务承担连带责任。

【法院裁判要旨】

广东省深圳市龙岗区人民法院经审理认为：邱某强、俞某茹作为鸿楷兴公司的股东和经营人，与山富经营部存在经济往来，属于公司经营者的经营行为，在山富经营部所提交证据不足以认定鸿楷兴公司与邱某强、俞某茹财务混同的情形下，仍应坚持股东有限责任制的公司法基本原则，不宜认定为股东滥用法人独立地位，故对于山富经营部要求邱某强、俞某茹对鸿楷兴公司的债务承担连带责任的诉请，不予支持，遂判决如下：

一、鸿楷兴公司于判决生效之日起三日内支付山富经营部货款 102594 元及利息（利息自 2015 年 9 月 14 日起，按照中国人民银行同期同类贷款利率计至货款付清之日止）；

二、驳回山富经营部的其他诉讼请求。

山富经营部不服原审判决，提起上诉。广东省深圳市中级人民法院认为：俞某茹、邱某强作为鸿楷兴公司的股东和实际管理人员，多次以其个人账户收支鸿楷兴公司经济往来款项，存在与鸿楷兴公司财务混同的高度可能性，在鸿楷兴公司、俞某茹、邱某强未向法院提交任何反证的情况下，根据《最高人民法院关于民事诉讼证据的若干规定》第二条、第七条的规定，鸿楷兴公司、俞某茹、邱某强应当承担举证不能的不利后果。俞某茹、邱某强作为鸿楷兴公司股东，与鸿楷兴公司人格混同，且鸿楷兴公司现已处于停业状态，经营困难，相关债权人利益受到损害，根据《中华人民共和国公司法》第二十条第一款、第三款的规定，俞某茹、邱某强应当对鸿楷兴公司支付涉案货款的义务承担连带责任，遂判决如下：

一、维持深圳市龙岗区人民法院（2015）深龙法地民初字第 1308 号民事判决第一项；

二、撤销深圳市龙岗区人民法院（2015）深龙法地民初字第 1308 号民事判决第二项；

三、俞某茹、邱某强对鸿楷兴公司的上述付款义务承担连带责任；

四、驳回山富经营部的其他诉讼请求。

【法官后语】

该案例进一步确立了认定股东与公司存在人格混同、股东滥用公司法人独立地位和股东有限责任逃避债务并严重损害公司债权人利益的相关原则，进一步明确了债务人可以此为由要求股东就公司债务承担连带责任。

关于能否在一宗案件中同时审理公司债权债务纠纷以及因否定公司法人人格而要求股东就公司债务承担连带责任的股东损害公司债权人利益责任纠纷的问题。"一案一诉"是长期以来人民法院审理民商事纠纷案件的规则，特别是强调在处理不同法律关系纠纷时应当分案处理。但是近年来，随着对切实保障当事人诉讼权利，尊重当事人诉讼意愿，减少当事人诉累，降低诉讼，特别是守约方诉讼成本，整合司法资源，提高司法效率等因素的考虑，对合并诉讼的条件逐渐放宽。《最高人民法院关于印发修改后的〈民事案件案由规定〉的通知》中明确规定："同一诉讼中涉及两个以上的法律关系的，应当依当事人诉争的法律关系的性质确定案由，均为诉争法律关系的，则按诉争的两个以上法律关系确定并列的两个案由。"由此可见，在涉及同一诉讼标的的情况下，当事人可以通过提起同一诉讼解决不同性质的法律关系纠纷，以实现诉讼目的。在本案中，债权人主张的债权必须要通过人民法院审理公司债权债务纠纷以及股东损害公司债权人利益责任纠纷得以实现，对此，债权人可以分别提起诉讼，也可以在同一诉讼中解决争议，实现诉讼目的，即债务得以清偿。而且，在最高人民法院公布的第15号指导案例中，债权人也是在同一诉讼中就买卖合同纠纷和关联公司承担连带责任的法律关系纠纷同时提起诉讼，其主张的债权最终得到人民法院的支持。根据《最高人民法院关于案例指导工作的规定》第七条的规定，最高人民法院发布的指导性案例，各级人民法院审判类似案件时应当参照。因此，对于当事人同时就公司债权债务纠纷以及因否定公司法人人格而要求股东就公司债务承担连带责任的股东损害公司债权人利益责任纠纷时，人民法院可以受理并在同一诉讼中解决相关争议而不应强制当事人分案诉讼。

关于公司法人人格否认原则的适用问题。公司法人人格制度和股东有限责任制度是公司法的基石，人民法院应以谦抑原则审慎适用《公司法》第二十条第三款否认公司法人人格，在具体的案件审理中应当注意以下三个方面：一是股东是否实施了滥用公司法人独立地位和股东有限责任的行为，审查重点股东与公司是否存在人格混同的情形；二是是否逃避债务；三是是否严重损害债权人利益，对于未逃避债务，特别是尚未达到严重损害债权人利益的，如公司正常经营、资本充足，有清偿债务的能力和可能性的，即使存在股东与公司人格混同的情形，也不能当然适用法人人格否认原则。

关于认定股东与公司是否存在人格混同的问题。主要从以下四个方面予以综合认定：一是是否场所混同，即股东与公司是否使用同一营业场所；二是是否人事混同，即股东与公司法定代表人、高级管理人员是否相互兼任；三是是否业务混同，即股东与公司的业务是否存在高度重合、交叉；四是是否财产混同，及股东与公司是否存在资金混同、无法将股东财产与公司财产清晰区分。在上述四点中应当着重审查第四点，因为根据《公司法》第三条的规定，公司作为企业法人与股东互为独立民事主体的基本前提是公司有独立的法人财产，如果股东与公司财产混同，公司未取得独立法人财产，则公司的法人独立民事主体资格将受严重质疑。

关于股东与公司是否存在人格混同的举证责任问题。依照《公司法》第六十三条的规定，一人有限公司的股东应就其与公司财产独立承担举证责任。即举证责任倒置。除一人有限公司外的其他公司的债权人应就股东与公司存在人格混同承担举证责任，但人民法院应当合理认定债权人是否已尽举证责任，在债权人提交了公司工商登记资料、业务往来合同、合同协商和签订主体、合同履行地点、收送货具体人员、收支款项账户等方面的证据材料能够初步证明股东与公司存在人格混同高度可能性时，公司及股东应当向法院提交公司账簿、会计凭证、会议记录、审计报告等其应当掌握的证据作为反证，否则，人民法院可依据《最高人民法院关于民事诉讼证据的若干规定》第七条、第七十五条的规定，认定债权人已尽到举证责任并推定其主张成立。

编写人：广东省深圳市中级人民法院　李兴旺

48

公司滥用劳动关系中的优势地位要求员工为公司业务提供担保违背自愿原则，员工不承担保证责任

——北京蓝天飞跃科技有限公司诉高某玉、藁城市第一水泥厂买卖合同案

【案件基本信息】

1. 裁判书字号

北京市第三中级人民法院（2017）京03民再67号民事判决书

2. 案由：买卖合同纠纷

3. 当事人

原告（被申请人）：北京蓝天飞跃科技有限公司（以下简称蓝天公司）

被告（再审申请人）：高某玉

被告（被申请人）：藁城市第一水泥厂（以下简称藁城水泥厂）

【基本案情】

2012年4月4日，蓝天公司（甲方）与藁城水泥厂（乙方）签订《助磨剂买卖合同》，约定乙方向甲方购买助磨剂，货款共计1282500元，货到付款，乙方固定押甲方货款50000元，于年底结清……2013年5月20日，双方再次签订《助磨剂买卖合同》，货款总额为1269000元……高某玉在上述两份买卖合同中担保人处签字确认。2013年3月18日，藁城水泥厂对账确认拖欠蓝天公司质保金49753元。2014年1月4日，双方再次对账确认尚欠蓝天公司36978元。后，蓝天公司诉至法院，请求判令：1. 藁城水泥厂给付蓝天公司货款84684.2元、中途退货违约金94135.3元；2. 高某玉承担货款连带给付责任；3. 诉讼费用由二被告承担。

【案件焦点】

高某玉是否应就案涉相关货款承担保证责任。

【法院裁判要旨】

北京市通州区人民法院经审理认为：蓝天公司与藁城水泥厂签订的《助磨剂买卖合同》合法有效。藁城水泥厂收取蓝天公司货物后理应给付货款，故对蓝天公司要求藁城水泥厂给付剩余货款的诉求，予以支持。关于蓝天公司主张退货或拒收货物产生违约金的诉求，因未提交相关证据，不予支持。高某玉作为合同的担保人，应对上述债务承担连带给付义务。藁城水泥厂经法院合法传唤，无正当理由拒不出庭应诉，视为其放弃了答辩和质证的权利。

北京市通州区人民法院依照《中华人民共和国合同法》第一百零九条，《中华人民共和国担保法》第二十一条第二款、第三十一条之规定，作出如下判决：

一、藁城市第一水泥厂于本判决生效之日起七日内给付北京蓝天飞跃科技有限公司货款84684.2元；

二、高某玉对上述债务承担连带给付责任，高某玉承担连带责任后，有权向藁城市第一水泥厂追偿；

三、驳回北京蓝天飞跃科技有限公司的其他诉讼请求。

判决后，各方当事人均未提起上诉，该判决发生法律效力。后，高某玉向北京市第三中级人民法院申请再审。理由：有新的证据证明其与蓝天公司存在劳动关系，履行公司指派的工作任务签订案涉合同。在签订业务合同时，公司要求所有业务员都要在合同担保人栏签名。其曾提出异议，公司谎称只是为了督促业务员向合同另一方催款。原审法院开庭前，蓝天公司召开会议，要求其为了公司利益全力配合公司一方的律师追偿债务，其不应承担连带责任。北京市第三中级人民法院经审查，于2016年12月29日作出（2016）京03民申770号民事裁定，提审本案。

北京市第三中级人民法院再审认为：第一，高某玉在涉案合同中担保人栏签字并非其主动所为。根据双方当事人的再审诉辩意见，蓝天公司要求业务员在业务合同中作为担保人签字系该公司的通常做法，并称此为“商业惯例”。本案中，高某玉在两份《助磨剂买卖合同》中担保人栏签字均系履职过程中在蓝天公司要求下所为。第二，高某玉的签字不能认定具有担保的真实意思表示。首先，企业在经营活动中应自主经营、自负盈亏。企业出于合理控制经营风险考虑，要求员工在履职过程中对交易相对方的相关资质进行调查和核实，本无不当。但企业要求员工承担的这种工作责任不能超出一般员工的能力及可预见范围，应有一定限度，权责相当。在已尽到注意义务后，员工履职产生的相关经营风险和法律责任最终应由企业承担。本案中，蓝天公司滥用其基于劳动关系中的优势地位要求员工在业务合同中作为担保人签字，是在免除公司的责任，将经营风险转移给高某玉，不符合法律规定。第三，高某玉不承担相关担保责任。担保活动应当遵循平等、自愿、公平、诚实信用的原则。虽然我国法律对蓝天公司相关做法的行为效力无明确规定，但高某玉在履职过程中应公司要求所签订的担保条款，并非平等主体之间设立民事权利义务关系的协议，区别于普通民法意义上的担保合同。由于涉案合同文本来源于蓝天公司，对于高某玉来说该文本属于格式文本，且蓝天公司对于高某玉在涉案合同担保人栏签字的问题没有作出合理解释，对其辩解亦未提交证据加以证明，故亦难以认定公司曾明确无误告知过高某玉在合同担保人栏签字即意味着需承担实体保证责任。

综上，高某玉的再审请求成立。对蓝天公司主张高某玉承担连带给付责任的诉讼请求，法院不予支持。依照《中华人民共和国民法通则》第五十五条第二项，《中华人民共和国合同法》第四条，《中华人民共和国担保法》第三条之规定，作出如下判决：

一、维持北京市通州区人民法院（2015）通民（商）初字第19号民事判决第一项；

二、撤销北京市通州区人民法院（2015）通民（商）初字第19号民事判决第二项、第三项；

三、驳回北京蓝天飞跃科技有限公司的其他诉讼请求。

【法官后语】

一、案件的典型性及现实意义

本案具有两个典型性：一是案由方面。存在相关当事人之间内部劳动关系与外部买卖合同关系的交叉，且内部关系的认定成为作为劳动者一方是否承担外部保证责任的核心问题。二是法律适用方面。围绕所涉签字是否“真实意思表示”为核心，经多维度论证最终认定公司滥用其在劳动关系中的优势地位，将理应由其承担的经营风险转嫁给员工，不符合法律规定，员工无须为此承担保证责任。

当前用工环境下，用人单位与劳动者之间，劳动者往往处于被动、弱势地位。

劳动者为了维系劳动关系的存续，在被用人单位强行附加隐性不平等条件时，往往被迫接受。实践中，公司要求员工为公司业务提供担保的现象并不鲜见。本案的处理结果不仅客观公正地保护了各方当事人的合法权益，而且体现了保护劳动关系中弱势方利益的司法理念，实现了法律效果与社会效果的统一。

二、本案法律适用的几个问题

第一，本案不适用《劳动合同法》第九条的规定。民法意义上的担保，是指债权人为确保债务得到清偿，而在债务人或第三人的特定的物和权利上设定的，可以支配他人财产的一种权利的行为。《劳动合同法》第九条所指的担保并不是民法意义上的担保，而是用人单位以此为名义非法向劳动者收取风险抵押金、扣押劳动者身份证件的行为。实践中，一些用人单位为防止劳动者在工作中给单位造成损失，不赔偿就不辞而别的情况，利用自己的强势地位，在招用劳动者时要求劳动者提供担保或者向劳动者收取风险抵押金，这是一种不合法的行为。

第二，关于担保人的主体资格和证据规则问题。员工是否可以为所在公司的业务提供担保，目前法律并未作禁止性规定。但实践中，囿于公司在劳动关系中的优势地位，员工往往是迫于压力不得不为公司业务提供担保。在此情况下，担保活动所应遵循的平等、自愿原则，很难得到保障。由此发生纠纷时，员工亦很难举证。因此，人民法院在审理此类案件时，可在一定程度上参照劳动争议案件所适用的举证责任分配原则，适当加大公司的举证责任，除了一般的证明标准，公司还需证明曾明确告知员工担保的法律后果，抑或员工为了获取明显不合理的高额业务提成，自愿为公司业务提供担保等情形。否则，员工无须承担保证责任。

第三，本案未适用《担保法》第三十条的规定。结合本案的实际，虽公司的做法有欺诈、胁迫的嫌疑，但带有很强的隐蔽性，在案证据尚不足以证明公司采取了欺诈、胁迫等手段迫使高某玉提供保证。但高某玉系在公司要求下在合同的担保人栏签字是不争的事实，且无证据显示高某玉因此获取了明显不合理的高额业务提成，也不存在其他自愿担保的因素。故严谨起见，本案未适用《担保法》第三十条的规定，而是从“意思表示真实”的角度加以论证，依照《民法通则》第五十五条第二项、《合同法》第四条、《担保法》第三条，对原审判决结果依法予以改判。

编写人：北京市第三中级人民法院　孙栋

49

合同未约定付款期限时诉讼时效期间的起算

——廊坊富鹏五金制品有限公司诉北京布莱迪自动化仪表有限责任公司买卖合同案

【案件基本信息】

1. 裁判书字号

北京市第二中级人民法院（2017）京02民终1206号民事判决书

2. 案由：买卖合同纠纷

3. 当事人

原告（被上诉人）：廊坊富鹏五金制品有限公司（以下简称富鹏五金公司）

被告（上诉人）：北京布莱迪自动化仪表有限责任公司（以下简称布莱迪公司）

【基本案情】

富鹏五金公司（原名称为国乐五金公司）与布莱迪公司存在买卖合同关系，双方未签订书面买卖合同。富鹏五金公司陈述2005年开始向布莱迪公司销售钢接头、车轮螺母等产品并履行了交货义务，但布莱迪公司至今未足额支付销售货款，截至2012年8月29日，布莱迪公司尚欠富鹏五金公司货款336755.55元。

布莱迪公司曾于2012年8月29日向富鹏五金公司发出《企业询证函》，内容为："文安县国乐五金制品有限公司：本公司聘请的北京京诚会计师事务所有限责任公司正在对本公司2012年5月31日财务报表进行审计，按照中国注册会计师审计准则的要求，应当询证本公司与贵公司的往来账项等事项，下列信息出自本公司账簿记录，如与贵公司记录相符，请在本函下端'信息证明无误'处签章证明；如有不符，请在'信息不符'处列出这些项目的金额及详细资料……截至2012年5月31日，欠贵公司336755.55元。本函仅为复核账目之用，并非催款结算"，在该企业询证函上加盖了布莱迪公司的公章。富鹏五金公司在《企业询证函》"结论：1. 信息证明无误"处加盖了其公章。因布莱迪公司一直未偿还欠款，故富鹏五金公司诉至法院，请求判令：1. 布莱迪公司给付富鹏五金公司货款336755.55元；2. 诉讼费由布莱迪公司承担。

【案件焦点】

买卖合同未约定付款期限时诉讼时效期间的起算。

【法院裁判要旨】

北京市大兴区人民法院经审理认为：富鹏五金公司向布莱迪公司出售货物，布莱迪公司应当及时支付货款，现布莱迪公司尚欠富鹏五金公司货款336755.55元，应予以支持。布莱迪公司提出富鹏五金公司的主张已经过了诉讼时效的抗辩，根据《最高人民法院关于审理民事案件适用诉讼时效制度若干问题的规定》第六条规定，富鹏五金公司与布莱迪公司并未约定付款时间，富鹏五金公司可以随时要求布莱迪公司履行，诉讼时效期间从富鹏五金公司要求布莱迪公司履行义务的宽限期届满之日起计算，故富鹏五金公司提起本案诉讼未超过诉讼时效。

北京市大兴区人民法院依照《中华人民共和国合同法》第一百零九条、第一百五十九条之规定，判决如下：

北京布莱迪自动化仪表有限责任公司于判决生效后十日内支付原告廊坊富鹏五金制品有限公司货款336755.55元。

布莱迪公司不服一审判决，提出上诉。北京市第二中级人民法院经审理认为：《合同法》第六十二条和第一百六十一条均系在适用《合同法》第六十一条的规定仍不能确定履行期限的情况下，对确定合同履行期限方式的规定。结合《合同法》第六十二条第四项“履行期限不明确的，债务人可以随时履行，债权人也可以随时要求履行”的规定，《合同法》第一百六十一条规定的是买受人随时履行付款义务或出卖人随时要求履行付款义务的开始时间，而非是对出卖人主张诉讼权利期间的约束，故富鹏五金公司提出本案诉讼并未超过诉讼时效期间。

北京市第二中级人民法院依据《中华人民共和国民事诉讼法》第一百七十条第一款第一项之规定，判决如下：

驳回上诉，维持原判。

【法官后语】

本案是一起关于买卖合同中未约定付款期限时，付款请求权诉讼时效期间起算点的典型案件。

本案中，双方就买卖合同并未约定付款期限，在事后也没有达成关于付款期限的补充约定，双方之间也未形成交易习惯，在不能根据《合同法》第六十一条的规定来确定合同履行期限时，对于合同履行期限和诉讼时效如何起算，实践中认识并不统一。有观点认为，依据《合同法》第六十二条的规定，当事人就有关合同内容约定不明确，依照本法第六十一条的规定仍不能确定的，履行期限不明确的，债务人可以随时履行，债权人也可以随时要求履行。因此，本案富鹏五金公司可以随时要求布莱迪公司支付货款，其起诉并未超过诉讼时效；另有观点认为，《合同法》第一百六十一条规定，买受人应当按照约定的时间支付价款，对支付时间没有约定或者约定不明确的，依照本法第六十一条的规定仍不能确定的，买受人应当在收到标的物或者提取标的物单证的同时支付。因此，富鹏五金公司在交货之时布莱迪公司就应该立即付款，由于双方交易发生在2005年，故富鹏五金公司的债权已经超过诉讼时效期间。

从《合同法》的结构安排来看，《合同法》第六十一条位于总则，适用于所有合同；《合同法》第一百六十一条位于分则，属于对买卖合同的特别规定。若依"特别规定优于一般规定"的基本原则，在《合同法》第六十一条和第一百六十一条的规定之间，应适用《合同法》第一百六十一条的规定。但同时，《最高人民法院关于审理民事案件适用诉讼时效制度若干问题的规定》属于适用诉讼时效制度的特别规定，在处理涉及诉讼时效的相关问题时应该优先适用，而该法的第六条恰恰排除了《合同法》第一百六十条的适用，认为只要依据《合同法》第六十一条、第六十二条的规定不能确定合同履行期限的，债权人可以随时主张其债权。因此，本案的法律适用并不能简单依据"特别优于一般"的原则予以确定，而是应该结合立法目的和客观法律事实，进行利益衡量。

一是从立法目的来看，《合同法》第一百六十一条是在借鉴《国际货物销售合同公约》第五十八条规定的基础上所进行的规定，即当事人对付款时间没有约定，买受人应当在收取标的物的同时付款，这也和"一手交钱一手交货"的习惯相符，其立法目的是保护债权人的利益，即纵使买卖双方未约定付款期限，买受人在接收货物后即具有立即付款义务。

二是从《合同法》第一百六十一条的文意解读，也能得出前述结论。"买受人应当在收到标的物或者提取标的物单证的同时支付"，是从规范买受人付款时间的角度出发所作的规定，实际上是为了防止买受人怠于履行付款义务，保护出卖人的权利。即该条实际规定的是买受人随时履行付款义务或出卖人随时要求履行付款义务的开始时间，而非是对出卖人主张诉讼权利期间的约束。

三是从本案的实际情况看，双方之间存在多笔滚动交易且并未就付款期间形成交易习惯，也不存在"一手交钱一手交货"的情形，如果从收货时即起算诉讼时效，也和双方交易的实际情况不符。

因此，如果本案以《合同法》第一百六十一条的规定来确定诉讼时效期间的起算点，和该条的立法背景及目的均相悖，亦不符合本案双方交易的实际情况。本案应该适用《合同法》第六十二条和《诉讼时效规定》第六条的规定，买受人得随时主张其付款请求权。这种处理思路也和最高院的相关批复精神相符。

编写人：北京市第二中级人民法院　王玉

50

高度可能性证明标准的适用

——洪某发诉卢某华买卖合同案

【案件基本信息】

1. 裁判书字号

福建省厦门市翔安区人民法院（2017）闽0213民初557号民事判决书

2. 案由：买卖合同纠纷

3. 当事人：

原告：洪某发

被告：卢某华

【基本案情】

卢某华经营茶叶店，洪某发多次向卢某华购买茶叶，并通过其中国建设银行股份有限公司账户向卢某华支付货款 200000 元，分别是：2016 年 11 月 3 日转账 30000 元，2016 年 11 月 16 日转账 50000 元，2016 年 11 月 19 日转账 30000 元，2016 年 11 月 21 日转账 30000 元，2016 年 11 月 25 日转账 50000 元，2017 年 1 月 5 日转账 10000 元。卢某华向洪某发上述账户返还货款 12200 元，分别是：2016 年 11 月 4 日返还 3000 元，2016 年 11 月 16 日返还 9200 元。

另查明，洪某发于 2017 年 2 月 1 日到卢某华茶叶店提取 39840 元茶叶，于 2017 年 2 月 7 日两次分别提取各 21400 元茶叶，以上合计 82640 元，该三次提取货物洪某发均是由卢某华母亲陈某花经手，陈某花让洪某发在三张销货清单上签字。洪某发认可该三单销售清单上是其本人签字。经本院释明法律关系后，洪某发将第一项、第二项诉讼请求变更为：请求卢某华退还多支付的货款 105160 元及利息（利息自起诉之日起按银行同期同类贷款利率计算至实际付清款项）。

又查明，法院要求洪某发本人到庭参加诉讼，其以出差在外为由拒绝到庭。

再查明，洪某发因讼争纠纷向本院申请对卢某华价值 187800 元诉讼财产保全，并支付财产保全费 1459 元。

【案件焦点】

洪某发诉求中的 105160 元货款是否已提取相应茶叶。

【法院裁判要旨】

福建省厦门市翔安区人民法院经审理认为：关于洪某忠证明大概 2016 年 12 月或是 2017 年 1 月，卢某华让洪某发去洪某忠茶叶店提取近两万元的茶叶，洪某忠负责转交，与 2016 年 11 月 20 日的销货清单能够相互印证，关于洪某忠证明 2016 年 11 月 22 日销售清单上有林某雯的签字，是洪某发以林某雯的名义买的，洪某发也确认林某雯系洪某忠茶叶店店员，且本院要求洪某发必须到庭，其以出差在外为由拒绝到庭，但其未能举证证明其不能到庭的合理理由，故本院对洪某忠的上述证言及 2016 年 11 月 20 日、2016 年 11 月 22 日的销售清单予以采信。关于 2016 年 11 月 4 日、2016 年 11 月 16 日的销货清单，本院认为 2016 年 11 月 3 日洪某发向卢某华账户转账 30000 元，2016 年 11 月 4 日卢某华向洪某发账户返还货款 3000 元，2016 年 11 月 4 日销货清单载明洪某发提取 27000 元茶叶，2016 年 11 月 16 日洪某发向卢某华账户转账 50000 元，2016 年 11 月 16 日卢某华向洪某发账户返还货款

9200元，2016年11月16日销货清单载明洪某发提取40800元茶叶，转账记录与销货清单能够相互印证，且洪某发于2016年11月4日、2016年11月16日向卢某华转账系第一笔、第二笔转账，如洪某发在没有提取茶叶的情况下，洪某发却在2016年11月19日继续向卢某华转账3000元，而第三笔交易金额仅为17440元即2016年11月20日载明的17440元，该行为明显不合常理，故本院对2016年11月4日、2016年11月16日的销货清单予以采信。对于林某云的证言，本院认为其未能明确洪某发何时提取茶叶，不能明确提取茶叶的数量，也没有看到卢某华开具销售清单，其证言无法证明洪某发提取茶叶的具体情况，且与卢某华提供的销货清单也不能对应，故不予采信。综上，本院认定洪某发分别于2016年11月4日、2016年11月16日从卢某华处提取27000元茶叶、40800元茶叶，2016年11月20日卢某华通过洪某忠向洪某发交付17440元茶叶，2016年11月22日洪某发通过林某雯提取19920元茶叶，合计105160元。

本院认为，洪某发转账到卢某华账户并提取茶叶的行为系买卖合同行为，双方之间的买卖合同系双方当事人的真实意思表示，内容不违反法律规定，应确认为合法有效，双方均应按约定履行合同义务。洪某发共向卢某华支付货款200000元，卢某华返还货款12200元，洪某发于2017年2月7日提取82640元茶叶，2016年11月分四次共提取茶叶105160元，卢某华已向洪某发交付等额茶叶，故对于洪某发主张卢某华退还货款105160元及利息的诉讼请求，本院不予支持。至于洪某发主张卢某华承担诉讼保全费的诉讼请求，没有法律依据，本院不予支持。

综上所述，依照《中华人民共和国民事诉讼法》第六十四条第一款之规定，判决如下：

驳回洪某发的诉讼请求。

【法官后语】

本案争议的焦点是对于前四次的交易被告是否交付商品。针对这一待证事实，被告提供了书证及证人证言证明这一事实。在证据无法达到确实充分的情况下，证据的采信决定了法律事实的认定，进而决定了裁判结果。

《最高人民法院关于适用〈中华人民共和国民事诉讼法〉的解释》第一百零八条规定：对负有举证证明责任的当事人提供的证据，人民法院经审查并结合相关事实，确信待证事实的存在具有高度可能性的，应当认定该事实存在。这表明我国确立了高度盖然性的民事诉讼证明标准。由于受时空限制，对于已经发生的事实无法返回到原始状态查明事实真相，而当事人提供的证据往往无法证明事实的全部，只能证明事实的一部分，穷尽举证后，仍有一部分事实处于真伪不明的状态，此时高度盖然性的证明标准对公正合理的审判至关重要。对高度盖然性证明标准的适用应注意以下方面：

一、排除合理怀疑

高度盖然性要求从反面伪证的角度排除合理怀疑。这里的合理怀疑是依据法理、审判经验、交易习惯及生活经验，找出证据与待证事实之间的各种关联中的最大可能性。本案中，双方已无法还原原始事实，只能是相对的法律上的真实，只要当事人所主张或抗辩能够排除合理的怀疑，达到使人合理相信的程度，就应当被认可。原、被告之间有七次买卖交易，并存在多次相互转账记录，最后三次交易有原告签署的收货凭证，原告认可最后三次有收到货物，但认为前四次交易没有收到货物。前四次的货单中其中第三笔、第四笔交易被告提供相关证据及证人证言能够证明其已交付商品。对于第一笔、第二笔交易，被告未能举证与原告有具有关联性的证据证明其已交付商品，但该两笔交易转账为第一笔、第二笔转账，该两笔的转账金额明显超出第三笔交易的转账金额，如果原告没有收到商品，其再次向被告转账支付货款明显不符合情理，故综合案件情节、交易习惯和经验可认定第一笔、第二笔交易被告已向原告交付商品。

二、法官内心确信

高度盖然性标准不仅要求从反面证伪的角度做到排除合理怀疑得出唯一结论，而且要求主客观相统一，法官主观上要形成内心确信。民事诉讼中，在证据无法达到确实充分的情况下，一方当事人提出的证据能够证明事实发生具有高度盖然性，足以使法官相信证据证明待证事实的存在极有可能，法官即可对该事实予以确认。高度盖然性标准既与自由心证制度的要求相符合，也有助于强化法官作为案件事实裁判者的重要地位和重大责任。本案中，双方之间存在多次买卖交易，且多次转账记录，在其他证据证明除第一笔、第二笔外其余交易被告均已交付商品的情况下，且第一笔、第二笔转账明显高于第三笔交易金额，此情形下原告收到商品后再转账支付第三笔货款的可能性明显大于其没有得到第一笔、第二笔商品继续支付第三笔交易金额的可能性，法官对原告收到第一笔、第二笔商品达到内心确信。

三、科学合法有据

法官对证据是否达到高度盖然性的标准应建立在已有客观事实、审判经验、生活经验之上，科学的运用逻辑推理反映客观世界，而不是随心所欲，主观臆断。本案中，被告无法举证证明的两笔交易系第一笔、第二笔交易，依据生活经验，原告两次转账后没有收到商品，仍继续转账第三笔交易金额，明显不符合生活常理。且原告向被告支付第一笔交易金额后，被告有向原告转回小额款项，该款项后即证实为第一笔交易金额的余款，余款系在收到商品后结算的款项。综上，认定被告已向原告交付第一笔、第二笔交易商品符合依据生活经验进行的科学逻辑推理。

编写人：福建省厦门市翔安区人民法院　刘秀丽

51

公平和诚实信用原则可作为分配举证责任的根据

——黄某洪诉张某江买卖合同案

【案件基本信息】

1. 裁判书字号

云南省文山壮族苗族自治州丘北县人民法院（2017）云2626民初1617号民事判决书

2. 案由：买卖合同纠纷

3. 当事人

原告：黄某洪

被告：张某江

【基本案情】

原告黄某洪在丘北县城经营丘鸿纸品厂，生产卫生纸等产品，并采取送货上门的方式批发给零售商。被告张某江于2013年起向原告进货，货款有时当天付清，有时未当即付款，则由原告填写《销货清单》（三联单）交由进货人签字确认，待货款结清后退还单据给进货人。2016 年 5 月 30 日，原告黄某洪再次向被告张某江送货，货款为 1835 元，当天未支付。之后双方又多次发生购销关系，所涉货款均已结清。2017 年 9 月 26 日，原告黄某洪认为 2016 年 5 月 30 日产生的货款 1835 元未支付，向被告张某江催收，被告之妻左某兴称已支付，双方为此发生争吵并引发肢体冲突。

事后，原告黄某洪提起诉讼，要求被告张某江支付该笔货款 1835 元。庭审中，原告提交《销货清单》第一联、第三联作为证据主张价款未支付；被告承认收到货物，并辩称已支付价款，但未提供证据加以证明。

【案件焦点】

民事诉讼的当事人均未提供充分证据形成优势证明力，而且依照法律和司法解释无法确定举证责任承担时，法官应当如何分配举证责任并作出裁判。

【法院裁判要旨】

云南省文山壮族苗族自治州丘北县人民法院经审理认为：原告黄某洪采取送货上门的方式销售产品，被告张某江向其进货，双方形成买卖合同关系，原告黄某洪是出卖人，被告张某江是买受人。双方对于当天未支付的货款，没有采取书写欠条的方式固定债务，而是由原告填写《销货清单》交由被告签字，待被告交付货款后再移交单据，形成了一定的交易习惯。出卖人使用的《销货清单》为三联单，第一联为存根联，由出卖人留存备查；第二联为销售联（或客户联），应当交付给买受人作为付款凭证；第三联为记账联，为出卖人记账所用。如果被告当天未支付货款，“结清后才交付的单据”应为销售联或者客户联。按照双方形成的上述交易习惯，确定价款是否已经履行的关键就在于销售联或者客户联（第二联）由谁持有。如果出卖人持有第二联，说明价款尚未履行；如果买受人持有第二联，说明价款已经交付；如果双方均不持有第二联，并不当然认定买受人尚未支付价款，还需要其他证据予以佐证。双方对 2016 年 5 月 30 日交付的货物及价款均无异议，现原告据以主张债权的《销货清单》只有存根联和记账联，没有销售联或者客户联，无法直接证明该笔货款尚未支付；被告主张该笔货款已经履行，也未提供证据加以证明，导致争议事实难以认定，但结合被告对 2016 年 5 月 30 日前后发生的多次购销均已付清货款的情形，根据公平原则和诚实信用原则，原告作为出卖人据以证明债权债务关系存续的举证责任仍不能免除。故原告主张的事实缺乏充分证据，其诉讼请求不能得到支持。

最终，法院依照《中华人民共和国合同法》第一百三十条，《最高人民法院关于民事诉讼证据的若干规定》第二条、第七条、第七十三条第二款之规定，判决如下：

驳回原告黄某洪的诉讼请求。

【法官后语】

举证责任，又叫证明责任，它被称作“民事诉讼的脊梁”，在民事诉讼活动中发挥着至关重要的作用。其中，举证责任的分配又是举证责任制度的核心所在。所谓举证责任的分配，是指按照法律预先设定的一定的标准，将不同法律要件事实的举证责任，在双方当事人之间预先进行分配，并由负有举证责任的一方当事人承担因举证不能带来的败诉风险。一般来说，民事诉讼活动遵循“谁主张，谁举证”的原则，即当事人对自己提出的主张，有责任提供证据。这是举证责任分配的一般原则。司法实践中，由于法律关系和社会关系的复杂性，在很多情况下这一原则不能给当事人的权利提供充分救济；还有的当事人囿于自身法律专业知识和诉讼能力以及证据获取等方面的限制，往往无法充分有效完成举证责任。因此，法律和司法解释又对举证责任的分配作出了补充规定，如环境污染、产品责任、医疗事故等纠纷，实行举证责任倒置的原则。然而，法律和司法解释的规定也不可能面面俱到，审判实践中往往会出现法律和司法解释都无法确定举证责任承担的情形。这时，就产生了举证责任分配的特殊规则——公平原则和诚实信用原则。也就是说，法官有权在公平和诚实信用原则的理念指导下，结合个案具体情况和当事人的举证能力等因素，对举证责任的分配进行调整，以平衡当事人之间的利益。

法官运用公平原则和诚实信用原则对当事人的举证责任进行再分配，是行使法官自由裁量权的体现，但该自由裁量权的行使并不代表可以随意而为，还应当综合考虑以下因素：一是合理评估双方当事人搜集提供证据的能力、便利条件、难易程度，将举证责任分配给更有能力、更有条件收集证据的一方，从而使当事人更趋于平等对抗的诉讼地位，方符合公平原则。二是依据待证事实发生的盖然性来作出判断。法官可以根据一般的客观规律、生活经验、交易习惯等来确定待证事实发生的可能性，把举证责任分配给如果待证事实成立则对其有利的一方，以此来补强待证事实成立的高度盖然性。三是结合纠纷发生的前因后果、当事人前后的言行表现是否一致，以形成谁更遵守诚实信用原则的内心确信，进而确定举证责任的分配来印证这一内心确信。

综上所述，就本案而言，原、被告双方对货物已交付的事实并无争议，对此原告可以免除举证责任；原告黄某洪主张价款尚未支付，应当就被告未付款的事实承担举证责任；被告主张价款已经支付，应当就持有支付凭证承担举证责任，但双方都没有提供充分证据形成优势证明力，法官不能直接适用“高度盖然性”的证明标准作出裁判。同时，法律和司法解释对平等主体之间形成的普通买卖合同关系的举证责任分配也未作明确规定。在此情况下，法官就可以行使自由裁量权，根据公平原则和诚实信用原则这一特殊规则，来合理分配举证责任。具体来讲，原告与被告张某江之间长期维持买卖合同关系，并形成了一定的交易习惯，确定价款是否已经履行的关键就在于《销货清单》的销售联或者客户联（第二联）由谁持有。从客观上来讲，任意一方都具备持有该第二联的可能性，原告可据以证明价款尚未支付，被告可据以证明已经支付。但根据一般的心理状态，原告作为出卖人填写《销售清单》，如果买受人未支付价款，则应当妥善保管第二联作为证据；而被告作为买受人，在支付价款后取得第二联后，必然会产生放松心理，认为只要出卖人不再持有第二联，自己是否妥善保管该第二联已无必要。因此，从当事人收集该第二联作为证据的便利条件、难易程度而言，出卖人明显比买受人更有利。并且，结合双方在原告所主张的这批货物前后发生的购销行为，被告均已付清货款的具体情形，足以形成一定的内心确信，这时将证明价款尚未支付的举证责任分配给原告，更符合诚实信用的市场准则。因此，本案根据公平原则和诚实信用原则来分配举证责任，原告据以主张被告未付款的事实的举证责任仍不能免除，因其举证不能，应当承担败诉的不利后果。

编写人：云南省文山壮族苗族自治州丘北县人民法院　饶海泉

52

举证责任倒置原则下被告不能提供相应证据的情况下以鉴定结论作为依据

——赵某帮、司某强诉刘某国买卖合同案

【案件基本信息】

1. 裁判书字号

青海省海西蒙古族藏族自治州都兰县人民法院（2016）青2822民初165号民事判决书

2. 案由：买卖合同纠纷

3. 当事人

原告：赵某帮、司某强

被告：刘某国

【基本案情】

2015年3月，二原告经司某龙介绍，与被告口头约定，购买被告出售的宁杞1号枸杞苗27000株，每株4.6元，共计苗木款124200元。并约定先给付定金20000元，剩余104200元货到后付款。被告保证枸杞苗木正宗。双方商定后二原告将20000元定金通过司某龙给付了被告。2015年4月，被告将枸杞苗运到都兰县老宗加乡农业村，二原告接货并清点数量后，将剩余104200元苗木款给付了被告。枸杞苗拉回后，二原告便组织人员进行种植，总共种植九十亩。几个月过后，二原告发现枸杞苗并未挂果，便找被告亲自到地里查看，被告认可枸杞苗有假。为此，二原告多次找被告协商赔偿事宜，双方未能达成协议。

同时查明：1. 本案审理期间，经二原告的申请，本院委托宁夏农林科学院园艺研究所对被告出售给原告的枸杞苗木进行了司法鉴定，经鉴定种植的90亩枸杞

宁杞1号苗木纯度为4.7%。其余苗木为假宁杞1号枸杞品种苗，在一定期限内难以恢复生产，没有枸杞生产和种植的价值。2. 二原告2015年种植的90亩枸杞的种植成本投入共计100575.00元（不包括土地承包费、水费、苗木费）3. 二原告2016年种植的90亩枸杞的种植成本投入共计27630.00元（不包括土地承包费、水费）。4. 二原告种植的90亩枸杞2015年预期收益72000元。5. 二原告种植的90亩枸杞2016年预期收益202500元。6. 2015、2016年两年地租费126000元（90亩×700元×2年）。7. 2015、2016年两年水费14400元（90亩×80元×2年）。综上，二原告各项经济损失为667305元（包括苗木款124200元）。

【案件焦点】

1. 被告出售给原告的枸杞苗木是否是宁杞1号枸杞苗木；2. 被告是否应当向原告赔偿损失。

【法院裁判要旨】

青海省海西蒙古族藏族自治州都兰县人民法院经审理认为：2015年4月原告赵某帮、司某强从被告刘某国处购买了宁杞1号枸杞苗木，双方即形成了苗木买卖的法律事实。现经司法鉴定部门鉴定，被告销售给原告的宁杞1号枸杞苗木纯度为4.7%。其余苗木为假宁杞1号枸杞品种苗，没有枸杞生产和种植的价值，所造成的经济损失应当由被告予以赔偿。被告关于鉴定结论应不予采纳的问题，本院委托的鉴定机构具有相应的资质，鉴定专家亲临种植现场勘验鉴定程序合法，作出的鉴定意见合法有效，本院予以采信。且根据相关法律规定，对于因产品质量引发的纠纷，实行举证责任倒置的原则，即应当由被告提供相应的证据，证明其向原告出售的枸杞苗木系宁杞1号，但被告未向法庭提交证据，故其提出鉴定结论应不予采纳的意见不能成立。被告关于不应赔偿原告的枸杞苗款和经济损失，被告是受原告的委托购买枸杞苗木，双方之间应为无偿的委托合同关系的问题，被告在都兰县宗加地区长期从事枸杞苗木的贩买，原告找被告定购苗木，预付了定金，收到苗木付清了全部货款，双方已形成事实上的买卖关系，并非委托关系，故被告关于双方是无偿委托合同关系的辩称理由，不予采纳。据此，依照《中华人民共和国合同法》第一百零七条，《中华人民共和国民事诉讼法》第一百四十二条之规定，判决如下：

被告刘某国赔偿原告赵某帮、司某强各项经济损失667305元，鉴定费9000元，合计676305元。

【法官后语】

鉴定在诉讼中已被广泛采用。它在解决案件中某些专门性问题，帮助侦查、审判人员判断案情方面起着重要的作用。诉讼中常见的鉴定有：法医学鉴定，司法精神病学鉴定，会计鉴定，刑事技术和其他种种技术鉴定。鉴定结论是诉讼证据的一种。鉴定结论不同于证人证言，因为鉴定人没有直接或间接感知案件情况，鉴定结论是表述判断意见而不是陈述事实情况，证据的鉴定结论产生所依据的是科学技术方法而不是对有关情况的回忆。

鉴定结论是鉴定人依据科学知识对案件中的有关专门性问题所作的分析、鉴别和判断。鉴定结论不同于证人证言等人证，因为鉴定人没有直接或间接感知案件情况，鉴定结论是表述判断意见而不是陈述事实情况，证据的产生所依据的是科学技术方法而不是对有关情况的回忆。我们知道鉴定结论作为法定证据之一，其必须遵循一般证据的证据规则，但同时鉴定结论作为一种证据还有其特殊性，鉴定结论的证据效力包括证据能力和证明力。在对鉴定结论的判断和使用应当注意两点：其一，鉴定结论不能因其所具有的科技性而获得预定的证明效力。由于主客观原因的影响和限制，鉴定结论不排除出错的可能。所以还需要对其进行检证。其二，鉴定结论只应回答专业技术问题，不能回答法律问题。

鉴定结论是效力比较高的证据，所以鉴定结论的证据效力是很高的。司法鉴定是一种权威、专业的鉴定，许多情况下当事人都是以司法鉴定结果作为事实依据的。不过并不是所有的司法鉴定都有法律效力，而且司法鉴定的效力优先程度有时会有所不同。

一、合法来源的鉴定结论效力优先

依据现有的规章及司法解释的规定，来源合法的鉴定结论应具备以下条件：

1. 委托鉴定的程序合法。首先，委托人或机构符合有关规定条件并具有符合要求的相关手续，由人民法院司法鉴定机构鉴定，或者由人民法院司法鉴定机构统一对外委托鉴定；下级人民法院可逐级委托上级人民法院司法鉴定机构鉴定。其次，受托机构享有规定的鉴定管辖权。

2. 受托的鉴定机构及鉴定人的资质符合现有的规章及司法解释规定，即鉴定机构和鉴定人具有相关规定要求的开办手续及执业资格。

3. 检材或客体全面、客观、真实，并取得的手段合法。

4. 出据鉴定结论的机构和鉴定人的印鉴齐备。

二、符合规格的鉴定结论效力优先

符合规格的鉴定结论是指鉴定结论的形式要件具备有关规定。司法鉴定结论的形式要件应包括：1. 委托人姓名或者名称、委托鉴定的内容；2. 委托鉴定的材料；3. 鉴定的依据及使用的科学技术手段；4. 对鉴定过程的说明；5. 明确的鉴定结论；6. 对鉴定人鉴定资格的说明；7. 鉴定人员及鉴定机构签名盖章。具备形式要件的鉴定结论能够较客观地反映鉴定的全貌，为执法人员审查、判断被鉴定对象提供有力证明。

三、法定鉴定部门的鉴定结论效力优先

法定鉴定部门是指由法律、法规、司法解释或规章规定享有司法鉴定权的鉴定部门。法律、行政法规规定有鉴定职能的组织接受委托从事司法鉴定业务的，从其规定，不再列为该决定管理的范围。法定鉴定部门依据法律规定所产生，且其具有较高的鉴定水平，故其作出的鉴定结论效力具有法定性、权威性，法定鉴定部门的鉴定结论效力应优于其他鉴定部门所作的鉴定结论。

四、本部门委托鉴定的鉴定结论效力优先

因为该结论是本部门对争议的专门性问题委托进行鉴定，鉴定机构、鉴定人员都是自己选定的，对此产生的鉴定结论委托部门在适用时其效力应优先。

五、距案发时间近的鉴定结论效力优先

有些被鉴定对象受时间变化的限制，如易腐烂、变质、受市场经济规律调节的价格浮动较大的事物、伤害后治愈复原的伤口、随着时间的流逝易消磁的音像制品等。或依时间的变化而变化，或消失或无法重新恢复到被侵害之时的情形，距案发时间的远近直接影响案件的性质或赔偿的范围、数额等，距案发时间最近的鉴定结论能够客观、全面地反映案发当时的情况。

六、对实物的鉴定结论效力优先

实物（包括人或物）鉴定结论是源于被鉴定的物体，具有直观、真实、客观的特点，对实物进行鉴定所产生的结论是原始的、第一手的鉴定结论，具有绝对的不可替代性。而以实物鉴定结论为依据、运用专用知识进行综合分析而产生的鉴定结论，其来源于书面资料，是间接的、第二手的，是对初始鉴定结论的再创作，因此，在司法实践中应以实物鉴定结论效力优先于其他鉴定结论效力。

本案中被告没有向法庭提交证据证明其向原告出售的枸杞苗木系宁杞1号，故本院委托具有鉴定枸杞品种纯度的专门鉴定机构，对争议枸杞的真假进行了鉴定，判案时对该鉴定结论予以采纳。

编写人：青海省海西蒙古族藏族自治州都兰县人民法院　陈方

五、买卖合同的变更、转让和终止

53

公司注销后的债权债务处理

——刘某恩、刘某华诉江西省上善若水投资发展有限公司等买卖合同案

【案件基本信息】

1. 裁定书字号

江西省吉安市青原区人民法院（2017）赣0803民初1319号民事判决书

2. 案由：买卖合同纠纷

3. 当事人

原告：刘某恩、刘某华

被告：江西省上善若水投资发展有限公司、肖某根、宋某根、曾某荣

【基本案情】

两原告刘某恩、刘某华系父子关系。刘某恩于2009年3月29日设立赣州滨河贸易有限公司，经营烟酒批发。2011年11月24日，刘某恩以其子刘某华名义在吉安登记设立吉安市润发酒业有限公司（自然人独资），所售烟酒、销售单据均由刘某恩设立的赣州滨河贸易有限公司提供。2014年8月1日至2015年8月4日，被告江西省上善若水投资发展有限公司先后50次在吉安市润发酒业有限公司赊购烟酒，计货款580424元。被告公司职工张宋根、曾某荣、邓某娟、肖某根等在销售单上签字确认。其间，被告支付了烟酒款86424元。2016年1月12日，被告宋某根就江西省上善若水投资发展有限公司所欠烟酒款向原告刘某恩出具承诺书，载

明："我本人承诺在2016年1月25日付清所欠刘某恩酒款肆拾玖万肆仟元，如未归还，本人承担一切责任，并承担所有利息和相关费用。"被告宋某根在承诺书上签字，并注明江西省上善若水投资发展有限公司。被告曾某荣在承诺书上签字注明"公司用酒"。但承诺期满，被告并未付款。2016年8月23日，被告宋某根就所欠烟酒款向原告刘某恩出具收条，载明"宋某根本人承诺三天内转账拾万元欠刘某恩酒款到刘某华账上［100000已（以）转为准］，如款未到，自愿用赣D88×××路虎车抵押给刘某恩"。此后被告又支付了50000元，但余款344000元一直未付。吉安市润发酒业有限公司已经注销。原告因催要上述款项未果，故诉至法院解决。

【案件焦点】

吉安市润发酒业有限公司注销后，其债权债务如何处理。

【法院裁判要旨】

江西省吉安市青原区人民法院经审理认为：原吉安市润发酒业有限公司与被告江西省上善若水投资发展有限公司间的买卖关系合法有效，受法律保护。吉安市润发酒业有限公司已经履行了其作为出卖人的义务，但被告作为买受人却未履行支付货款的义务，其行为已经构成违约。现吉安市润发酒业有限公司已经注销，其债权债务由其投资人（股东）刘某华享有和承受，故原告刘某华要求被告归还尚欠原吉安市润发酒业有限公司烟酒款344000元及其利息合法有据，法院予以支持。但双方没有约定逾期付款利息，原告要求按月利率2%计算逾期付款利息于法无据，本案利息可以中国人民银行规定的同期贷款基准利率为基础并上浮40%计收罚息计算。原告刘某恩虽为吉安市润发酒业有限公司实际投资人，但其与该公司并无法律上的关联，被告宋某根因其与该公司法人父子关系和业务往来向其出具付款承诺的行为，并不当然表示其在法律上可以享受原吉安市润发酒业有限公司债权，故其不是本案适格原告，法院对其诉讼请求不予支持。被告宋某根就被告江西省上善若水投资发展有限公司尚欠原告的烟酒款向原告方出具承诺，并表明其本人愿意承担一切责任及款项利息、费用，应视为其加入本案债务，与被告江西省上善若水投资发展有限公司承担连带付款责任。被告肖某根、曾某荣分别系被告江西省上善若水投资发展有限公司法定代表人（股东）和职工，其签字确认赊购烟酒系代表公司的职务行为，在公司尚且存续（有独立法人人格、法人财产）的前提下，所产生的法律后果应由公司承担。原告要求被告肖某根、曾某荣承担本案欠款归还责任不符合法律规定，法院不予支持。

江西省吉安市青原区人民法院依照《中华人民共和国合同法》第六条、第八条、第六十条、第一百零七条、第一百一十四条、第一百五十九条，《最高人民法院关于审理买卖合同纠纷案件适用法律问题的解释》第二十四条第三款，《中华人民共和国民事诉讼法》第六十四条、第一百四十四条之规定，判决如下：

一、被告江西省上善若水投资发展有限公司、宋某根在本判决生效之日起十日内向原告刘某华支付货款344000元及其利息（利息自2016年1月25日起按中国人民银行规定的同期贷款基准利率并上浮40%罚息计算至实际还清款项之日止）；

二、驳回原告刘某恩的诉讼请求及原告刘某华的其他诉讼请求。

【法官后语】

目前《公司法》《企业破产法》等法律对公司注销前的各种法律问题作了比较详细的规定，但对公司注销后债权的实现却是一片空白。为了更好地保护公司股东的合法权益，从诉讼主体方面对公司注销后债权的实现进行探讨十分必要。

一、公司注销后丧失民事主体资格

根据我国《公司法》的规定，公司经过解散、清算、注销登记三项程序后即被注销，公司的法人资格和各种权利义务就归于消灭。经注销登记并公告后，公司终止。由于法人资格的丧失，注销后的公司就丧失了民事主体的地位，也失去了以公司名义行使各种权利的资格和能力。因此，如果公司注销后还有遗留的债权，因原公司已经不存在，也无法以公司的名义行使追索等权利了。

二、公司注销后的债权问题

通常在公司清算阶段，所有的债权债务都应该了结。清算后，公司的剩余财产由股东取得。但是，由于公司在清算过程中遗漏或无法实现等原因，现实中普遍存在着公司清算后仍然有尚未实现的债权，对于这部分债权的具体实现，目前尚无法律法规作出明确规定。按照现在有法律法规的规定和民法理论理解，随着公司的终结，所有债权债务都应归于消灭。但是，从财产所有权的角度来看，清算后公司未实现的债权，按照其性质，也属于公司的财产，并最终属于股东所有。那么，这个权益应由名义股东主张还是应由实际投资人主张呢？

根据揭开公司面纱理论启示，原公司的债权也应归原股东。公司注销后的未实现债权应该由公司原股东取得其所有权，而不能属于公司实际投资人所有。实际投资人的权益由其与名义股东另行解决。而在市场经济条件下，任何人出资设立公司的目的都在于谋取利益，任何人与公司发生关系的目的，也在于谋取利益，因此，不应偏重于保护一个群体而忽视另外的群体。但实际投资公司都应预见到自己隐名的风险，同样，名义股东与公司、其他主体发生业务往来，也承受到风险。而从鼓励投资、发展经济的目的出发，理应平等保护所有主体的利益。

本案虽然当事人为父子关系，实体处理对当事人权益影响不大。随着市场经济的发展，已注销公司的实际投资人与原股东分开的情况特别多，厘清上述关系对处理公司未实现的债权案件是有必要的。

编写人：江西省吉安市青原区人民法院　王勇生

54

公司注销后遗留债权的认定与处理

——郭某春、郭某满诉河南中博信息技术有限公司买卖合同案

【案件基本信息】

1. 裁判书字号

北京市第三中级人民法院（2017）京03民终5606号民事判决书

2. 案由：买卖合同纠纷

3. 当事人

原告（上诉人）：郭某春、郭某满

被告（被上诉人）：河南中博信息技术有限公司（以下简称河南中博公司）

【基本案情】

2012年12月25日，时代阳光公司作为卖方与买方河南中博公司签订《软件购销合同》，约定：时代阳光公司有权销售本合同项下的软件产品；购买软件产品为WinPro ALNG UpgrdSAPk MVL PtnrsinLrning（Win8）和OfficeEnt ALNG LicSAPk

MVL PtnrsinLrning，数量为 2 万套，每套 140 元；如需折单，请将需要折单的明细填写进如下表格，其他用户名称根据实际需要修改：“最终用户名称：河南省教育厅”，总金额为 280 万元整；交付标准为：本次河南中博公司采购为 E - LICENCE，交货方式为电子邮件方式。

2013 年 3 月，河南中博公司接收了时代阳光公司向其交付的光盘 1664 张，光盘无出版单位、出版物号等信息。

2013 年 3 月 28 日，河南省电教教材审定委员会认定时代阳光公司向河南中博公司交付的 1664 张光盘为非法出版物，禁止其在河南教育系统销售。

2013 年 4 月 23 日，河南中博公司通知时代阳光公司终止合同。

2014 年 9 月，联强国际贸易（中国）有限公司北京分公司（以下简称联强贸易北京分公司）、太极计算机股份有限公司（以下简称太极公司）分别向时代阳光公司出具确认函，确认时代阳光公司从其公司采购微软产品的事实。微软（中国）有限公司确认上述事实，确认通过上述方式采购的软件为正版软件，软件类型为批量授权软件。

案件审理过程中，时代阳光公司表示因为河南中博公司未提供最终用户的拆单信息，故尚未向河南中博公司电子交付软件授权，现郭某春、郭某满能够向河南中博公司提供正规出版光盘及授权码，但不可能提供微软公司出品的一张光盘附一个注册码形式的软件，该种软件为微软公司针对个人用户推出的产品；时代阳光公司提供光盘仅为方便安装之目的，省去从网站下载软件的流程；合同中所约定的 E - LICENCE 即微软批量许可的代名词。河南中博公司表示其采购时代阳光公司软件的目的是根据将来的订单进行销售，河南中博公司计划购买的软件形式为一张光盘附一个注册码的形式，合同中所约定的 E - LICENCE 为时代阳光公司格式合同，河南中博公司并不了解其含义。

2015 年 7 月 2 日，北京市工商行政管理局密云分局经核定准予时代阳光公司注销。时代阳光公司清算报告载明时代阳光公司债权、债务已清理完毕。时代阳光公司注销前其股东为郭某春、郭某满，清算组成员为郭某春、郭某满。

【案件焦点】

1. 公司注销后，原公司股东是否可以作为权利人向债务人主张债权；2. 时代阳光公司是否拥有对河南中博公司的未清偿债权。

【法院裁判要旨】

北京市朝阳区人民法院经审理认为：虽然公司注销后，其法人人格已经消灭，但公司的债权不因其主体的消灭而灭失。公司的原股东仍可以一般债权人的身份主张其权利。现时代阳光公司已经注销，郭某春、郭某满可以对清算中未处理的债权主张权利，故郭某春、郭某满有权就时代阳光公司可能存在的债权向河南中博公司主张权利。

关于时代阳光公司提供的产品是否符合合同约定的问题。首先，判断软件是否正版，应当以可联网进行确认的微软公司授权码（注册码）为准。本案中，时代阳光公司通过正规渠道购买了批量授权代码并出售给河南中博公司，并配套提供便于安装软件的光盘，该行为区别于单独销售刻录有微软公司软件安装信息的光盘。故时代阳光公司于本案中的销售行为并不违反相关法律法规。其次，《软件购销合同》中所约定的“E－LICENCE”“交货方式为电子邮件方式”“如需拆单”等均表明时代阳光公司所提供的软件为批量授权软件，非河南中博公司所称其希望采购的一个包装一个注册码形式的软件。故时代阳光公司向河南中博公司提供批量授权软件符合合同约定。时代阳光公司在合同履行过程中的行为不足以导致河南中博公司取得解除合同的权利，故河南中博公司向时代阳光公司发送的解除通知不发生合同解除的效力。

法人的民事权利能力和民事行为能力，从法人成立时产生，到法人终止时消灭。2015年7月2日，时代阳光公司被准予注销，其权利能力、民事行为能力自该日消灭。至时代阳光公司注销时，《软件购销合同》尚未履行完毕，该合同因时代阳光公司的终止而终止。合同终止后，对于尚未履行的部分终止履行，对于已经履行的部分，河南中博公司应当根据时代阳光公司的履行情况给付相应的价款。本案中，时代阳光公司在其注销前仅向河南中博公司交付了1664张光盘，而未交付能够使软件正常运行的授权码，该授权码乃软件运行的关键要素，故时代阳光公司并未履行实质上的交付软件义务，时代阳光公司不能就此获得对河南中博公司的债权。郭某春、郭某满以时代阳光公司注销前股东的身份要求河南中博公司支付货款及违约金的诉讼请求于法无据，法院不予支持。

北京市朝阳区人民法院依照《中华人民共和国民法通则》第三十六条第二款，《中华人民共和国合同法》第六十条之规定，作出如下判决：

驳回原告郭某春、郭某满的全部诉讼请求。

二审法院同意一审法院的裁判意见。

【法官后语】

公司注销作为公司解散、清算的后续步骤，是对公司主体法人资格消灭的确认。而公司由于其存续期间存在大量的债权债务关系，因此公司注销必然涉及公司原有债权债务关系的终结。目前法律并无专章对公司注销后的债权债务的处理进行规定。有学者主张公司注销后发现的遗漏债权应为无主或丧失请求权的财产，该主张主要基于民法通则及公司法的相关规定，公司依法注销登记核准后法人资格消灭，其一切权利义务不再存在。但该种认定在法律逻辑及裁判效果上均不理想。故本案中，合议庭并未采用上述观点。

本案中认定原时代阳光公司的股东有权代表时代阳光公司诉讼，系基于以下几点理由：

第一，公司注销后出现的遗漏债权债务如认定为无主或丧失请求权的财产，对实际存在的利益纠纷不予以解决，不符合法律利益分配的基本原则，也不符合市民社会公平正义、诚实信用之价值取向。

第二，域外主要立法例中均为公司注销后的债权债务留有解决空间，如以美国、英国为代表的公司注销登记一定期间后为消灭时间，便于依法进行民事诉讼，逐步清算和终止其业务、处理和转移其财产，解决其责任，但不得继续进行业务经营；以日本、法国为代表的清算结束为公司消灭时间。

第三，公司在注销前作为法人与股东独立并存，但由于公司成立的基础财产来源于股东的投资，因此公司在以其财产清偿债务解散注销之后剩余财产理应属于股东按处理比例共同所有，这符合“谁投入、谁受益”的经济学基础原理。

第四，地方法院法律适用可作为参考。《上海市高级人民法院关于公司被注销后其享有的财产权益应如何处理的若干问题的解答》对公司注销后的适格诉讼主体确定为公司原有股东，明确若股东发现公司对外的债权尚存时，可以提起诉讼，主张实现债权，且该解答明确在上海地区发生的公司注销后公司股东提起诉讼的案件，无须全体股东一并向公司债务人主张权利，也不强制追加所有股东作为共同当事人参与诉讼，而是任由股东自愿参与诉讼，因股东主张债权与股东分配利润属于不同的法律关系，完全可以由公司股东以自己的名义作为诉讼主体，依法行使债权请求权，无须全体股东共同对外主张权利。关于公司注销后，遗漏债权的处置问题。2007年北京市高院在《关于公司注销后，公司股东是否可向债务人主张原公司遗留债权的答复》中明确规定“在公司被登记注销、公司法人资格终止后，公司原股东可以对清算中未处理的债权主张权利”。根据该答复，北京市高院对公司注销后，遗漏债权处置问题的基本立场是——对未获清偿的债权，根据权利继受的原则，股东理所当然地被赋予了权利的主体地位。因此，当公司注销后，股东可以债权人的身份要求债务人履行其未向公司履行的债务，而不因公司的注销而丧失主张债权的权利。

综上，郭某春、郭某满作为原时代阳光公司的股东，有权作为原告代时代阳光公司主张权利。

法人的民事权利能力和民事行为能力，从法人成立时产生，到法人终止时消灭。合同一方法人的注销，必定导致合同的终止。对于原公司未履行完毕的义务，原股东无权替代履行，否则即为变更了合同或重新订立了另一份合同，与原合同权利义务无关。故郭某春、郭某满作为原时代阳光公司的股东，虽有权作为诉讼主体主张权利，但由于其主张的“债权”并不存在，故无法获得法院的支持。

编写人：北京市朝阳区人民法院　赵鑫

55

可否以默示意思表示来认定债权人同意债务转让

——冯某焕诉陈某秋等买卖合同案

【案件基本信息】

1. 裁判书字号

广西壮族自治区柳州市中级人民法院（2017）桂02民终2805号民事判决书

2. 案由：买卖合同纠纷

3. 当事人

原告（被上诉人）：冯某焕

被告（上诉人）：陈某秋

被告（被上诉人）：农某明、柳州市海通汽车运输有限公司（以下简称海通公司）

【基本案情】

2014 年 6 月 20 日，陈某秋、农某明向冯某焕购买桂 B3 ×××× 牌大货车及桂 B ×××× 挂车（该车辆挂靠在海通公司），价款共计 155000 元。陈某秋、农某明向冯某焕支付了 10 万元，尚欠 55000 元未付。

2015 年 1 月 8 日，陈某秋、农某明签订了一份《车辆转让协议》，约定农某明将其所占有的桂 B3 ×××× 大货车及桂 B ×××× 挂车的份额全部转让给陈某秋，并在转让后继续将车辆挂靠在海通公司。同日，陈某秋向冯某焕出具了一份《欠条》，承认尚欠冯某焕 55000 元购车款未付清。但之后，陈某秋并未向冯某焕支付余下购车款。

冯某焕诉至法院，要求陈某秋支付购车款 55000 元，要求海通公司承担连带清偿责任。

【案件焦点】

债权人未对债务的转让提出异议，可否凭其接收承受全部债务的债务人出具《欠条》的行为认定该债权人同意该笔债务转让。

【法院裁判要旨】

广西壮族自治区柳州市柳北区人民法院经审理认为：民事活动中的当事人应遵循诚实信用、等价有偿原则。本案冯某焕与陈某秋、农某明之间的车辆买卖合同关系合法有效，且已实际履行，应受法律保护。冯某焕已依约向陈某秋、农某明交付了涉案车辆，无过错行为；但陈某秋、农某明尚欠冯某焕购车款 55000 元未支付。后陈某秋、农某明约定由陈某秋个人承担尚欠冯某焕的购车款 55000 元，冯某焕对此不持异议，且冯某焕已接收了陈某秋作为欠款人向其出具的《欠条》，故应由陈某秋个人承担向冯某焕给付剩余购车款的义务。但之后陈某秋并未按约给付冯某焕剩余购车款，且长期无理拖欠，其行为属违约行为，现应承担清偿购车款的民事责任。故冯某焕要求陈某秋清偿购车款的诉讼请求，应予支持。陈某秋关于“这笔款项的偿还是有条件的，即冯某焕必须向陈某秋、农某明提供运输货源，当时双方约定由冯某焕向陈某秋和农某明提供货源，陈某秋和农某明从货源的运输收入来偿还所欠的购车尾款。由于冯某焕违反了双方的约定，冯某焕至今没向陈某秋、农某明提供过任何的货源，所以陈某秋不应当向冯某焕偿还购车尾款55000元”的辩称，缺乏证据支持，没有事实及法律依据，该院不予采信。

冯某焕与海通公司并未签订过任何协议，其与海通公司并无合同上的权利义务关系。海通公司仅是涉案车辆的挂靠单位，故冯某焕要求海通公司在本案中承担民事责任的诉请没有事实及法律依据，应不予支持。

广西壮族自治区柳州市柳北区人民法院依照《中华人民共和国合同法》第一百零七条、第一百五十九条、第一百六十一条，《最高人民法院关于民事诉讼证据的若干规定》第二条，《中华人民共和国民事诉讼法》第六十四条第一款之规定，作出如下判决：

一、陈某秋于本判决生效之日起十日内偿付冯某焕购车款55000元；

二、驳回冯某焕对海通公司的诉讼请求。

陈某秋以其不应承担购车欠款及应从欠款中扣除违章罚款为由提起上诉。广西壮族自治区柳州市中级人民法院经审理认为：农某明已将本案债务转让给陈某秋，冯某焕对于该债务的转让亦未提出异议，本案债务应由陈某秋承担；陈某秋认为付款条件尚未成就并不能成立；至于陈某秋提出要求冯某焕支付处理交通违章费用的主张，因陈某秋未在一审提起反诉，且该争议与本案审理的支付剩余购车款的争议事项属于不同的法律关系，故不在本案审理范围，陈某秋可以另行处理。

广西壮族自治区柳州市中级人民法院依照《中华人民共和国民事诉讼法》第一百七十条第一款第一项之规定，判决如下：

驳回上诉，维持原判。

【法官后语】

《合同法》第八十四条规定：“债务人将合同的义务全部或者部分转移给第三人的，应当经债权人同意。”本案的情况较为特殊，陈某秋并非系第三人，而系原债务人之一，农某明将其本人债务转移给另一债务人冯某焕。笔者认为，虽然我国合同法并未对债务人为两人或两人以上时，其中一名或其他债务人将其债务转移给其中一名债务人，仅由一名债务人承担全部债务的情形作出法律规定。但参照适用

《合同法》第八十四条的规定，该债务转让也应当经债权人同意。

那么，如何认定债权人已同意债务转让呢？本案中，债权人冯某焕并未在陈某秋出具的《欠条》上签字表示同意债务转让，也并未出具书面文件同意债务转让，即冯某焕没有通过语言或文字形式明确表达已同意债务转让的意思，可否认定冯某焕已同意该笔债务转让？在本案纠纷发生时及二审审结时，《民法总则》并未颁布，参照《最高人民法院关于贯彻执行〈中华人民共和国民法通则〉若干问题的意见（试行）》（部分失效）第六十六条规定："一方当事人向对方当事人提出民事权利的要求，对方未用语言或者文字明确表示意见，但其行为表明已接受的，可以认定为默示。不作为的默示只有在法律有规定或者当事人双方有约定的情况下，才可以视为意思表示。"本案中，陈某秋、农某明于签订《车辆转让协议》的同日已将农某明将其所占有的车辆的份额全部转让给陈某秋的事实及陈某秋、农某明约定将其共同所欠冯某焕的购车尾款55000元由陈某秋个人偿还的事实告知了冯某焕，冯某焕未提出异议，且于同日接收了陈某秋向其出具的载明有"陈某秋尚欠冯某焕55000元购车款"的《欠条》。即冯某焕接收《欠条》的行为表明其已同意陈某秋向其作出的由陈某秋个人偿还陈某秋及农某明共同所欠债务的意思表示，故可以认定冯某焕已同意该笔债务转让。且冯某焕虽然将农某明列为共同被告，但并未诉请其承担还款责任，也从侧面验证了法院认定冯某焕已同意该笔债务转让的事实正确。

明示是指通过语言或文字形式明确表达意思的行为。默示是指可通过行为推知意思的表示方式。默示的意思表示是指通过特定行为间接推知行为人的意思表示。我国于2017年10月1日起施行的《中华人民共和国民法总则》第一百四十条第一款规定的"行为人可以明示或者默示作出意思表示"也认可了默示和明示一般具有同样的表示价值，默示意思表示和明示意思表示一般具有相同的法律效果。

编写人：广西壮族自治区柳州市柳北区人民法院　黎鹂

56

涉嫌盗抢、诈骗的二手车买卖合同中买方享有法定解除权

——常某伟诉北京子文政旧机动车经纪有限公司、北京市旧机动车交易市场有限公司买卖合同案

【案件基本信息】

1. 裁判书字号

北京市第二中级人民法院（2017）京02民终9757号民事判决书

2. 案由：买卖合同纠纷

3. 当事人

原告（被上诉人）：常某伟

被告（上诉人）：北京子文政旧机动车经纪有限公司（以下简称子文政公司）

被告（被上诉人）：北京市旧机动车交易市场有限公司（以下简称旧机动车交易市场）

【基本案情】

2016年8月30日，常某伟与子文政公司签订协议书一份，约定常某伟依现状购买子文政公司二手奥迪车一辆，价格28.2万元。同日，常某伟向子文政公司支付28.2万元购车款，子文政公司向常某伟交付了诉争车辆。双方在旧机动车交易市场办理了车辆过户手续，诉争车辆由续某名下过户到于某顺名下。

2016年10月9日，常某伟驾驶汽车在朝阳区定福庄西街路口停车后，四名男子强行上车将其驾驶车辆抢走。经大兴分局红星派出所调查，诉争车辆系常某伟于2016年8月26日在丰台区花乡二手车市场购买，该车真实车主为杨某平，2016年7月其通过河南省新乡县德邦汽车贸易公司向外出租，租期到期后该车一直无法找到，杨某平证实2016年10月9日其在朝阳区定福庄西街路口发现该车，并辨认出该车就是其出租的车辆，与当时驾驶人常某伟协商未果后将车开走，故该所排除常

某伟所报被抢奥迪车一事所反映的违法事实，对常某伟被抢劫汽车案不予立案。同日，河南省新乡县朗公庙镇朗北街村的王某胜向新乡县公安局报案称：2016 年 7 月 11 日，原阳县靳堂乡庄寨村的张某韩来其位于新乡县的河南德邦汽车贸易有限公司，租走一辆黑色奥迪汽车，约定租期一个月，到期后公司联系不上对方，今年 10 月初，该公司根据车辆安装的 GPS 卫星定位系统在北京市朝阳区将该车收回，但该车的车架号及发动机号已经被更改，经查询，该车车主登记为于某顺。张某韩涉嫌诈骗，被骗汽车价值 30 万元左右。2016 年 10 月 11 日，新乡县公安局对王某胜被诈骗一案立案侦查。

2016 年 10 月 23 日，大兴分局刑侦支队侦查员到河南省新乡市新乡县通过当地公安机关找到该车，并与杨某平一起到河南新乡“新乡东新奥迪汽车有限责任公司”对该车进行鉴定。经该 4S 店工作人员读取该车车载电脑内原始车架号及在该车后备箱备胎处发现的汽车配置表显示，该车架号确实被更改。

【案件焦点】

1. 涉案车辆应否认定为盗抢、诈骗车辆；2. 子文政公司与旧机动车交易市场在交易过程中是否尽到了审慎审查的义务；3. 合同应否解除。

【法院裁判要旨】

北京市丰台区人民法院经审理认为：原告常某伟向被告子文政公司购买涉案车辆，子文政公司应当保证涉案车辆合法且权利上不存在瑕疵，但经公安机关认定，涉争车辆与案外人杨某平于河南省新乡县丢失的车辆为同一车辆，现该车辆已由杨某平取回，导致常某伟无法继续使用车辆，购买并使用车辆的合同目的无法实现，故支持双方解除购车协议。

合同解除后，已经履行的，根据履行情况和合同性质，当事人有权要求赔偿损失。考虑到原告常某伟购买车辆后使用时间较短，故应支持原告返还购车款的诉讼请求。常某伟主张的保险损失及收入损失，于法无据，不予支持。因该车辆在办理过户时，原车主杨某平当时并未报警，且该车辆办理过户时所提交的手续均为真实有效，因此旧机动车交易市场在为诉争车辆办理过户过程中不存在过错，对此不应承担连带责任。

北京市丰台区人民法院依据《中华人民共和国合同法》第九十四条、第九十七条之规定，作出如下判决：

一、解除原告常某伟与被告北京子文政旧机动车经纪有限公司于2016年8月30日签订的协议书；

二、被告北京子文政旧机动车经纪有限公司于本判决生效后十日内返还原告常某伟购车款282000元；

三、驳回原告的其他诉讼请求。

子文政公司不服一审判决，提出上诉。北京市第二中级人民法院经审理认为：本案买卖协议是双方的真实意思表示，且不违反法律、行政法规的强制性规定，应属合法有效，双方均应恪守履行。依据《中华人民共和国合同法》第一百五十条的规定，出卖人就交付的标的物，负有保证第三人不得向买受人主张任何权利的义务，但法律另有规定的除外。子文政公司应当保证涉案车辆权利上不存在瑕疵，但经公安机关认定，该车辆系案外人杨某平丢失之车，现其已将车辆取回，致使常某伟无法继续使用该车辆，常某伟购买并使用车辆的合同目的无法实现，属于《中华人民共和国合同法》第九十四条第四项当事人可以解除合同的情形。另，因常某伟购车与车辆被取回之间时间相隔较短，且常某伟不具有过错，故其要求返还购车款的请求应予支持。

北京市第二中级人民法院依照《中华人民共和国民事诉讼法》第一百七十条第一款第一项之规定，判决如下：

驳回上诉，维持原判。

【法官后语】

物权是指权利人依法对特定的物享有直接支配和排他的权利。物权人对物享有支配权和绝对权，物权具有追及效力，物权的标的物无论辗转落入何人之手，除法律另有规定外，物权人均可追及至物的所在行使物权的法律效力。物权人直接向侵害人提出物上请求权是一种自我保护措施，是物上请求权实现的有效途径。在情况紧急、来不及请求公力救济的情况下，在法律允许的范围内，物权人直接采取一定的自我保护措施，有利于避免或减轻自己财产遭受的损害。本案中，经公安机关认定，涉案车辆与案外人杨某平于河南新乡县丢失的车辆为同一车辆，其作为原车辆所有人，在发现车辆后，在与常某伟协商未果的情况下，带人强行将车辆开走的行为应认定为行使物上请求权、自力救济的行为，是物权追及效力的体现，并非盗抢行为，因此派出所并未立案。

本案车辆涉及两起报案，虽然常某伟购车后车辆被抢一事并未认定为盗抢行为，但在原车主杨某平对外出租过程中，张某韩从河南德邦汽车贸易有限公司租车后到期失联，之后车辆才经过多手流通辗转被常某伟购买，现河南新乡派出所已经就王某胜被诈骗一案立案侦查，可推知本案交易车辆应为涉嫌诈骗车辆。但因为派出所尚未出具认定结论，故本案中不宜直接加以认定。

《二手车流通管理办法》第十二条第一款规定："二手车卖方应当拥有车辆的所有权或者处置权。二手车交易市场经营者和二手车经营主体应当确认卖方的身份证明，车辆的号牌、《机动车登记证书》、《机动车行驶证》，有效的机动车安全技术检验合格标志、车辆保险单、交纳税费凭证等。"《二手车交易规范》第五条规定："二手车交易市场经营者和二手车经营主体应按下列项目确认卖方的身份及车辆的合法性：（一）卖方身份证明或者机构代码证书原件合法有效；（二）车辆号牌、机动车登记证书、机动车行驶证、机动车安全技术检验合格标志真实、合法、有效；（三）交易车辆不属于《二手车流通管理办法》第二十条规定禁止交易的车辆。"本案中旧机动车交易市场提供了车辆注册登记信息、二手车销售统一发票、二手车买卖双方身份证明、北京市小客车更新指标确认书、车辆检验记录表，上述证据显示续某与于某顺的身份证及续某的行驶证复印在同一张纸上，且涉案车辆首任车主和第二任车主均是通过购买这一合法途径获得车辆。此外，旧机动车交易市场答辩称其在查验车辆时已经对车架号进行拓印，拓印时未发现车架号存在伪造等异常情况，且其单位除了从盗抢网查询涉案车辆是否涉嫌违法之外无其他途径防范，涉案车辆当时并不在盗抢网登记备案之列。考虑到车辆在办理过户时原车主杨某平并未报警，且该车辆办理过户时提交的手续均真实、全面、有效，因此应认定旧机动车交易市场在为诉争车辆办理交易过户过程中尽到了审慎审查的义务，并无过错。

子文政公司在本次诉讼中并未提交证据，但其陈述涉案车辆是其从姚家园二手车经纪公司购买，并有完整购车协议，一审法院针对其所述向大兴看守所档案室进行了调查取证，经取证，子文政公司所述属实，且通过二手车交易市场提供证据显示，应认定子文政公司在交易过程中也已经尽到审慎审查义务。

《合同法》第一百五十条规定："出卖人就交付的标的物，负有保证第三人不得向买受人主张任何权利的义务，但法律另有规定的除外。”本案中，虽然子文政公司在购车过程中尽到了审慎审查义务，但其作为卖方应当保证涉案车辆权利上不存在瑕疵，现经公安机关认定，涉案车辆是案外人杨某平丢失的车辆，其已将涉案车辆取回，致使常某伟无法继续使用该车辆，常某伟购买并使用车辆的合同目的无法实现，属于《合同法》第九十四条第四项当事人可以解除合同的情形，故合同应予解除，常某伟享有法定解除权。

近年来，小汽车的使用日趋普及，很多用户在购买小汽车的时候，出于经济原因和性价比的考虑，更倾向于选择二手车，但二手车的来源、车况及市场的复杂程度都远大于新车。因此，在交易过程中各种纠纷层出不穷。本案中，买卖双方及旧机动车交易市场在主观上均不具有过错，纠纷之所以产生，根本原因就在于“完整的二手车交易购销、买卖、拍卖、经纪以及鉴定评估档案”的缺失。《二手车流通管理办法》第二十四条虽然对此进行了规定，但相关完整档案的建立尚需要相关政府部门、二手车购买者、二手车交易市场经营者及二手车经营主体的共同努力。

编写人：北京市丰台区人民法院　柳艾青

57

债的加入与转让的区别及认定

——福建圣力智能工业科技股份有限公司诉河南中成机电集团有限公司、中国机械工业建设集团有限公司买卖合同案

【案件基本信息】

1. 裁判书字号

北京市第二中级人民法院（2017）京02民终11928号民事判决书

2. 案由：买卖合同纠纷

3. 当事人

原告（被上诉人）：福建圣力智能工业科技股份有限公司（以下简称圣力公司）

被告（上诉人）：河南中成机电集团有限公司（以下简称中成公司）、中国机械工业建设集团有限公司（以下简称机械工业公司）

【基本案情】

2012 年 8 月 24 日，圣力公司与中成公司签订了一份关于越南高平 22 万吨炼钢生产线的《连铸机购销合同书》（以下简称《购销合同》），合同约定：圣力公司为中成公司设计制造连铸机一台，合同总价款为 615 万元，付款方式为分阶段分期给付。2013 年 6 月 25 日，由圣力公司与中成公司、机械工业公司签订了《设备供货补充协议》（以下简称《补充协议》），约定由中成公司、机械工业公司对货款的给付承担责任。合同签订后，圣力公司依约履行交货义务，并在 2015 年 12 月 12 日将设备全部安装调试完毕。而中成公司、机械工业公司均未按照合同的约定履行完全付款义务，还有安装调试余款 30 万元未给付。另有 31 万元属于设备质保金，截至 2016 年 12 月 13 日，质保金的给付条件业已成就。经过圣力公司多次催收未果后，圣力公司诉至法院，请求法院判令中成公司、机械工业公司立即向圣力公司支付货款 61 万元，并支付逾期付款违约金（1. 自 2015 年 12 月 28 日起按照所欠货款 30 万元作为基数，按每日万分之四标准计算到实际还款之日止；2. 自 2016 年 12 月 28 日起至实际付款之日止以 31 万元为基数，按每日万分之四标准计算）。

【案件焦点】

合同主体变更的认定，补充协议是机械工业公司加入而替代中成公司的当事人地位，还是加入的债务承担。

【法院裁判要旨】

北京市西城区人民法院经审理认为：从《补充协议》条款中“合同中中成公司的权利、义务由机械工业公司执行”的文义表述并未清晰地表明三方具有变更《购销合同》当事人的意思表示，即未明确中成公司不再就《购销合同》享有权利、承担义务，而由机械工业公司受让其全部的债权、债务。但根据机械工业公司对《补充协议》签订过程的陈述，以及上述条款中关于中成公司和机械工业公司关于如何结算款项的内容可以明确，机械工业公司具有向圣力公司清偿

《购销合同》价款的意思表示，且正是基于机械工业公司的此种承诺，圣力公司才继续履行了《购销合同》。此外，中成公司在《补充协议》签订后依旧在《连铸机安装、调试确认单》上验收意见处签章，以及要求并接收圣力公司给其开具增值税发票的行为均可以证明，其依然在作为《购销合同》的买受人实际参与合同的履行。因此，《补充协议》法律效果为加入的债务承担，即机械工业公司加入中成公司与圣力公司的合同关系中，与中成公司共同承担向圣力公司偿付款项的义务。

北京市西城区人民法院依照《中华人民共和国合同》第一百零七条、第一百零九条之规定，作出如下判决：

一、被告中成公司、被告机械工业公司在本判决生效后十日内向原告福建圣力智能工业科技股份有限公司支付货款61万元及违约金（自2015年12月28日起以30万元为基数，按照中国人民银行同期贷款基准利率上浮50%计算至2016年12月27日止，自2016年12月28日起以61万元为基数，按照中国人民银行同期贷款基准利率上浮50%计算至实际付清之日止，违约金总金额不超过307500元）；

二、驳回原告圣力公司的其他诉讼请求。

机械工业公司不服一审判决，提出上诉。北京市第二中级人民法院经审理认为：各方对尚欠圣力公司涉案《购销合同》项下货款61万元没有异议。又据《补充协议》约定，圣力公司与中成公司签订的《购销合同》项下中成公司的权利义务由机械工业公司执行。上述约定表明，中成公司在《购销合同》项下的付款义务、违约责任承担等由机械工业公司执行，即机械工业公司对中成公司欠付圣力公司的《购销合同》项下货款负有偿付责任，并应承担逾期付款违约责任。因此，一审法院判决机械工业公司向圣力公司支付尚欠货款61万元及相应违约金，符合双方约定，亦不违反法律规定，本院予以维持。机械工业公司上诉主张根据《补充协议》的约定，其只是受中成公司委托代为付款，但其此项主张与《补充协议》约定的内容不符，故本院不予支持。机械工业公司上诉主张《补充协议》并未实际履行，但其对此未能提交充分有效的证据加以证明。

北京市第二中级人民法院依照《中华人民共和国民事诉讼法》第一百七十条第一款第一项之规定，作出如下判决：

驳回上诉，维持原判。

【法官后语】

当事人对合同文本的解释产生争议，此时除应当进行文义解释外，尚需进行体系解释、目的解释，这一解释不仅要联系合同文本的前后语境，而且要基于合同订立的背景，以及各方当事人在履行过程中的具体行为。就案涉争议焦点，裁判把握了两点：1. 机械工业公司加入合同使圣力公司基于信任其履行能力而同意继续履行的的供货义务；2. 中成公司在补充协议订立后依旧在行使合同权利、履行合同义务，就此定性为债的加入。判决中成公司、机械工业公司共同偿还原告所欠款项。

由于中文词汇的多义性，以及合同当事人存有促成交易、灵活履行的目的，在合同文本中约定未为明确，此时产生的争议往往成为法院审理的难点，而司法裁判对合同的解释不能局限于语言文字的表面意思，而应探求当事人的真实目的，联系合同语境和履行的整体动态过程，并基于合同法公平原则这一基本原则，来解释合同。该裁判文书较好地体现了在平衡当事人利益的过程中适用公平这一基本原则，灵活运用合同解释的方法，充分发挥司法裁判的能动性，解决纠纷。

编写人：北京市西城区人民法院　张璐

58

违约方应对合同解除承担全部责任

——翟某诉北京水之归处生物科技有限公司、张某买卖合同案

【案件基本信息】

1. 裁判书字号

北京市朝阳区人民法院（2017）京0105民初21201号民事判决书

2. 案由：买卖合同纠纷

3. 当事人

原告：翟某

被告：北京水之归处生物科技有限公司（以下简称水之归处公司）、张某

【基本案情】

2016 年 9 月 11 日，翟某作为乙方与甲方水之归处公司签订《HELLO TOMORROW 产品合作协议书》，约定：乙方一次性购买 5 万元 HELLO TOMORROW 甲油膜及相关产品，甲方授权乙方为山东省潍坊市区域内唯一金牌合伙人；乙方向甲方支付 1 万元保证金，授权期满 7 个工作日内甲方无息退还全额保证金。当日，翟某向水之归处公司法定代表人张某转账 6 万元（业务回单注明为潍坊金牌）。次日，再次转账 6800 元（业务回单注明大货柜）。随后，水之归处公司向翟某发送产品共 415 盒，其中包括进货价格为 35.5 元产品 105 盒，进货价格为 40.05 元产品 310 盒。水之归处公司在向翟某发送货柜时赠送了 115 盒共 6805 元赠品。

原告翟某认为，甲方提供的 HELLO TOMORROW 甲油膜产品为三无产品，无法实现合同目的。因水之归处公司为个人独资企业，张某系该公司唯一股东，要求判令解除与水之归处公司签订的合作协议书，要求水之归处公司、张某共同返还货款 33857 元、返还退货货款 15827.15 元（已经销售进货价格为 40.05 元产品 1 盒、进货价格为 40.05 元产品 7 盒，尚余 407 盒，价款合计 15827.15 元）、返还展柜费 6800 元、返还质保金 1 万元、支付违约金 1 万元，诉讼费由水之归处公司、张某承担。

被告水之归处公司认为，所售甲油膜产品符合产品质量法相关规定，并非三无产品。翟某支付 6800 元购买货柜，可以赠送等值 6800 元的产品，已经向翟某发货 115 套共 6805 元。同时，合同系在翟某与水之归处公司之间签订，张某的个人财产独立于公司财产，也不应当追究个人的连带责任，请求驳回翟某的诉讼请求。

【案件焦点】

1. 合同能否解除问题；2. 股东是否应当承担公司债务财产。

【法院裁判要旨】

北京市朝阳区人民法院经审理认为：根据《中华人民共和国产品质量法》之规定，产品包装标识必须符合下列要求：1. 有产品质量检验合格证明；2. 有中文标明的产品名称、生产厂厂名和厂址；3. 根据产品的特点和使用要求，需要标明产品规格、等级、所含主要成分的名称和含量的，用中文相应予以标明等。

本案中，原告翟某按照法庭要求提交的甲油膜产品并未加贴正式标签，缺少必要的记载信息，属于不合格产品，造成无法实现合同目的，被告方行为已构成违约。因此，原告要求解除《产品合作协议书》，返还未发货货款33857元、剩余产品价款15827.15元、保证金1万元的诉讼请求，予以支持。被告水之归处公司向原告翟某交付的展示柜系合同附随标的物，合同解除后货款应予退还，原告翟某应将展示柜及赠品予以返还。

根据《中华人民共和国公司法》的规定，一人有限责任公司的股东不能证明公司财产独立于股东自己的财产的，应当对公司债务承担连带责任。水之归处公司为一人有限责任公司，股东张某未能提供证据证明公司财产独立于股东自己的财产，故应对上述债务承担连带责任。

依照《中华人民共和国合同法》第六十条第一款，《中华人民共和国产品质量法》第二十七条，《中华人民共和国公司法》第六十三条之规定，作出如下判决：

一、解除《HELLO TOMORROW产品合作协议书》；

二、被告水之归处公司返还未发货货款33857元、剩余产品价款15827.15元、保证金1万元，原告翟某返还HELLO TOMORROW甲油膜407盒（包括进价35.5元产品104盒，进价40.05元产品303盒），如未能返还，则按相应金额予以折价；

三、被告水之归处公司返还展示柜货款6800元，原告翟某返还甲油膜展示柜一台、甲油膜赠品115盒，如未能返还，则按相应金额予以折价；

四、被告张某对被告水之归处公司债务承担连带清偿责任。

【法官后语】

本案涉及多个法律法规的适用问题，在市场交易、买卖合同等同类案件审理中极具代表性。

合同能否解除问题是本案争议的焦点。合同协议能否解除，是本案裁判的前提。《合同法》第九十四条第四项规定：当事人一方迟延履行债务或者有其他违约行为致使不能实现合同目的，可以解除合同。本案的关注点有二：第一，合同双方有无违约行为。涉及甲油膜产品的质量认定问题，双方各执己见，提供的证据也不一。原告提交的产品外包装仅加贴防伪标签、品名标签，品名标签仅注明产品名称与全国统一零售价，这是不正规的品名标签，形成了事实上的重大违约，对此《产品质量法》第二十六条、第二十七条的条款规定也是非常明确的，由此认定被告方存在违约行为。第二，违约行为与不能实现合同目的之间的关联性。要厘清案情其中的因果关系，不正规的产品标签，导致的是无法保证产品质量，导致消费者不敢使用，从而导致所售产品大量积压、不能正常售出，不能实现合同之目的。显然，不能履行合同是因产品质量不合格所引起，二者之间形成了正向的因果关系。对此，可以认定被告方的行为是不守信、带有合同欺诈的行为，因而认定对原告造成了侵权行为。因产品质量不合格而导致不能履行合同、解除合同的这类案件在当前买卖交易的司法实践中具有一定的普适性。因此，根据《合同法》第六十条、第九十四条第四项的相关规定，原告解除合同协议的诉请，得到了法院的支持。

股东与公司债务财产混同是争议的另一焦点。张某作为注册1000万元的水之归处公司的唯一股东，实际出资为0，因其不履行股东义务，导致该公司实际上是一个空壳公司。作为公司的唯一股东，张某不能证明公司财产、股东财产是分开的，说明二者是混同的，是以公司的名义进行个人经营的。《公司法》第六十三条规定："一人有限责任公司的股东不能证明公司财产独立于股东自己的财产的，应当对公司债务承担连带责任。"因此，判定张某承担连带责任是合理合法的。

当前，这类合同纠纷案在基层司法实践中屡见不鲜，通常裁判结果是双方分别承担因过错应当承担的相应责任，目的是不让失信人获取法外利益。民事行为以遵守法律法规、合同协议为前提，任何一方的不守信、违反约定甚至欺诈行为，都将受到法律制裁。法官依法作出解除合同协议、由被告承担违约责任的判决，既维护了原告的合法权益，又给违约者以严厉警示，有利于培养当事人的法治意识和诚信观念，更彰显了法院在制裁违约、打击欺诈行为、维护诚信方面的重要作用。

编写人：北京市朝阳区人民法院　李增辉　黄泽群

六、买卖合同的违约责任

59

产品标签对消费者构成误导销售者应承担退款责任

——宋某丽诉北京京客隆首超商业有限公司买卖合同案

【案件基本信息】

1. 裁判书字号

北京市第二中级人民法院（2017）京02民终9029号民事判决书

2. 案由：买卖合同纠纷

3. 当事人

原告（上诉人）：宋某丽

被告（被上诉人）：北京京客隆首超商业有限公司（以下简称京客隆公司）

【基本案情】

宋某丽于2017年1月14日从京客隆公司经营的京客隆西红门店购买了汇福5L大豆花生芝麻调和油100瓶，每瓶单价46.9元，价款合计4690元。

该批调和油包装正面记载："汇福大豆花生芝麻调和油"，并配有花生和芝麻的图案，包装侧面记载："三河汇福粮油集团精炼植物油有限公司；食品生产许可证编号：QS130002011234；食品名称：大豆花生芝麻调和油；配料：大豆油、花生油、小磨香油、食品添加剂：抗氧化剂（TBHQ）；加工工艺：大豆油：浸出；花生油：压榨；小磨香油：水代法；产品标准：SB/T10292；质量等级：调和油。"京客隆公司称三种油的具体含量为：芝麻油1.5%，花生油8%，其余为大豆油，芝麻油即小磨香油。另，国家粮油质量监督检验中心出具的《检验报告》记载：委托单位：三河汇福粮油集团精炼植物油有限公司；样品名称：大豆花生芝麻调和油；检验依据：SB/T10292－1998、GB/T21512－2008、GB2761－2011、GB2762－2012；检验项目：色泽、气味、滋味、水分及挥发物等；检验结论：此样品所检验项目符合SB/T10292－1998、GB2760－2014、GB2761－2011和GB2762－2012标准的规定。

宋某丽认为汇福5L大豆花生芝麻调和油标签正面显著位置标注有“花生和黑芝麻图案”并配有“大豆花生芝麻、汇聚植物精华”等宣传文字，在产品配料表中强调有：大豆油、花生油、小磨香油等。在标识的正、反面特别强调添加了营养价值含量高的多种物质但却没有所添加的营养物质含量，京客隆公司明知涉案商品不符合食品安全标准而销售，为维护消费者合法权益，宋某丽起诉至法院，请求法院判令京客隆公司返还宋某丽货款4690元，宋某丽将货物退还给京客隆公司，京客隆公司支付宋某丽十倍赔偿金46900元。

【案件焦点】

1. 涉案产品的产品标签是否构成《预包装食品标签通则》中所界定的“特别强调”，是否会对消费者构成误导；2. 京客隆公司销售涉案产品的行为是否应适用惩罚性赔偿。

【法院裁判要旨】

北京市大兴区人民法院经审理认为：宋某丽称涉案食用调和油特别强调添加了花生油、芝麻油两种有价值的配料，但根据庭审查明的标签情况，涉案调和油的包装上并没有特别强调添加了这两种油，配料表中也是按照三种油的含量降序排列，不存在误导，且宋某丽也并未提交充分证据证明这两种油属于市场价格或营养成分高于其他配料油的有特性、有价值的配料。故宋某丽主张涉案食用调和油不符合食品安全标准，并据此要求退货、退款、十倍赔偿，依据不足。

北京市大兴区人民法院依照《中华人民共和国食品安全法》第一百四十八条、《中华人民共和国民事诉讼法》第六十四条第一款、《最高人民法院关于民事诉讼证据的若干规定》第二条之规定，作出如下判决：

驳回宋某丽的全部诉讼请求。

宋某丽不服一审判决，提出上诉。北京市第二中级人民法院经审理认为：涉案产品包装正面记载："汇福大豆花生芝麻调和油"，在文字下方，以较为显著的方式配有花生和芝麻的图案，其中并无大豆的图案，明显为突出该商品添加了花生油和芝麻油，实际上也足以引起消费者对该成分的重视。而花生油、芝麻油的市场价值均高于大豆油，相对于大豆油，花生油、芝麻油是相对特殊的配料，因而是"有价值、有特性"的成分。京客隆公司认可涉案产品三种油的具体含量为：芝麻油1.5%，花生油8%，大豆油90.5%，三种油所占比例与商品标签给予消费者的直观感受明显不符。故涉案产品标签的标识方式构成《预包装食品标签管理通则》中所界定的"特别强调"，并对消费者构成误导。综上，涉案产品应当按照GB7718—2011第4.1.4.1规定标示花生油、芝麻油在成品中的含量。因涉案产品未标示，违反了食品安全标准，不属于食品标签瑕疵。故宋某丽要求退货、退款的诉讼请求，于法有据。

另，对经营者适用惩罚性赔偿的要件为同时满足"客观上销售不符合食品安全标准的食品"和主观上"明知是不符合食品安全标准的食品而销售"。本案中，京客隆公司提供了2016年度关于"汇福大豆花生芝麻调和油"的检测报告，以证明涉案产品在油品质量及产品标签两个方面均符合要求。说明京客隆公司在销售涉案产品前，已尽到了销售者的验货义务。

食品安全国家标准《预包装食品标签通则》第4.1.4.1条规定是对特别强调的有价值、有特性的某成分的含量标注要求，是抽象的普遍适用的条款。花生油、芝麻油是否属于特别强调的有价值、有特性的成分，没有明确规定。在此情况下要求销售者判断花生油、芝麻油是否属于特别强调的有价值、有特性的成分，是否应当标明含量，对销售者过于严苛。因此，本案不能认定销售者有"明知产品违反国家食品安全标准而销售"的主观故意。综上，本案不应对京客隆公司适用惩罚性赔偿。

北京市第二中级人民法院依照《中华人民共和国民事诉讼法》第一百七十条第一款第二项之规定，作出如下判决：

一、撤销一审判决；二、宋某丽于本判决生效后十日内将其所购买的100桶汇福5L大豆花生芝麻调和油退还京客隆公司；三、京客隆公司于本判决生效后十日内退还宋某丽货款4690元；四、驳回宋某丽的其他诉讼请求。

【法官后语】

《预包装食品标签通则》第4.1.4.1条的规定是对食品标签中“特别强调”的“有价值、有特性”的某种配料或成分的含量标注要求，是抽象的普遍适用的条款。但《食品安全法》《预包装食品标签通则》等法律法规和食品安全国家标准以及国家食品药品监督管理机关并未对“特别强调”“有价值、有特性”的判断标准和判断方法作出明确具体的规定，实务中，我们通常掌握的“特别强调”是指在配料表以外以字、图形等方式突出或暗示添加了某种配料或成分，从而引起消费者对该产品、配料或成分的重视，“有价值、有特性”是指某种配料或成分具有不同于该食品一般配料或成分的属性，是相对特殊的配料，往往市场价格或营养成分高于其他配料。

《食品安全法》第一百四十八条规定，生产不符合食品安全标准的食品或者经营明知是不符合食品安全标准的食品，消费者除要求赔偿损失外，还可以向生产者或者经营者要求支付价款十倍或者损失三倍的赔偿金；增加赔偿的金额不足一千元的，为一千元。但是，食品的标签、说明书存在不影响食品安全且不会对消费者造成误导的瑕疵的除外。根据这一规定，食品经营者支付惩罚性赔偿的构成条件为涉案食品客观上不符合食品安全标准，且食品经营者主观上“明知”涉案食品是不符合食品安全标准的食品而进行销售。实务中，重点判断食品经营者是否“明知”，这就需要审查食品经营者在进货时是否就食品的安全履行了审慎查验义务，如检查生产许可证、产品合格证明、检测报告、如实记录食品的名称、规格、数量、批次等内容，并保存相关凭证。如果食品经营者能够提供上述凭证，应当视为其已尽到了审慎查验义务，此时不能苛求食品经营者对《预包装食品标签通则》第4.1.4.1条中“特别强调”和“有价值、有特性”作出准确判断，因为该规定较为抽象，法官尚且需要综合各类证据通过自由心正加以认定，更何况普通的食品经营者。当然，如果通过法律法规、食品安全国家标准或国家食品药品监督管理机关出台的具体规定，食品经营者可以识别的，应视为其“明知”。

编写人：北京市第二中级人民法院 李雪

60

迟延支付购房款不必然导致买方根本违约

——庄某花、徐某诉钟某青、倪某发房屋买卖合同案

【案件基本信息】

1. 裁判书字号

江苏省南京市中级人民法院（2017）苏 01 民终 3712 号民事判决书

2. 案由：房屋买卖合同纠纷

3. 当事人

原告（上诉人）：庄某花、徐某

被告（被上诉人）：钟某青、倪某发

【基本案情】

2016 年 8 月 13 日，徐某、庄某花（甲方）与倪某发（乙方）及南京优房房产经纪有限公司（丙方）签订《房地产买卖中介合同》一份，约定：甲方将南京市六合区雄州街道百合园 13 幢 2 单元 502 室房屋转让给乙方，转让总价为 900000 元，乙方按照南京市存量房买卖合同中约定的房款支付方式及期限，支付定金和房款。甲、乙双方于 2016 年 8 月 18 日前办理房屋产权过户手续，乙方于当日支付甲方房款 310000 元，甲、乙双方于房屋产权送件当日办理贷款手续，乙方贷款额度为 580000 元，贷款商贷直接下达甲方账户，甲方收到乙方贷款自动转为乙方支付的房款。该合同第九条第二款第二项约定，“未能按照合同约定提供必要的文件和配合，造成丙方无法履行合同的”情形，甲、乙双方应当承担违约责任，该条第三款第二项约定，上述违约行为方，选择按标的额 20% 计人民币 180000 元的金额作为违约金分别支付给各守约方。同日，徐某、庄某花（甲方）与倪某发、钟某青（乙方）签订《南京市存量房买卖合同》一份，合同中对于乙方未按规定支付房价款，约定有两种违约责任：第一种为每逾期一天，按应付到期房价款的万分之三支付违约

金；第二种为逾期支付房款超过七天，且所欠应付到期房价款超过五万元的，甲方有权解除本合同。双方勾选的是第一种。合同签订后，钟某青、倪某发按约支付原告定金10000元，首付款310000元。2016年8月18日，双方及中介前往中国农业银行南京六合支行进行贷款预审，中介告知钟某青、倪某发其征信存在瑕疵。2016年8月22日，双方办理涉案房屋产权变更登记送件手续。2016年8月26日，涉案房屋不动产产权变更登记到钟某青、倪某发名下。2016年10月19日，钟某青、倪某发前往中国农业银行南京六合支行进行个人购房贷款面谈。在与银行协商未果的情况下，钟某青、倪某发于2016年12月12日将涉案房款580000元，转账支付给庄某花、徐某。另，中国农业银行南京六合支行商业贷款周期约2至3个月，如贷款申请人征信存在问题，在贷款预审时即能发现。庄某花、徐某诉称，钟某青、倪某发隐瞒征信不良情况，导致贷款审批未通过，已经构成违约，根据双方签订的《南京市存量房买卖合同》第四条明确约定"乙方逾期支付房价款超过柒天，且所欠应付到期房价款超过伍万元的，甲方有权解除本合同"，请求一审法院依法判令：1. 解除双方签订的《房地产买卖中介合同》《南京市存量房买卖合同》；2. 钟某青、倪某发配合庄某花、徐某办理涉案房屋产权变更手续，并承担相关费用；3. 钟某青、倪某发支付庄某花、徐某违约金180000元。

【案件焦点】

1. 买方采用其他方式支付购房款的时间；2. 迟延支付购房款是否必然导致买方根本违约。

【法院裁判要旨】

江苏省南京市六合区人民法院经审理认为：当事人一方迟延履行主要债务，经催告后在合理期限内仍未履行的，另一方当事人可以解除合同。本案中，被告得知无法通过银行贷款支付房款，经庄某花、徐某催告后，积极通过其他途径筹集资金支付房款，虽略有迟延，但不构成根本违约。庄某花、徐某主张解除合同，钟某青、倪某发支付违约金180000元，缺乏事实及法律依据，一审法院不予支持。鉴于钟某青、倪某发支付相应房款略迟于银行商业贷款一般周期，结合双方约定的逾期履行违约责任条款，一审法院酌定钟某青、倪某发支付庄某花、徐某违约金7000元。

江苏省南京市六合区人民法院依照《中华人民共和国合同法》第九十四条、第一百零七条之规定，作出如下判决：

一、钟某青、倪某发于本判决生效之日起十日内支付庄某花、徐某违约金7000元；

二、驳回庄某花、徐某的其他诉讼请求。

庄某花、徐某不服一审判决，提起上诉。江苏省南京市中级人民法院经审理认为：当事人可以约定一方违约时应当根据违约情况向对方支付一定数额的违约金，也可以约定因违约产生的损失赔偿额的计算方法。约定的违约金低于造成的损失的，当事人可以请求人民法院或者仲裁机构予以增加；约定的违约金过分高于造成的损失的，当事人可以请求人民法院或者仲裁机构予以适当减少。本案中，庄某花、徐某与钟某青、倪某发签订的《房地产买卖中介合同》及《南京市存量房买卖合同》中虽然均约定涉案房产的交易有贷款事宜，但并未约定贷款到账的具体期限，钟某青、倪某发按照合同约定的期限去银行办理贷款预审批后，在最终确认无法通过银行贷款支付房款的情况下，经庄某花、徐某催告积极通过其他途径筹集资金支付房款，从一审法院向银行了解的商业贷款周期一般为2至3个月的情况来看，钟某青、倪某发自2016年8月18日办理贷款预审批至2016年12月12日向庄某花、徐某转账58万元房款为止，支付房款的时间虽略长于一般商业贷款周期，但并未构成根本违约、致使合同目的无法实现，一审法院对庄某花、徐某要求解除合同的诉请未予支持于法有据。考虑到钟某青、倪某发违约程度和庄某花、徐某的实际损失情况，一审法院结合双方签订的《南京市存量房买卖合同》中关于买方逾期付款违约责任的约定，酌定钟某青、倪某发支付庄某花、徐某违约金7000元，系依法行使裁量权，并无不当。庄某花、徐某认为钟某青、倪某发存在《房地产买卖中介合同》中约定的"未按合同约定提供必要的文件和配合，造成丙方无法履行合同"的情形，但并未举证证明自身观点，其认为钟某青、倪某发应当支付180000元违约金的上诉主张缺乏事实和法律依据，二审法院不予支持。综上所述，庄某花、徐某的上诉请求不能成立，应予驳回；一审法院判决认定事实清楚，适用法律正确，应予维持。

江苏省南京市中级人民法院依照《中华人民共和国民事诉讼法》第一百七十条第一款第一项之规定，作出如下判决：

驳回上诉，维持原判。

【法官后语】

买方以其他方式支付购房款的时间应当与合同约定支付方式的时间一致，即买方应在一般贷款周期内支付购房款；买方迟延履行支付购房款的义务，构成违约行为，应支付相应逾期违约金，但不构成根本违约，卖方不能以此为由解除合同。具体理由如下：

一、正确理解适用《合同法》第一百六十一条的规定

《合同法》第一百六十一条规定，买受人应当按照约定的时间支付价款。对支付时间没有约定或者约定不明确，依照本法第六十一条的规定仍不能确定的，买受人应当在收到标的物或者提取标的物单证的同时支付。《合同法》第六十一条规定，合同生效后，当事人就质量、价款或者报酬、履行地点等内容没有约定或者约定不明确的，可以协议补充；不能达成补充协议的．按照合同有关条款或者交易习惯确定。根据法律规定，在当事人对支付时间没有约定或者约定不明的情况下，应当先依据第六十一条的规定进行确定，如果无法确定再适用“买受人应当在收到标的物或者提取标的物单证的同时支付”之规定。本案中，双方未约定采用其他方式支付购房款的时间，也未达成补充协议，应当根据合同有关条款和交易习惯确定支付购房款的时间。双方已约定采用贷款方式支付购房款，买方支付购房款的时间应为银行贷款下款时间，根据该条款内容可以确定买方采用其他方式支付购房款的时间应当与银行贷款下款时间一致。银行一般贷款周期为2至3个月，故买方应当在三个月内支付购房款。综上，本案根据《合同法》第六十一条的规定能够确定买方支付购房款的时间，买方无须在房屋过户时即支付购房款。

二、买方迟延支付购房款是违反合同约定的行为，但并非就可以因此解除合同

买方原因导致贷款无法获得审批的，买方应当在合理时间内采用其他方式支付购房款，迟延支付购房款应当支付逾期违约金。对于违约金数额确定问题，法院应当对银行一般贷款周期进行调查，然后将买方支付购房款的时间与一般贷款周期相比，确定逾期支付购房款的时间，再根据合同约定或者守约方的实际损失确定违约金的数额。特别需要注意的是，银行贷款周期往往不是固定期限，法官应当根据调查情况依法行使自由裁量权，综合认定违约金的数额。

迟延支付购房款是否构成买方根本违约，即买方违约行为是否导致合同目的不能实现，应当根据合同目的和违约形态，结合违约部分的金额与整个合同金额的比

例、违约部分对合同目的实现的影响程度、时间因素对合同目的的影响程度以及违约后果、损害能否得到修补等因素予以综合判断。本案中，双方于2016年8月18日进行贷款预审批，按一般贷款周期2至3个月计算，银行一般应当在2016年11月18日前发放贷款，买方于2016年12月12日向卖方支付购房款，逾期一个月左右。买方于2016年10月19日仍在与银行面谈协商贷款事宜，并于庭审前通过其他方式筹集资金支付购房款，可以看出买方没有根本违约的意思。综上，买方迟延支付购房款应支付逾期违约金，但不构成根本违约，卖方不得以此为由解除合同。

三、买方在法庭辩论结束前已足额支付购房款或大部分购房款，卖方提出解除房屋买卖合同的，法院应当重点审查、谨慎处理

法院应当先审查双方是否有相关的约定，有约定的按约定处理。双方没有约定的，再审查是否属于《合同法》第九十四条规定的根本违约情形。《合同法》第九十四条规定，有下列情形之一的，当事人可以解除合同：(一) 因不可抗力致使不能实现合同目的；(二) 在履行期限届满之前，当事人一方明确表示或者以自己的行为表明不履行主要债务；(三) 当事人一方迟延履行主要债务，经催告后在合理期限内仍未履行；(四) 当事人一方迟延履行债务或者有其他违约行为致使不能实现合同目的；(五) 法律规定的其他情形。迟延履行不能实现合同目的，指迟延的时间对于债权的实现至关重要，超过了合同约定的期限履行合同，合同目的就将落空。房屋买卖合同中，买方的主要义务为支付购房款，在买方已经履行主要义务的情况下，即使存在迟延履行的情况，也没有导致合同目的落空，此时卖方提出解除合同时，本着鼓励交易的精神，法院应当以不解除为处理原则。

不信不立，不诚不行。在当今诚信为本的社会，个人征信瑕疵带来的负面影响与日俱增，希望本案能够引起人们的足够重视。如果买方打算采取贷款的方式支付购房款，应事先对自己的个人征信情况进行全面了解，避免因此导致贷款难以获得审批而带来的一系列矛盾。卖方在得知买方无法通过贷款方式支付购房款时，应当允许买方通过其他方式在合理期间内支付购房款，而非要求买方立即付款否则就解除合同，这样才能更好地实现合同的目的。

编写人：江苏省南京市六合区人民法院　徐传洋

61

买卖合同中加价条款的约定可以认定为违约条款

——北京鑫盛豪金属材料销售有限公司诉青海黄河有色金属有限公司、内蒙古鑫旺再生资源有限公司买卖合同案

【案件基本信息】

1. 裁判书字号

北京市第二中级人民法院（2017）京02民终6969号民事判决书

2. 案由：买卖合同纠纷

3. 当事人

原告（被上诉人、反诉被告）：北京鑫盛豪金属材料销售有限公司（以下简称鑫盛豪公司）

被告（上诉人、反诉原告）：青海黄河有色金属有限公司（以下简称黄河公司）

被告（上诉人）：内蒙古鑫旺再生资源有限公司（以下简称鑫旺公司）

【基本案情】

鑫盛豪公司与黄河公司长期存在钢材买卖合同关系，自2012年7月，双方签订了4份《材料采购合同》，约定鑫盛豪公司向黄河公司供应各种型号的钢材，合同中对鑫盛豪公司供应钢材的数量、价款、结算方式、违约责任等一并进行了约定。鑫盛豪公司按照约定的时间给黄河公司供应钢材，黄河公司收到钢材后一直拖欠鑫盛豪公司的货款，按照双方签订的各份《材料采购合同》的约定："对未付款部分，每拖延一天每吨加价3.3元，延期时间超过一个月不足两个月，对未付款部分，每延期一天每吨加价5元，超过两个月的，由双方协商解决。截至2015年8月7日，黄河公司已累计支付货款3625120.28元，尚欠鑫盛豪公司货款393616.29元未支付。鑫旺公司在2012年11月19日出具《关于钢材货款支付的函》，对黄河公司与鑫盛豪公司签署的钢材买卖合同项下截至2012年11月13日尚未支付的到

货款承诺还款，并表明有关款项的计算按所签订的钢材买卖合同约定执行。故鑫盛豪公司诉至法院请求判令黄河公司、鑫旺公司共同向鑫盛豪公司支付货款393616.29元及逾期付款钢材加价款。

黄河公司反诉称，鑫盛豪公司与黄河公司签订的4份《材料采购合同》中，有1份合同鑫盛豪公司未按照约定向黄河公司供货，故黄河公司提出如下反诉请求：鑫盛豪公司向黄河公司支付违约金207633.03元并由鑫盛豪公司承担全部诉讼费用。

【案件焦点】

1. 鑫盛豪公司在本诉中向黄河公司主张的要求其支付钢材加价款的性质；2. 黄河公司应当按照什么标准向鑫盛豪公司承当逾期付款的违约责任。

【法院裁判要旨】

北京市西城区人民法院经审理认为：本案中双方当事人的争议焦点在以下几个方面：第一，关于鑫盛豪公司在本诉中向黄河公司主张的要求其支付钢材加价款的性质。针对此争议焦点本院认为，本案纠纷发生的原因是鑫盛豪公司认为黄河公司在履行上述4份合同的过程中，存在逾期向鑫盛豪公司支付货款的违约行为。根据上述合同中关于逾期付款处理方式的共同约定："黄河公司在约定期限未付款，延期时间在一个月内的，对未付款部分，每拖延一天每吨加价3.3元，延期时间超过一个月不足二个月的，对未付款部分，每拖延一天每吨加价5元，超过二个月的，由双方协商解决。"从此约定的具体内容上看，是鑫盛豪公司与黄河公司就黄河公司发生逾期付款情形时黄河公司所承担违约责任的约定，即通过黄河公司额外支付钢材加价款的方式赔偿鑫盛豪公司因黄河公司逾期付款给鑫盛豪公司造成的损失。黄河公司所承担的逾期付款违约责任随其逾期付款时间的延长而加重。此约定也是鑫盛豪公司向黄河公司主张要求支付钢材加价款及欠款利息的合同依据，其实质是鑫盛豪公司要求黄河公司承担逾期付款的违约责任。因此，本院认定，鑫盛豪公司在本诉请求中向黄河公司主张的支付钢材加价款的诉讼请求不是一般买卖合同法律关系中的支付货款，其实质是要求黄河公司按照合同约定承担逾期付款违约金。第二，关于黄河公司应当按照什么标准向鑫盛豪公司承当逾期付款的违约责任。根据4份合同中关于黄河公司未在约定期限内付款所承担违约责任的约定："黄河公司在约定期限未付款，延期时间在一个月内的，对未付款部分，每拖延一天每吨加价3.3元，延期时间超过一个月不足二个月的，对未付款部分，每拖延一天每吨加价5元，超过二个月的，由双方协商解决。”由上述约定看出，黄河公司所承担的逾期付款违约责任随其逾期付款时间的延长而加重。经审理查明，黄河公司在履行上述4份合同过程中，其逾期付款的行为均超过了二个月。因双方当事人对违约金的计算并未形成一致意见，黄河公司承担的逾期付款违约金的计算标准应当按照每份合同中未付款的部分，比照每拖延一天每吨加价5元的标准计算至该份合同全部货款支付完毕之日止。

综上所述，北京市西城区人民法院依据《中华人民共和国民法通则》第一百三十五条，《中华人民共和国合同法》第八条、第一百零七条、第一百一十四条第一款，《中华人民共和国民事诉讼法》第六十四条第一款之规定，判决如下：

一、被告（反诉原告）黄河公司、被告鑫旺公司于本判决生效后十日内共同向原告（反诉被告）鑫盛豪公司支付货款393616.29元及违约金1344098.18元；

二、驳回被告（反诉原告）黄河公司的诉讼请求。

黄河公司和鑫旺公司不服原审判决，提起上诉。北京市第二中级人民法院经审理同意一审法院的认定，判决如下：

驳回上诉，维持原判。

【法官后语】

买卖合同中，为了督促买卖双方及时履行义务，保证商事活动的顺利进行，买卖双方订立合同时会约定违约责任条款，按照私法自治的基本原则，合同当事人在合同中可以约定违约责任的方式、违约金的数额幅度、损害赔偿的计算方法、免责条件等，但由于商事活动的复杂性和多变性，部分买卖合同中违约责任的约定不够全面、明确，导致纠纷频现。在违约条款约定不够明确时，具体认定违约责任，应当综合考察合同相对方权利义务履行情况，对于有些实质是违约条款而形式是普通条款的约定应当以违约条款来认定。双方约定违约情况不全面的，应当根据已有的约定优先以合同双方的意思自治为基础，确定违约责任的具体履行方式。

《合同法》第六十一条规定：“合同生效后，当事人就质量、价款或者报酬、履行地点等内容没有约定或者约定不明确的，可以协议补充；不能达成补充协议的，按照合同有关条款或者交易习惯确定。”第一百一十一条规定：“质量不符合约定的，应当按照当事人的约定承担违约责任。对违约责任没有约定或者约定不明确，依照本法第六十一条的规定仍不能确定的，受损害方根据标的的性质以及损失的大小，可以合理选择要求对方承担修理、更换、重作、退货、减少价款或者报酬等违约责任”。对于《合同法》第六十一条中不能达成补充协议的按照合同有关条款或交易习惯确定，针对这里“有关条款”的认定，在买卖合同当中，实质上就是判断合同中相关条款是否存在一方不履行义务时加重或提高其履约成本促使其按约定履行的约定。

案例中，鑫盛豪公司和黄河公司在合同中关于逾期付款处理方式的共同约定：“黄河公司在约定期限未付款，延期时间在一个月内的，对未付款部分，每拖延一天每吨加价3.3元，延期时间超过一个月不足二个月的，对未付款部分，每拖延一天每吨加价5元，超过二个月的，由双方协商解决。”从此约定的具体内容上看，是鑫盛豪公司与黄河公司就黄河公司发生逾期付款情形时黄河公司所承担违约责任的约定，即通过黄河公司额外支付钢材加价款的方式赔偿鑫盛豪公司因黄河公司逾期付款给鑫盛豪公司造成的损失。黄河公司所承担的逾期付款违约责任随其逾期付款时间的延长而加重。鉴于黄河公司未付款已经超过两个月，且双方协商未果的情况下，将该条款中加价款认定为违约条款，且按照合同约定随时间延长而加重履行责任的方式确定以每吨加价5元的较重条款认定违约金的支付方式，未超出双方已约定的违约金计算标准，也更符合双方约定的黄河公司所承担的逾期付款违约责任随其逾期付款时间的延长而加重本意，符合《合同法》第六十一条的立法原意，也能够最大程度保证守约方的利益。

编写人：北京市西城区人民法院　程洁玲

62

预期违约可期待利益损失的认定

——广钢林德气体（广州）有限公司诉广东粤新海工科技有限公司买卖合同案

【案件基本信息】

1. 裁判书字号

广东省广州市南沙区人民法院（2017）粤0115民初2677号民事判决书

2. 案由：买卖合同纠纷

3. 当事人

原告：广钢林德气体（广州）有限公司（以下简称广钢公司）

被告：广东粤新海工科技有限公司（以下简称粤新公司）

【基本案情】

广钢公司、粤新公司于2014年10月签订液体供气合同，约定广钢公司向粤新公司供气，氧气每公斤0.6元，月最低结算量为20吨；二氧化碳每公斤0.68元，月最低结算量为10吨；该设备月租赁费为5500元。合同同时约定，首个供应期至少五年，违约金的计算方法为：期限内剩余月份的月最低结算金额之总和（如无月最低结算金额约定的按每月5000元计），再加上设备安装费用50000元、压力容器报装领证费用30000元及设备拆回费用20000元；广钢公司投资近百万元在粤新公司处建造、安装、调试好该设备，并办妥特种设备使用登记证，专供粤新公司使用。2016年年初，粤新公司因经营不善开始拖欠货款，2016年4月停止购气。广钢公司于2016年5月4日发出解除合同通知，粤新公司支付部分货款，尚有部分货款及设备租金未付，广钢公司起诉请求确认合同解除，并要求粤新公司支付设备租赁费、律师费及违约金，违约金包括2017年5月6日至合同期满终止之日2020年2月29日每月5000元共计169138元的违约金以及设备报装、安装、拆除费用100000元。

【案件焦点】

广钢公司主张的违约金的预期可得利益损失部分应否支持。

【法院裁判要旨】

广东省广州市南沙区人民法院经审理认为：确认合同于2016年5月5日解除，设备租赁费与违约金属重复主张不予支持，律师费依据合同约定按比例承担，设备报装拆除费10万元予以支持。本案的焦点为违约金的预期可得利益损失部分应否支持。

案涉合同因粤新公司逾期付款提前终止，构成违约，广钢公司向粤新公司主张违约金符合双方约定，粤新公司应赔偿相应的损失。根据《中华人民共和国合同法》第一百一十九条的规定，当事人一方违约后，对方应当采取适当措施防止损失的扩大；没有采取适当措施致使损失扩大的，不得就扩大的损失要求赔偿。在粤新公司已经违约的情况下，广钢公司有止损义务，粤新公司已于 2016 年 3 月发生违约行为并停止用气，广钢公司应该及时采取适当措施防止损失的扩大，合同直至 2017 年 5 月 5 日才实际解除，广钢公司有足够的时间完成这些工作。综合考虑广钢公司商业机会成本、工业气体排空等损失、粤新公司的过错程度以及广钢公司在安装、包装、拆回设备中获得的赔偿，法院酌情认定粤新公司给予广钢公司赔偿相当于 6 个月共计 30000 元的违约金，参照标准为原粤新公司在合同中约定的每月 5000 元的违约金支付标准。扣除粤新公司多支付的 6250 元设备租赁费后，粤新公司应向广钢公司支付 123750 元。

关于原告主张的 19000 元的律师费，原、被告在合同中约定该费用由败诉方承担，综合原、被告在本案中的费用承担情况，本院对原告主张的律师费中的 8062 元予以支持。

综上所述，广东省广州市南沙区人民法院依照《中华人民共和国合同法》第八条、第六十条、第九十四条、第九十六条、第一百一十三条第一款、第一百一十四条、第一百一十九条的规定，判决如下：

一、确认原告广钢林德气体（广州）有限公司与被告广东粤新海工科技有限公司于 2014 年 10 月 27 日签订的《液体供气合同》及其补充协议自 2017 年 5 月 5 日起解除；

二、被告广东粤新海工科技有限公司于本判决发生法律效力之日起十日内向原告广钢林德气体（广州）有限公司支付违约金 123750 元；

三、被告广东粤新海工科技有限公司于本判决发生法律效力之日起十日内向原告广钢林德气体（广州）有限公司支付律师费 8062 元；

四、驳回原告广钢林德气体（广州）有限公司的其他诉讼请求。

判决后，广钢公司、粤新公司均未提起上诉。

【法官后语】

本案双方签订的《产品供应协议》是典型的“照付不议”合同。（Take - or - Pay contract）“照付不议”合同形式目前被广泛用于天然气等能源供应合同中，其实质是将产品开发方、运输方与市场用户捆绑在一起，共同克服生产、输配和使用中的风险。但该类合同的货款、违约金等核心条款主要和“约定用气量”相关，由于买卖双方信息不对称、力量对比悬殊等因素，易突出强调买方的“照付不议”义务而导致权利义务不对等的情形。为此，在本案审理中，法院从公平合理的角度出发，从合同订立时双方可期待利益入手，在裁判过程中，结合了可预见规则、过错原则、减损原则、损益相抵原则和排除原则，综合案涉合同约定、合同各相当方在履约过程中的过错程度、合同既得利益、实际损失等实际情况进行裁判，既尊重商业习惯，也不机械适用，而是从合同履行情况、商业成本、行业利润等多方面因素考虑，妥善平衡双方的权利义务，为今后审理此类案件提供了有益的借鉴样本，具有典型意义。

编写人：广东省广州市南沙区人民法院　陈文铂　黄俊城

63

约定违约金过高的认定

——上海启润实业有限公司诉如皋奥尼斯特贵金属有限公司买卖合同案

【案件基本信息】

1. 判决书字号

福建省厦门市中级人民法院（2017）闽02民终2375号民事判决书

2. 案由：买卖合同纠纷

3. 当事人

原告（被上诉人）：上海启润实业有限公司（以下简称启润公司）

被告（上诉人）：如皋奥尼斯特贵金属有限公司（以下简称奥尼斯特公司）

【基本案情】

2015年12月22日，启润公司（甲方）与奥尼斯特公司（乙方）在厦门国贸大厦签订编号为QRAG2015122201B的《白银采购合同》一份，约定启润公司向奥尼斯特公司购买大厂品牌白银8000公斤（±1%），单价为3215元/公斤，总金额为25720000元，交货日期均为2015年12月31日前；交货时间为2015年12月31

日前，交货方式为库内过户，交货地点为北京中工美国际货物运输代理有限责任公司上海分公司/畅越飞平有色金属储运（上海）有限责任公司/中国外运华东有限公司储运分公司；结算方式为货到付款，电汇；最迟到货日期为2015年12月31日前；奥尼斯特公司在收到货款后十个工作日内给启润公司开具全额增值税发票；奥尼斯特公司交付的货物的数量不足，则启润公司有权拒收，且奥尼斯特公司应当支付不足部分货物价值的10%的违约金并赔偿启润公司的损失；启润公司逾期付款或奥尼斯特公司逾期交货不超过3日的，每逾期一天，应按逾期部分价值的万分之四向对方支付违约金，如逾期超过5日，对方有权解除本合同，违约方应当支付逾期货物价值或逾期货款10%的违约金，并赔偿对方损失；奥尼斯特公司逾期提供约定的单据的，视为逾期交货，奥尼斯特公司提供的单据不符合约定的，启润公司有权拒收货物或要求退货；因本合同产生的纠纷，双方协商解决，协商不成，则提交签订地法院裁决；无论银价上涨或下浮均按本合同锁定的白银价格为准。

2016年4月22日，奥尼斯特公司向启润公司出具《承诺书》一份，载明："因本公司如皋奥尼斯特贵金属有限公司和贵公司在业务过程中对行情的误判，造成公司重大损失，以至于我们公司现金流中断，现我公司正积极协商处理，我们将于4月29日前交清合同约定数量，在此期间因此造成的一切损失，以及未来损失由我公司承担，实际损失按原合同及补充合同为准。"奥尼斯特公司在该《承诺书》上面加盖公章，案外人陆某荣签名捺印。

2016年4月28日，奥尼斯特公司向启润公司发送函件一份，载明："本司与贵司2015年12月22日签订的白银货物合同，已履行了部分货物，尚有部分货物因本司在业务过程中的误判导致本司资金链的断裂，使我司蒙受了重大损失，致使经营陷于严重的危机。有些企业在此时采取了诉讼手续，对我司的账户进行了冻结，更使我司雪上加霜，所以与贵司的尚余货物的合同无法履行。希望贵司与我司面商善后解决事宜，具体时间由贵司确定后通知我司。"奥尼斯特公司在该函件上面加盖公章。

启润公司于2016年7月8日向一审法院提起本案诉讼。审理过程中，经启润公司申请，一审法院作出（2016）闽0203民初10789号民事裁定，裁定查封、冻结奥尼斯特公司名下价值964500元的存款或等值财产，并冻结启润公司提供的担保物。启润公司因此支出诉讼保全费5000元。

【案件焦点】

双方之间约定的违约金是否过高。

【法院裁判要旨】

福建省厦门市思明区人民法院经审理认为：启润公司与奥尼斯特公司签订的《白银采购合同》，奥尼斯特公司向启润公司出具的《承诺书》、函件，均系当事人的真实意思表示，内容不违反法律、行政法规的强制性规定，应认定为合法有效。奥尼斯特公司未能依约按时交付讼争货物的行为已构成违约，对此应当承担相应的违约责任。奥尼斯特公司抗辩其未履行讼争合同的部分启润公司并未支付货款，故启润公司并未产生任何实际损失，违约金是对损失的补偿，故奥尼斯特公司不应支付违约金。根据《最高人民法院关于适用〈中华人民共和国合同法〉若干问题的解释（二）》第二十九条之规定，奥尼斯特公司并未举证证明本案双方当事人关于违约金的约定过分高于造成的损失，故启润公司依约要求奥尼斯特公司支付违约金的诉讼请求，有事实与法律依据，依法予以支持。因奥尼斯特公司未依约交付货物，导致启润公司提起诉讼保全，并产生保全费损失，启润公司诉请奥尼斯特公司承担本案诉讼保全费 5000 元，有事实与法律依据，予以支持。据此，依照《中华人民共和国合同法》第六十条、第一百零七条、第一百一十四条，《最高人民法院关于适用〈中华人民共和国合同法〉若干问题的解释（二）》第二十九条，《最高人民法院关于审理买卖合同纠纷案件适用法律问题的解释》第二十六条，《中华人民共和国民事诉讼法》第六十四条第一款规定，判决如下：

一、如皋奥尼斯特贵金属有限公司应于本判决生效之日起十日内向上海启润实业有限公司支付违约金 964500 元；

二、如皋奥尼斯特贵金属有限公司应于本判决生效之日起十日内向上海启润实业有限公司支付诉讼保全费 5000 元。

宣判后，奥尼斯特公司不服，向二审法院提起上诉。福建省厦门市中级人民法院经审理认为：一审判决认定事实清楚，适用法律正确，依法予以维持，遂判决如下：

驳回上诉，维持原判。

【法官后语】

一、司法实践中如何认定违约金是否过高

《合同法》第一百一十四条规定，只有违约金过高时，当事人方可请求予以适当减少，因此针对一方当事人的适当减少请求，前提是违约金的约定过高。

1. 损失范围的确定

《合同法》第一百一十四条规定，违约金过分高于造成的损失的，当事人可以请求人民法院予以适当减少。判断违约金是否过分高于造成的损失，首先就需要明确损失的具体范围。《合同法》第一百一十三条第一款前段规定："当事人一方不履行合同义务或者履行合同义务不符合约定，给对方造成损失的，损失赔偿额应当相当于因违约所造成的损失，包括合同履行后可以获得的利益。"通说认为，该规定确定了合同法上的完全赔偿原则，即合同主体可以通过违约损害赔偿达到如同合同全部适当履行时应达到的状态。

2. 违约金过高的认定标准

《合同法》第一百一十四条第二款未区分违约金的性质，统一规定以违约金是否过分高于造成的损失为标准来认定当事人是否可以请求法院减少违约金。《最高人民法院关于适用〈中华人民共和国合同法〉若干问题的解释（二）》第二十九条第一款则强调法院应当以实际损失为基础，并兼顾合同的履行情况、当事人的过错程度以及预期利益等综合因素，根据公平原则和诚实信用原则予以综合衡量。该条款则为法院在一般情形下判断违约金是否过分高于造成的损失提供了相对客观的量化参考标准，即违约金高于造成的损失百分之三十。司法解释将弹性与刚性规定相结合，为法院裁判过高违约金问题提供了妥当的方案。

二、违约金调整的因素考量

1. 平衡当事人之间的利益

《合同法》第五条规定："当事人之间应遵循公平原则确定各方的权利和义务。"显然，违约金高于造成的损失有违公平原则，但是法律之所以承认超出损失额度的一定比例的违约金的合法性，既是对于当事人意思自治的尊重，同时也希望发挥违约金在担保债权实现、惩罚违约行为的作用。因此在适当减少违约金时，一方面要充分尊重当事人在平等、自由协商并且准确确定的违约金金额，避免违约金混同于损害赔偿金，失去担保债权实现的功能。另一方面要通过司法调整，防止因为缔约人的经济地位、缔约能力、对损失估计的不准确及社会经济情况不可预计的变化，使得违约金过分高于违约行为造成的损失，从而导致非违约方获得不正当的利益，违约方的财产状况恶化丧失正当竞争条件的不公平结果出现。

2. 考虑各方当事人的过错

在当事人无特别约定且法律无特别规定的情形下，合同法采取的是严格责任原则，即只要违约行为发生，即使债务人对于违约行为并无过错，只要不存在免责事由，就不能免于承担违约责任。违约金责任的成立并不以债务人有过错为要件。但是违约金的功能之一是对违约行为的制裁，债务人是故意违约还是过失违约，或者并无过错，直接决定着违约金制裁违约行为目的的实现程度。因此在调整违约金时，应考虑当事人的过错。如果当事人系故意违约，这种故意违约行为或是出于需支付的违约金低于违约行为带给其利益的衡量，又或是单纯的不诚信行为，则在调整幅度方面要谨慎甚至是不予调整。对于过失违约行为产生的违约金与无过失行为产生的违约金在调整幅度上则要有所区别。在补偿性违约金为主的前提下，通过调整幅度的差别，体现法律对于不同过错程度的违约行为的制裁程度，有利于促进合同主体依照诚实信用原则行使权利、履行义务。

编写人：福建省厦门市思明区中级人民法院　郑光辉

64

多项不同类型违约责任并存主张时的处理

——华电（厦门）分布式能源有限公司诉格菱动力设备（中国）有限公司、中国工商银行股份有限公司靖江支行买卖合同案

【案件基本信息】

1. 裁判书字号

福建省厦门市集美区人民法院（2016）闽0211民初331号民事判决书

2. 案由：买卖合同纠纷

3. 当事人

原告：华电（厦门）分布式能源有限公司（以下简称华电能源公司）

被告：格菱动力设备（中国）有限公司（以下简称格菱动力公司）、中国工商银行股份有限公司靖江支行（以下简称工行靖江支行）

【基本案情】

2014年2月14日，华电能源公司作为需方，格菱动力公司作为供方，签订一份《［华电厦门集美分布式能源站一期］工程余热锅炉及辅助设备合同书》，约定格菱动力公司向华电能源公司供应一批余热锅炉及辅助设备，以及提供相应的技术服务，总价为9080000元；交货期为2014年8月至2014年9月30日，需方有权根据工程进度调整交货期。关于付款方式，双方约定："预付款（定金）：合同签署起20日内，供方满足以下条款，需方支付给供方合同总价的10%，即人民币90.8万元（大写：玖拾万零捌仟元整）作为预付款（定金）。"供方发生本合同约定的严重违约或视为严重违约之情形，需方有权单方解除合同，由违约方向需方支付相当于合同总价款20%的违约金，并追究因此造成实际发生的经济损失和需方预期利益损失。

2014年4月22日，工行靖江支行基于前述合同以华电能源公司为受益人开具一份金额不超过人民币908000元的履约保函。《保函》第二条载明："我行承诺，如果交易对方未按照主合同的约定履行义务，我行将在收到贵方提交的书面索赔通知和交易对方具有违约事实的下述证明材料后，以保函金额为限向贵方承担担保责任：1. 需方认可的具有违约事实的书面说明；2. 或主合同规定的仲裁机构和司法机构出具的裁定或判决申请人承担赔偿金额的法律文件。"

2014年5月5日，华电能源公司向格菱动力公司汇款908000元，电汇凭证备注款项用途为"余热锅炉及辅助设备货款"。格菱动力公司经华电能源公司多次发函催告仍未能履约。2015年5月15日，华电能源公司发函告知格菱动力公司讼争合同已于2015年5月11日解除，并要求格菱动力公司返还预付款908000元及承担违约责任。

2015年6月5日，华电能源公司与格菱动力公司的母公司格菱控股公司形成一份商谈纪要，确认讼争合同解除，格菱母公司同意在合理时间内退还预付款

908000元。

2015年9月22日，华电能源公司通过邮寄方式向工行靖江支行发送一份《关于履行保函相关事宜的函》，告知工行靖江支行格菱动力公司已构成违约，并要求工行靖江支行于收到函件之日起5日内履行《保函》项下的担保责任。工行靖江支行未履行保函担保责任。

【案件焦点】

1. 华电能源公司主张的908000元款项是否能认定为定金，能否主张双倍返还；2. 华电能源公司主张的违约金与损害赔偿能否同时予以支持；3. 工行靖江支行承担独立保函担保责任的条件是否成就。

【法院裁判要旨】

福建省厦门市集美区人民法院经审理认为：格菱动力公司未履行合同义务，致使华电能源公司的合同目的无法实现，已构成根本违约。因此，华电能源公司依法有权解除讼争合同。讼争合同第4.1.1条对于华电能源公司于合同签订后即应支付的908000元款项表述为“预付款（定金）”，但之后在合同文本里的表述、电汇凭证的备注、律师函及商谈纪要中的表述均为“预付款”，且从合同文本看应系华电能源公司提供的文本，在文本表述前后不一致、对文本含义理解发生争议时，应认定该款项仅为预付款，而非定金。即使该款项为定金，合同未约定定金性质，应认定为违约定金，而华电能源公司还主张了违约金，违约定金与违约金不能并存主张。因此，对华电能源公司主张格菱动力公司双倍返还定金的诉讼请求，法院仅支持返还预付款908000元部分。华电能源公司主张的违约金1816000元有合同依据，应予以支持。因讼争合同已约定违约金，华电能源公司主张的实际损失未超出违约金金额，故对华电能源公司主张格菱动力公司赔偿实际损失570320.03元的诉讼请求不予支持。

华电能源公司因本案支出律师费35000元，根据法院对华电能源公司诉讼请求的支持情况及讼争合同关于律师费的约定，法院确定其中22687元由格菱动力公司承担。

根据讼争《保函》载明的有效期及索赔文件要求，华电能源公司已于2015年9月22日向工行靖江支行送达了书面索赔通知，且本案证明格菱动力公司存在违约事实的证明材料已随传票于2016年1月27日邮寄送达给工行靖江支行，应视为华电能源公司已在《保函》有效期内向工行靖江支行送达书面索赔通知并提供了格菱动力公司具有违约事实的证明文件。因此，华电能源公司主张工行靖江支行承担《保函》责任的条件已成就。

福建省厦门市集美区人民法院依照《中华人民共和国合同法》第六十条第一款、第九十四条第四项、第九十六第一款、第九十七条、第一百零七条、第一百一十四条第一款、第一百一十六条、第一百三十五条，《中华人民共和国担保法》第十九条，《中华人民共和国民事诉讼法》第六十四条第一款、第一百四十四条，《最高人民法院关于适用〈中华人民共和国民事诉讼法〉的解释》第九十条之规定，判决如下：

一、华电（厦门）分布式能源有限公司与格菱动力设备（中国）有限公司于2014年2月14日签订的编号为HDJN2014 - C - 02的《［华电厦门集美分布式能源站一期］工程余热锅炉及辅助设备合同书》于2015年5月11日解除；

二、格菱动力设备（中国）有限公司应于本判决生效之日起十日内向华电（厦门）分布式能源有限公司返还预付款908000元；

三、格菱动力设备（中国）有限公司应于本判决生效之日起十日内向华电（厦门）分布式能源有限公司支付违约金1816000元；

四、格菱动力设备（中国）有限公司应于本判决生效之日起十日内向华电（厦门）分布式能源有限公司赔偿律师费损失22687元；

五、中国工商银行股份有限公司靖江支行在908000元金额范围内对本判决第二项、第三项、第四项确定的格菱动力设备（中国）有限公司的付款义务向华电（厦门）分布式能源有限公司承担连带清偿责任；

六、驳回华电（厦门）分布式能源有限公司的其他诉讼请求。

【法官后语】

合同约定多项违约责任的，应按照违约责任的不同类型，根据法律规定，并结合违约行为给守约方造成的实际损失来确定违约责任的选择适用或并用。本案中，原告华电能源公司同时主张双倍返还定金、支付违约金、赔偿损失、承担独立保函保证责任四项违约责任，涉及定金条款的认定、违约金与定金能否并存适用、违约金与赔偿违约损失能否并存适用、承担独立保函责任的条件是否成就等争议焦点，对于厘清不同类型违约责任的性质、适用条件具有一定的典型意义。

一、定金应有明确的书面约定

定金必须由当事人通过书面的形式进行明确的约定。如果针对某款项的合同用语存在模棱两可或不同合同条款、不同书面文件的用语前后不一致，则需要通过文义解释、体系解释等合同解释方法对合同用语进行解释，以确定是否对定金有明确约定。本案中，华电能源公司与格菱动力公司签订的主合同第4.1.1条对于华电能源公司于合同签订后即应支付的908000元款项表述为“预付款（定金)”，但之后在合同文本里的表述、电汇凭证的备注、律师函及商谈纪要中的表述均为“预付款”，且从合同文本看应系华电能源公司提供的文本，在文本表述前后不一致、对文本含义理解发生争议时，应认定该款项仅为预付款，而非定金。

二、违约定金与赔偿性违约金不能并行主张

《合同法》第一百一十六条规定，当事人既约定违约金，又约定定金的，一方违约时，对方可以选择适用违约金或者定金条款。该条所指定金应为违约定金，违约金应为赔偿性违约金。合同未特别约定的，约定的定金一般应认定为违约定金，约定的违约金一般应认定为赔偿性违约金。本案中，即使案涉合同约定的款项为定金，因合同未约定定金性质，应认定为违约定金。而华电能源公司还主张了违约金，在合同没有明确约定的情况下，该违约金应认定为赔偿性违约金，与违约定金不能并存主张。

三、违约金与违约损害赔偿在特定情形下不能叠加适用

当事人同时主张赔偿性违约金与违约损害赔偿的，存在能否叠加适用的问题。根据守约方不得因损害赔偿而获利这一基本原则，如果合同约定的赔偿性违约金与损害赔偿针对的是违约行为造成的同一利益损害，则不能叠加主张。但是，不得叠加主张，并不意味着守约方只能主张违约金请求权，原则上守约方可以选择行使。如果实际损失小于违约金数额的，守约方主张违约金后，其全部损失已得到弥补，则不得另行主张损害赔偿。本案中，因华电能源公司已主张合同约定的违约金，且其主张的实际损失未超出违约金金额，故其主张赔偿实际损失的诉讼请求应不予支持。

四、独立保函担保人在条件成就时应承担担保责任

根据《最高人民法院关于审理独立保函纠纷案件若干问题的规定》第六条的规定，受益人提交的单据与独立保函条款之间、单据与单据之间表面相符，受益人

请求开立人依据独立保函承担付款责任的，人民法院应予支持。因此，判断独立保函开立人承担保函责任的条件是否成就，应以受益人提交的单据与独立保函条款之间、单据与单据之间是否表面相符为标准。本案涉及的《保函》在文义上符合独立保函的定义，应认定为独立保函。华电能源公司已在《保函》有效期内向工行靖江支行送达书面索赔通知并提供了格菱动力公司具有违约事实的证明文件，符合表面相符标准，工行靖江支行承担《保函》责任的条件已成就。

编写人：福建省厦门市集美区人民法院　李乐

65

混合过错原则的认定与适用

——厦门建发原材料贸易有限公司诉漳州市海新饲料有限公司买卖合同案

【案件基本信息】

1. 调解书字号

福建省厦门市中级人民法院（2017）闽民终字第4568号民事调解书

2. 案由：买卖合同纠纷

3. 当事人

原告（上诉人）：厦门建发原材料贸易有限公司（以下简称建发公司）

被告（被上诉人）：漳州市海新饲料有限公司（以下简称海新公司）

【基本案情】

2015年4月13日，建发公司与海新公司签订四份《产品购销合同》（以下简称《合同1》《合同2》《合同3》《合同4》），约定海新公司向建发公司购买美国DDGS产品合计12000吨，单价为2090元/吨（货柜自提）；2015年7月1日至2015年10月30日（每份合同1个月）供方在起运港装货，由需方到供方指定厦门口岸码头提货；供方负责将货物通关完毕，海关放行后需方负责送货运输等工作，运输等费用由需方承担；合同签订后3日内预付5%保证金，需方在货到后七个工作日内付清全部货款，保证金只冲抵最后一批货款；若货物市场跌幅过大，卖方有权要求买方按差额部分1:1的比例追加保证金，跌幅每超过5%追加一次；在卖方发出书面追加保证金通知后3个工作日内买方不予以追加的，卖方有权自行处理货物，所产生的一切损失均由买方承担；供方给予需方总赊销额度200万元（含本合同及双方未结的所有其他合同项下赊销总额），在200万元额度内需方可以先提货，赊销期限为到货后七个工作日；若需方未按合同规定时间支付货款，需方应按日万分之五向供方支付违约金并赔偿供方因此受到的其他损失；如一方违约，还应承担守约方为实现债权而支付的费用；如需方违反了在本合同执行完毕前双方签订的其他合同、协议而负有债务，而该等债务在本合同履行之前应予履行而未履行，供方有权延期或解除与需方前述的所有合同，需方承担由此产生的一切损失及责任。

2015年4月24日，海新公司向建发公司转账60万元，审理中，双方当事人均确认该款项系用于支付讼争合同项下的保证金。2015年7月22日至11月30日，建发公司自行或委托厦门建发股份有限公司陆续进口多批美国DDGS货物，装船时间分别为2015年6月30日1162.62吨、2015年7月2617.561吨、2015年8月2008吨、2015年9月3050.433吨、2015年10月2921.071吨，合计11759.685吨。2015年8月24日，建发公司向海新公司发出一份《到货通知函》，通知其2015年度7月船期美国进口玉米酒糟粕302.222吨已于8月20日到港，初步预计8月31日左右放行提货，并要求海新公司做好准备，依约提货。2015年8月25日，海新公司向建发公司出具《委托书》，委托厦门鹭恒通集装箱运输有限公司（以下简称鹭恒通公司）提取讼争合同项下的货物，未果。2015年9月1日，建发公司向海新公司发出一份《到货通知函》，通知其2015年7月船期美国进口玉米酒糟粕277.547吨已于8月28日到港，初步预计9月6日左右放行提货，并要求海新公司做好准备，依约提货。该函另主张因海新公司在执行其他合同中有逾期欠款的情形，要求其于2015年9月6日前付清欠款，以免造成《合同1》项下逾期提货损失。2015年9月10日，建发公司向海新公司发出一份《询证函》，载明截至2015年8月31日建发公司对海新公司的应收账款为-1083512.53元，讼争四份合同项下的应收账款为-1259287元，其他合同项下另有应收账款等。海新公司未在该《询证函》上盖章。2015年10月12日，建发公司派员与海新公司代表沟通提货问题，双方就海新公司其他合同项下的应收货款是否抵作讼争合同项下的保证金以及海新公司是否继续提货未能达成一致意见。2015 年 10 月 30 日，建发公司委托律师向海新公司发出一份《律师函》，称讼争四份合同项下已有6000 吨货物到港，但海新公司之前拖欠提货款、仓储费及违约金，双方之间的其他合同项下仍有货款未结清，并要求海新公司于2015 年 11 月 5 日前付清相关款项，并提清货物，逾期建发公司将自行处理货物等。海新公司于次日收到该函件。2015 年 11 月 5 日起，建发公司陆续向案外人漳州柯恩饲料有限公司等出售前述进口的美国 DDGS 货物，收到货款 18846866.71 元。建发公司认为海新公司的行为已构成违约，应按合同约定按日万分之五向建发公司支付违约金并赔偿建发公司因此受到的其他损失，此外，还应承担建发公司为实现债权而支付的费用。海新公司主张建发公司不履行通知义务并擅自处分到港货物，是导致合同无法履行的原因，讼争合同的履行过程中，海新公司是守约方，无须承担违约责任。

【案件焦点】

1. 建发公司和海新公司对讼争合同的履行情况；2. 如何合理认定海新公司的损失赔偿金额。

【法院裁判要旨】

福建省厦门市思明区人民法院经审理认为：本案焦点一是讼争合同的履行情况。根据合同约定，海新公司负有支付保证金，并在货物到港后付款提货的义务，建发公司负有准备货物、通知并配合海新公司提货的义务。1. 海新公司是否依约支付了保证金？鉴于建发公司并未就此主张海新公司的违约责任，故法院对该行为不做评判。2. 建发公司是否备有合同项下的全部货物？建发公司在 2015 年 7 月 22 日至 11 月 30 日进口美国 DDGS 产品 11759.685 吨，货物总量在讼争合同约定的浮动范围内，虽有部分货物装船时间略早于合同约定，但总体看来，建发公司具备向海新公司交货的能力。3. 建发公司是否履行通知义务？建发公司未能举证证明其曾通过其他方式通知海新公司货物到港情况，应承担举证不能的不利后果，对其主张的采取其他方式通知的事实，法院不予确认，上述《到货通知函》和《律师函》可以认为建发公司履行了部分通知提货义务，但建发公司在履行通知义务的过程中有明显瑕疵。4. 建发公司是否曾经拒绝过海新公司的提货要求？建发公司否认海新公司曾实际派车提货并被建发公司拒绝。根据海新公司提供的《委托书》、建发公司发送的《律师函》，并结合建发公司提供的录音，法院确认建发公司曾经于2015年8月25日拒绝海新公司提取讼争合同项下的货物。本案焦点二是建发公司的损失如何确定。1. 货物差价。案涉四份《产品购销合同》约定的货物单价为2090元/吨，根据建发公司实际进口的货物数量11759.685吨，建发公司向海新应收货款为24577741.65元；建发公司转售合同项下货物收回货款18846866.71元；转卖货物导致货物差价损失为5730874.94元。2. 包装及物流费用。建发公司未提供其他证据证明其已实际支付了其所主张的物流费用以及具体的金额，故对建发公司主张的该项损失，证据不足，法院不予确认。3. 为实现全权产生律师费和保全费损失。建发公司为实现案涉的债权，支付了基本代理费2万元及保全费5000元。4. 违约金。根据合同的约定，海新公司应在货到后七个工作日内付清全部货款，逾期应按日万分之五向供方支付违约金。

综上所述，法院认为：建发公司与海新公司签订的四份《产品购销合同》是合法有效的合同，对双方当事人具有约束力。上述合同签订之后，海新公司未依约足额支付保证金，建发公司虽依约进口了相应的货物，但未适当履行到货通知义务，故双方在合同履行过程中均负有过错。关于海新公司未足额支付保证金问题，因建发公司未据此提出相应主张，故不作为判断双方责任的依据。《产品购销合同》中已明确约定了货物的装船期，海新公司作为委托人也应当主动关注货物的到港情况，故关于讼争合同项下建发公司未通知到货部分货物的未及时提货的问题，双方均负有过错。关于海新公司抗辩其曾要求提货，建发公司不予放货的抗辩意见，法院认为，讼争合同约定的赊销期限仅为货到后七个工作日，且赊销额度包括讼争合同及其他合同，从双方在诉讼过程中提供的录音、《询证函》以及2015年9月1日的《到货通知函》来看，双方对其他合同的款项支付情况有争议，故该赊销不足以影响讼争合同的继续履行，该抗辩意见法院不予采纳。

《合同1》与《合同2》项下，建发公司已履行到货通知义务，故该两份合同项下的货物转卖损失，应由海新公司承担，海新公司另需承担该两份合同项下未依约付款的逾期付款违约金。《合同3》与《合同4》项下，没有证据证明建发公司履行了到货通知义务，故该两份合同项下的货物转卖损失，应由建发公司与海新公司各承担50%，海新公司应承担的违约金以其应付的货物差价损失为基数计算。因此，海新公司应赔偿给建发公司的货物差价损失为4275821.4元。

关于违约金的损失，建发公司系自2015年11月5日起主张，并以其签订转卖合同的时间调整违约金的计算基数，该期间计算标准没有超过合同约定的标准，法院予以采纳。根据合同约定的计算标准及建发公司主张的计算期间，截至2016年6月20日共产生违约金997903.28元，前已论述，双方在合同的履行过程中均负有过错，故海新公司应承担的违约金以其应负担的货物差价损失为基数计算，截至2016年6月20日，海新公司应承担的违约金为744538.35元（4275821.40元/5730874.94×997903.28元），此后应继续按照每日万分之五的标准计算至实际付款之日止。

建发公司主张的转卖过程中产生的包装及物流费用，证据不足，法院不予支持。建发公司主张的实现债权而支付的律师费和保全费，法院亦参照双方承担货物差价损失的比例计算，海新公司应承担的律师费为14922.05元、保全费为3730.51元。建发公司超过部分的诉讼请求，法院不予支持。

综上，依照《中华人民共和国合同法》第六十条、第一百零七条、第一百一十四条、第一百二十条，《中华人民共和国民事诉讼法》第六十四条第一款之规定，判决如下：

一、被告漳州市海新饲料有限公司应支付给原告厦门建发原材料贸易有限公司货物差价损失4275821.4元、违约金（截至2016年6月20日为744538.35元，此后以4275821.4元为基数，按每日万分之五的标准继续计算至实际付款之日止）、律师费（暂计至2016年7月5日）14922.05元、保全费3730.51元；

二、驳回原告厦门建发原材料贸易有限公司的其他诉讼请求。

建发公司与海新公司均不服原审判决，提起上诉。在审理过程中，建发公司与海新公司达成调解协议。

【法官后语】

买卖合同在履行过程中，常常出现因一方违约，另一方有过错而共同造成损失的情况。依据《最高人民法院关于审理买卖合同纠纷案件适用法律问题的解释》，若买卖合同的一方当事人违约给对方造成损失，而对方当事人对损失的发生也存在过错的，违约方可以主张扣减相应的损失赔偿额，人民法院应当予以支持。规定体现了公平原则和诚实信用原则。依据公平原则，买卖双方要平等享有权利，负担义务，一方当事人不必负担对方当事人造成的合同损失。依据诚实信用原则，当事人要履行好法定附随义务。在我国，附随义务是指合同当事人依据诚实信用原则所产生的，根据合同的性质、目的和交易习惯所应承担的通知、协助、保密等义务。

一、混合过错规则的认定

混合过错，又叫与有过失、过失相抵，是公平原则的具体化。它不仅仅是侵权行为法的概念，也包括违约损害赔偿的混合过错。它是指对侵权或者违约所造成的损害结果的发生或者扩大，不仅义务人有过错，而且权利人也有过错。我国一些法律对混合过错进行了规定，如《民法通则》第一百三十一条规定："受害人对于损害的发生也有过错的，可以减轻侵害人的民事责任。"第一百一十三条规定："当事人双方都违反合同的，应当分别承担各自应负的民事责任。"前一法条规定侵权损害赔偿的混合过错，后一法条规定违约损害赔偿的混合过错。过失相抵是混合过错的情况下，减轻赔偿金额或免除赔偿责任。

过失相抵的构成，应分成两个方面考察：1. 对于赔偿义务人的责任，应按照构成损害赔偿之债的要件来确定。2. 对于赔偿权利人的责任，其构成须具备以下三项要件：(1) 赔偿权利人的行为系损害发生或扩大的共同原因；(2) 赔偿权利人的行为须不当；(3) 赔偿权利人须有过错。

本案中，建发公司作为卖方应尽到通知海新公司到货的义务，从本案的证据来看，建发公司履行了部分通知提货义务，但建发公司在履行通知义务的过程中有明显瑕疵。故建发公司应就此履行瑕疵承担相应责任。《产品购销合同》中已明确约定了货物的装船期，海新公司作为委托人也应当主动关注货物的到港情况，故关于讼争合同项下建发公司未通知到货部分货物的未及时提货的问题，海新公司也负有过错。

二、混合过错规则的适用

首先，混合过错适用的前提必须是受害人要因对方之违约而受到损害，即因违约行为而产生客观存在的损害，如果违约行为发生后并未造成直接损害，反而是受害人的过错所致损失，则不能适用该规则。其次，如前所述，合同双方均有过错，适用混合过错原则的过程中，要注意混合过错与双方违约规则的区别，混合过错是损害发生时，由违约方的违约行为引起，受害方的过错行为只是对损害发生起到了一定作用。双方违约通常是双方各自违约行为致对方损害的单独原因，仅适用于债务不履行的领域，其责任承担并不限于责任赔偿，还包括强制实际履行等其他责任方式的分担。另外，还要注意混合过错原则与减轻损失规则的区别。减轻损失规则的适用前提是受害人对损失的扩大具有过错，合同法规定，当事人一方违约后，对方应当采取适当措施防止损失的扩大；没有采取适当措施致使损失扩大的，不得就扩大的损失要求赔偿。适用买卖合同司法解释规定的混合过错规则，是以受害人对损失的发生有过错为前提的。再次，在违约或侵权损害赔偿责任是严格责任时，也不影响混合过错原则的适用。最后，如果应当受害人负责的他人的过错，也会导致混合过错原则的适用。

实务中，如何在混合过错原则适用中扣减相应损失赔偿额是一个难点。对此有三种观点：比较双方原因力大小来加以确定；比较双方过失的强弱来确定；综合说，比较原因力强弱和双方过失强弱加以决定。本案中法院采用第三种观点。

本案的焦点之一是讼争合同的履行情况。根据讼争合同的约定，海新公司有在货物到港后付款提货的义务，建发公司负有通知并配合海新公司提货的义务。建发公司是否履行了通知并配合海新公司提货的义务？该义务是否履行将影响对于海新公司是否履行付款提货义务的认定。法院经查明认为，建发公司未能举证证明其曾通过其他方式通知海新公司货物到港情况，认定建发公司履行了部分通知提货义务，但建发公司在履行通知义务的过程中有明显瑕疵。故建发公司对于损失的发生存在过错。另外，海新公司在讼争合同签订之后，因《产品购销合同》中已明确约定了货物的装船期，海新公司作为委托人也应当主动关注货物的到港情况，故海新公司对未能履行及时付款提货的义务造成讼争货物产生的损失，也负有过错。本案适用混合过错规则。在确定双方损失赔偿额分配时，考虑双方均在合同履行过程中均有过错，且义务是对应的，故法院认为双方应平均负担损失，双方各承担50%，这是根据双方过失强弱和原因力综合认定的。本案另一个争议焦点是建发公司的损失如何确定。法院确定本案损失为货物差价、为实现全权产生的律师费和保全费损失、违约金。双方在合同履行过程中均负有过错，故所有损失由双方平均分配。

编写人：福建省厦门市思明区人民法院　邱瑛

66

符合诚实信用原则的救济途径更应被司法裁判确认

——无锡市金珊瑚科技有限公司诉中国矿产有限责任公司无锡分公司、中国矿产有限责任公司买卖合同案

【案件基本信息】

1. 裁判书字号

江苏省无锡市中级人民法院（2017）苏02民终4317号民事判决书

2. 案由：买卖合同纠纷

3. 当事人

原告（反诉被告、被上诉人）：无锡市金珊瑚科技有限公司（以下简称金珊瑚公司）

被告（反诉原告、上诉人）：中国矿产有限责任公司无锡分公司（以下简称矿产公司无锡分公司）；中国矿产有限责任公司

【基本案情】

2016年6月1日，金珊瑚公司与矿产公司无锡分公司签订《工矿产品购销合同》，约定金珊瑚公司向矿产公司无锡分公司购买5卷304型号宝钢不锈钢卷，重量为59.58吨，单价为10600元/吨，总价为631548元。上述合同签订后，金珊瑚公司于6月6日前足额支付货款，矿产公司无锡分公司于6月6日当天向金珊瑚公司交付了5卷59.58吨宝钢不锈钢卷。2016年6月3日，金珊瑚公司与玖蚨公司签订《不锈钢买卖合同》，约定玖蚨公司向金珊瑚公司购买4卷宝钢304型号不锈钢卷，单价为10800元/吨，总价为570348元。该合同签订后，金珊瑚公司遂将矿产公司无锡分公司6月6日交付5卷不锈钢卷中的4卷直接交付给玖蚨公司。

2016年6月15日，玖蚨公司告知金珊瑚公司其收到的4卷不锈钢卷材质有问题。金珊瑚公司遂通知矿产公司无锡分公司，并由双方一起确认，矿产公司无锡分

公司2016年6月6日交付的5卷59.58吨宝钢不锈钢卷系410型号，不符合合同约定的304型号。

后金珊瑚公司与矿产公司无锡分公司就上述不当履行补救事宜多次协商未果，其间不锈钢市价大幅度上涨。金珊瑚公司遂诉至法院，要求矿产公司无锡分公司继续履行合同，并赔偿相应损失，矿产公司无锡分公司则提起反诉，认为钢材市价上涨幅度很大，继续履行合同会导致双方利益显著失衡，金珊瑚公司将获取超额利润，故要求解除2016年6月1日签订的《工矿产品购销合同》，并由双方退货退款。

【案件焦点】

矿产公司无锡分公司违约后，金珊瑚公司能否要求继续履行。

【法院裁判要旨】

江苏省无锡市新吴区人民法院经审理认为：金珊瑚公司要求继续履行买卖合同，更符合契约信守与诚实信用原则。1.《合同法》第一百零七条规定，当事人一方不履行合同义务或者履行合同义务不符合约定的，应当承担继续履行、采取补救措施或者赔偿损失等违约责任。从法律规定的违约责任救济方式位序来看，继续履行应当是优先被选择的路径，依照合同应当严守原则，合同的合法拘束力应当被保护，在继续履行合同与解除合同之间，除非符合法律规定的不能履行情形或者法定解除情形，当事人请求继续履行合同的权利理应受到优先保护。本案中，金珊瑚公司作为守约方，其有权根据自身利益选择最佳救济路径，其要求违约方继续履行合同的权利，应当予以优先考虑。2. 本案不存在《合同法》第一百一十条第三项规定的不能继续履行情形，当事人双方在2016年6月15日发现货物质量问题后即在积极协商处理，金珊瑚公司并未怠于行使权利，只是双方关于解决方案未能达成一致意见，金珊瑚公司也未明确作出放弃要求继续履行合同的意思表示，矿产公司无锡分公司以双方之前未致合意的洽谈来推定金珊瑚公司已放弃其他救济途径，实为单方臆测，不具有事实基础和法律依据。在双方磋商无果后，金珊瑚公司在六个月左右即诉请继续履行合同，非不谓积极主张权利，以通常的交易注意义务和风险救济反应速度来判断，断难谓金珊瑚公司在合理期限内未要求履行。当然，本案中亦不存在《合同法》第一百一十条规定的其他不能继续履行情形。3. 当事人双方均是从事不锈钢交易的商业主体，作为理性经济人，对不锈钢价格在2016年6月后一路上涨的趋势，本院有理由相信，双方均有相当的行业关注和理性认识，矿产公司无锡分公司作为违约方理应认识到价格上涨可能带来的违约代价上升，理应判断出对方有要求继续履行合同的诉求可能，矿产公司无锡分公司应当也有可能在合理期限内积极采取措施来解决违约纠纷，降低自身的违约代价，但从本案审查中，不能看出被告采取了自我救济的积极措施，反而以对方未在合理期限内主张履行相苛责。4. 根据《合同法》第六十三条关于逾期交货应自负价格变动不利后果的法律规定，即使304型号不锈钢卷市场价格大幅上升，造成矿产公司无锡分公司继续履行合同的成本攀升，这亦是矿产公司无锡分公司违约后所应承担的不利后果，应为矿产公司无锡分公司所能预见。况且，矿产公司无锡分公司也未举证证明其继续履行合同所要交付的304型号不锈钢卷就是价格上涨后购买或生产的，其所谓利益对比显著失当的事实基础并非当然存在。从另一个角度讲，当下继续履行合同，可能会造成金珊瑚公司获利远超当初的后果，但这仅是合同继续履行的客观结果，不能作为否定金珊瑚公司主张权利的正当事由，法律判断不能不考虑因果关系的正当性。总之，矿产公司无锡分公司关于继续履行合同显失公平的意见难谓妥当，本院对此不予采信。

江苏省无锡市新吴区人民法院依照《中华人民共和国民法通则》第九十二条，《中华人民共和国合同法》第九十四条第四项、第一百零七条、第一百一十条、第一百一十三条第一款，《中华人民共和国公司法》第十四条第一款之规定，作出如下判决：

一、矿产公司无锡分公司于本判决发生法律效力之日起十日内向金珊瑚公司交付规格3.0×1520×C的304型号不锈钢33.32吨、规格4.0×1520×C的304型号不锈钢26.26吨；

二、矿产公司无锡分公司于本判决发生法律效力之日起十日内赔偿金珊瑚公司经济损失25769.95元及逾期交货的利息损失；

三、矿产公司无锡分公司对上述债务不能清偿部分，由矿产公司承担清偿责任；

四、金珊瑚公司于本判决发生法律效力之日起十日内向矿产公司无锡分公司交付59.58吨410型号不锈钢卷；

五、驳回金珊瑚公司的其他本诉请求；

六、驳回矿产公司无锡分公司的其他反诉请求。

矿产公司无锡分公司不服上诉。无锡市中级人民法院经审理认为：合同履行是实现当事人订立合同目的的有效措施，在违约法律关系中，应赋予守约方根据个案的实际及自身的利益状况选择请求继续履行的权利，使守约方获得原合同规定的利益。本案中，金珊瑚公司选择继续履行是违约后的补救措施，有利于合同目的的实现。

江苏省无锡市中级人民法院依照《中华人民共和国民事诉讼法》第一百七十条第一款第一项之规定，作出如下判决：

驳回上诉，维持原判。

【法官后语】

契约应当严守，这是一个不言自明的法治命题。关于履行非金钱债务不符合约定的，若不存在《合同法》第一百一十条规定的除外情形，守约方当然有权选择要求继续履行，这也是一个不言自明的司法救济路径。但每一次司法裁判，都会因世态纷繁复杂，而从稳定的法条中引申出新的价值衡量。具体到本案中，因涉案钢材市价在争议期间大幅度攀升，若由矿产公司无锡分公司继续另行交付合同项下钢材，则会导致卖方成本剧增、买方获益超期的利益悬殊。基于此，矿产公司无锡分公司提出解除买卖合同并赔偿合理损失的反诉请求。现买卖双方因合同是否继续履行而利益悬殊较大，一切市场行为的背后都是利益驱动，经济利益固然是考量因素，但司法裁判更应当引导并指向健康、成熟、繁荣、稳定的市场经济环境，鼓励在市场交易中严守契约，诚实履行合同。因此，从价值衡量上，与其说司法裁判在制裁违约人的违约行为，毋宁说司法裁判鼓励并保护守约人的全部合同利益，哪怕这些合同利益已经超出签约人的初衷，但只要在合同履行利益射程之内即可。

编写人：江苏省无锡市新吴区人民法院　戴雷

七、其他

67

出借人仅提供账户供他人转账对损失无过错不承担民事责任

——辽宁天龙实业集团有限公司诉江阴天海贸易有限公司、彭某伟买卖合同案

【案件基本信息】

1. 裁判书字号

江苏省无锡市中级人民法院（2016）苏02民初135号民事判决书

2. 案由：买卖合同纠纷

3. 当事人

原告：辽宁天龙实业集团有限公司（以下简称天龙公司）

被告：江阴天海贸易有限公司（以下简称天海公司）、彭某伟

【基本案情】

2012年11月25日，天海公司与天龙公司签订《燃料油内贸合同》，约定天龙公司购买天海公司燃料油，原产地为俄罗斯，合同总额为44250万元，交货港口是中国山东莱州港，付款方式为先款后货，合同电签后，天龙公司在两个工作日内向天海公司支付总货款的10%作为预付款，其中，1250万元按照天海公司的指令发到指定账户，作为海外佣金。当日，天海公司向天龙公司发出付款指令，要求天龙公司将预付款中的3175万元支付到天海公司账户，1250万元中的500万元支付至彭某伟账户、750万元支付至缪忠贤账户。天龙公司于11月26日向缪忠贤汇款750

万元，11 月 27 日向彭某伟汇款 500 万元，12 月 14 日向天海公司转账 1000 万元。

2013 年 2 月 28 日，天海公司出具了《承诺函》，载明：“辽宁天龙集团有限公司：根据本公司与贵司所签订的燃料油买卖合同，贵司先前所支付的货款保证金，本公司承诺在 3 月 8 日之前一次付清。同时，双方商定违约金为 370 万元。特此承诺。”徐中杰亦在承诺函上签字。2013 年 6 月 6 日及 2013 年 9 月 13 日，徐中杰分别出具两份承诺函，承诺款项归还的具体时间。

因天海公司无货可供，经天龙公司索要，天海公司退还了预付款 1370 万元，尚欠 880 万元未还。天龙公司请求解除涉案合同，并认为根据最高人民法院的批复精神，出借银行账户应追究出借人相应的民事责任，故彭某伟应承担连带责任。天海公司同意解除合同，但认为是因天龙公司违约在先及第三方因素才导致合同无法继续履行，应由其承担违约责任；合同约定 1250 万元是海外佣金，故天龙公司要求返还货款 880 万元的主张不应得到支持。彭某伟认为其仅是根据天海公司的指令将天龙公司支付的款项转出至指定的海外账户，不应承担连带责任。

【案件焦点】

1. 天海公司是否应承担返还货款的责任；2. 彭某伟是否应承担相应的连带责任。

【法院裁判要旨】

江苏省无锡市中级人民法院经审理认为：本案所涉《燃料油内贸合同》的标的物燃料油在中华人民共和国领域外，属于涉外商事案件。根据《中华人民共和国涉外民事关系法律适用法》的规定，在当事人没有协议选择的情况下，涉案合同约定标的物燃料油的交货地为山东莱州港，即合同履行地在中华人民共和国境内，故涉案买卖合同的审理应适用中华人民共和国法律。

一、天海公司应承担返还货款的民事责任。天龙公司主张解除涉案合同，天海公司亦表示同意，经双方当事人协商一致，《燃料油内贸合同》应予解除。天龙公司向天海公司支付了货款 2250 万元后，天海公司未能按约供货，亦明确表示合同无法继续履行，导致天龙公司的合同目的无法实现，现涉案合同已合意解除，故对于天龙公司返还货款的诉讼请求，予以支持。对于天海公司提出的天龙公司先行违约的抗辩意见，并非天海公司拒绝返还预付款的合法事由，故对于天海公司的该项抗辩，不予采纳。至于天海公司主张因合同约定 1250 万元为海外佣金故无须返还的意见，亦无法律和事实依据，亦不予采纳。

二、出借银行账户是违反金融管理法规的违法行为，但应区别不同情况追究出借人相应的民事责任。并非出借银行账号即承担责任，而应当考虑出借银行账户的原因和目的，出借账户是否获益、出借人是否具有过错等因素来综合认定出借人的民事责任。本案中，彭某伟虽有出借银行账户的行为，但在案证据并不足以认定其对此有过错或因出借银行账户而获益，天龙公司亦无证据证明彭某伟出借银行账户的行为与天海公司未返还预付款有关，因此，天龙公司以此主张彭某伟对涉案债务承担连带偿还责任，缺乏事实和法律依据，不予支持。

江苏省无锡市中级人民法院作出如下判决：

一、解除天龙公司与天海公司于2012年11月25日签订的《燃料油内贸合同》；

二、天海公司应于本判决生效后十日内向天龙公司返还880万元货款；

三、驳回天龙公司的其他诉讼请求。

【法官后语】

《人民币银行结算账户管理办法》（以下简称人民币管理办法）第六十五条规定："存款人使用银行结算账户，不得有下列行为：（四）出租、出借银行结算账户。"《最高人民法院关于出借银行账户的当事人是否承担民事责任问题的批复》（以下简称最高院批复）规定："出借银行账户是违反金融管理法规的违法行为，人民法院应当依法收缴出借账户的非法所得并可以按照规定处以罚款，还应区别不同情况追究出借人相应的民事责任。"该批复对于具体应如何区别情况、承担何种责任并未详述。

一、何为出借银行账户

江西省高级人民法院法官闵遂赓认为，只有借用人取得了银行账户的直接支配权或间接支配权才构成法律意义上的出借银行账户，否则不应认定构成出借账户。对此，笔者持不同看法。直接或间接支配银行账户固然是出借账户的形式之一，但从银行账户的消费信贷、转账结算和存取现金等基本功能来看，银行账户作为资金流转的媒介，即使借用人对其不具有支配权，仍可通过向出借人发送指示，由出借人进行操作的方式来实现转账结算等功能。故本案中彭某伟将自己的银行账户提供给天海公司完成资金流转，即构成出借银行账户。

二、出借人仅提供账户对损失无过错不承担民事责任

在裁判文书网中以"出借银行账户"为条件进行检索，各地法院生效裁判极不

统一，争议较大。关于账户出借人所应承担的法律责任，第一种观点认为，账户出借人出借其账户供借用人使用，出借人的违法行为与第三人的损失具有直接因果关系，其应当与借用人共同对第三人的损失承担连带责任。第二种观点认为，合同约定向指定账户转款，系合同的履行方式，并不违背法律禁止性规定。账户出借人既非借款人，也非借款实际使用人，不应承担还款责任。

针对本案而言，笔者同意第二种观点，对于银行账户出借人应当承担何种法律责任，应结合出借人与借用人的关系、借用目的和次数、损失后果与出借行为之间的因果关系及出借人对损失后果的过错程度等因素进行判断。结合本案情况，彭某伟仅将自己的银行账户供天海公司办理转账，当天龙公司与天海公司发生纠纷时，根据合同的相对性，合同的权利义务是发生在天海公司与天龙公司之间，天龙公司可基于合同约定向天海公司主张权利。但天龙公司依指示将钱款转移给彭某伟，仅是合同履行方式的一种，并不违反法律禁止性规定。天海公司未按时返还全部预付款的行为与彭某伟提供银行账户供其办理转账并无关联，彭某伟对天龙公司因买卖合同而支出的预付款损失亦无过错，天龙公司不应突破合同相对性，而向彭某伟主张权利。如账户出借人因出借银行账户行为获利的，法院可按照最高院批复，依法收缴出借账户的非法所得并可以按照规定处以罚款，以此来规范违规出借银行账户的行为。

编写人：江苏省无锡市中级人民法院　酆芳　宋婉龄

68

符合买卖合同特性的网上“代购”双方之间不是委托代理关系

——朱某慧诉王某泉、王某冉买卖合同案

【案件基本信息】

1. 裁判书字号

江苏省无锡市中级人民法院（2016）苏02民申108号民事裁定书

2. 案由：买卖合同纠纷

3. 当事人

原告（被上诉人、被申请人）：朱某慧

被告（上诉人、再审申请人）：王某泉、王某冉

【基本案情】

2014年，王某冉发朋友圈称：可以“代购”便宜的苹果6手机，朱某慧与其联系“代购”64台手机，并向其转账325200元。因一直未交货，2014年10月7日，朱某慧到上海找王某冉，要求交付手机，经朱某慧、王某冉与王某交涉，朱某慧从王某的朋友处拿到苹果6手机2部。同月11日，朱某慧再次到上海与王某冉一起去找王某协商交货或退款事宜，次日在当地派出所的协调下，王某向王某冉出具了欠条，确认王某冉向其转账1326200元用于购买苹果6及苹果6 Plus手机，因无法按期交货，承诺归还王某冉购机款1326200元。同日，王某冉出具收条1张给朱某慧，确认收到朱某慧款项314400元，同时出具欠条1张给朱某慧，确认其欠朱某慧用于购买苹果6及苹果6 Plus手机的款项314400元，因其无法如期交货，朱某慧要求全额退款，故确认分批退还购机款314400元，王某泉承诺承担连带保证责任。后王某冉仅向朱某慧支付了20000元。2015年3月18日，朱某慧诉至法院，要求王某冉、王某泉共同归还欠款294400元并支付逾期付款利息。

诉讼中，王某冉、王某泉称：与朱某慧之间仅是代理关系，其在收到朱某慧的款项后全部转汇给了王某，由王某供应手机，实际购买手机的双方是朱某慧与王某，在供应出现问题后，王某冉也已将王某披露给了朱某慧，朱某慧也直接与王某联系交货或者退款。其向朱某慧写收条及欠条是因王某承诺其会还款，其根据王某所写的收条及欠条约定的还款时间给朱某慧所写的只是承诺王某付款后会按比例将一定的款项转交给朱某慧。现王某因合同诈骗被判刑，朱某慧的该291440元包含在王某的合同诈骗金额中。

另查明：上海市宝山区人民法院（2015）宝刑初字第1554号刑事判决书中确认：被告人王某骗取被害人王某冉苹果6手机的订货款共计140余万元，构成合同诈骗罪。

【案件焦点】

网上“代购”双方是委托代理关系，还是买卖合同关系。

【法院裁判要旨】

人民法院经审理认为：本案中王某冉出具收条，确认了收到朱某慧购买手机款项314400元，又出具了欠条确认分批向朱某慧退款。王某冉、王某泉提出其与朱某慧系代理关系，只是代理朱某慧向王某购买苹果6手机，直接发生买卖手机关系的是朱某慧与王某，其不负有向朱某慧付款义务的答辩意见，因王某冉向朱某慧出具的欠条中载明系因王某冉无法如期交货同意向朱某慧全额退款，且王某冉所提供的（2015）宝刑初字第1554号刑事判决书中也载明王某合同诈骗所指向的被害人是王某冉，且法院已经判决王某向各被害人退赔损失，王某冉所提供的证据不足以推翻该刑事判决书确认的事实，亦无法证明其与朱某慧之间是代理关系，所写欠条只是承诺待王某还款后向朱某慧转交。现王某冉未按约向朱某慧返还款项，故对于朱某慧要求王某冉立即归还货款294400元的请求，法院予以支持。王某泉系王某冉欠款的连带保证责任人，对王某冉的付款承担连带保证责任。对于利息，朱某慧的主张符合法律规定，法院予以支持。

一审法院遂判决：

一、王某冉于该判决发生法律效力之日起十日内归还朱某慧货款294400元及利息；

二、王某泉对王某冉的上述付款义务承担连带责任；

三、驳回朱某慧的其他诉讼请求。

被告不服一审判决提出上诉，二审法院同意一审法院的裁判意见，判决如下：

驳回上诉，维持原判。

王某冉、王某泉不服，向江苏省无锡市中级人民法院提出再审申请。

江苏省无锡市中级人民法院经审理认为：网络上“代购”一词的含义并不等同于法律术语“委托代理”购买的含义，故不能仅凭出现了“代购”一词就确认双方之间系委托代理合同关系。原判并未直接认定王某冉与朱某慧之间系买卖合同关系，而是认定双方之间不是委托代理合同关系，及王某冉、王某泉应按上述欠条履行义务。原审作出这一认定的依据是：（一）王某冉未能举证证明其与朱某慧之间系委托代理合同关系。（二）以下证据足以证明双方之间不是委托代理合同关系：1. 王某冉于2004年10月12日出具给朱某慧的《欠条》（王某泉在担保人一栏具名），载明：王某冉欠朱某慧314400元，此款用于购置苹果6与6 Plus手机，因王某冉无法如期交货，现同意分期偿还给朱某慧。2. 王某冉于同日出具给朱某慧的《收条》，载明：王某冉收到朱某慧打款314400元，此款已由朱某慧打入王某冉指定账户，用于购置苹果6与6 Plus手机。3. 刑事判决书确认：王某在不能保证苹果6手机货源的情况下，仍收取王某冉订货款共计140余万元，至案发，大部分手机未交付，造成货款损失117万余元，判决王某构成合同诈骗罪，并责令王某退赔包括王某冉在内的被害人的损失。

江苏省无锡市法院裁定：

驳回王某冉、王某泉的再审申请。

【法官后语】

自从网购兴起后，就出现了网上“代购”这种交易方式，但是网上代购并不等同于法律术语“代理购买”，不能当然地认定“代购”双方之间为委托代理关系，而是应当根据双方达成协议的具体内容来确定法律关系的性质。“代购”人以自己的名义向上家购买商品后，转手出售给“购买”人的，具备买卖合同的特性，应当认定双方之间构成买卖合同关系，而不是委托代理关系。

本案中“代购“双方之间的法律关系并不是委托代理关系，而是买卖合同关系。理由如下：本案中，王某冉首先在微信朋友圈发布了“可以便宜代购苹果6手机”的信息，这个发布应当属于广告，是要约邀请，因为它不包含交易的价格、商品的数量等明确的合同内容，它只是提出订约的建议。朱某慧看到这个广告后，与王某冉联系要求购买。至于两人当时如何达成协议，因未保存证据，过程现已不得而知。但是从后来王某冉及王某出具的收条与欠条、朱某慧的汇款记录，可以看出王某冉与朱某慧当时达成的合意内容包括：朱某慧有义务向王某冉支付苹果6手机款325200元，而王某冉有义务及时交付手机64台。从以上合同内容来看，该合同包括了货物的名称、价格、数量、买方的付款义务、卖方的交货义务，完全符合货物买卖合同的特征。而从上海市宝山区人民法院的刑事判决可以看出，王某冉以自己的名义而不是朱某慧的名义，向上家王某支付了购机款。其并未以被代理人名义实施民事法律行为，不符合委托代理的特征。

综上，这笔微信朋友圈“代购”双方之间存在的是买卖合同关系，而不是委托代理关系。

编写人：江苏省无锡市中级人民法院　李海林　申富军

69

买卖合同约定不明情况下交易习惯的认定与适用

——周某东诉北京冰城利轩铭餐饮管理有限公司买卖合同案

【案件基本信息】

1. 裁判书字号

北京市第三中级人民法院（2017）京03民终5086号民事判决书

2. 案由：买卖合同纠纷

3. 当事人

原告（被上诉人）：周某东

被告（上诉人）：北京冰城利轩铭餐饮管理有限公司（以下简称冰城利轩铭公司）

【基本案情】

为证明向冰城利轩铭公司供应货物的事实，周某东提交了2015年5月至2016年4月（除2016年2月）的收据，其中2015年5月收据金额合计1085886元、6月收据金额合计1166993元、7月收据金额合计1221281元、8月收据金额合计1192202元、9月收据金额合计702488元、10月收据金额合计619759元、11月收据金额合计361696元、12月收据金额合计216849元，2016年1月收据金额合计109794元、3月收据金额合计294101元、4月收据金额合计346125元。上述收据均载明开具时间、金额，其中收款人处有周某东签字，交款人或收款单位公章处有冰城利轩铭公司员工王某峰或赵某涛的签字。周某东称2015年5月至9月、11月至12月的款项已经结清，均通过银行转账方式支付给周某东；2015年10月，2016年1月、3月、4月的货款未支付；周某东与冰城利轩铭公司的交易形式不规范，收据中收款人处签字只代表确认送货金额，不代表确认收到货款。

诉讼中，本院依据周某东的申请调取了其名下银行卡号的流水。银行流水显示：

2015年6月28日，张某向周某东分别支付100万元和85800元；2015年7月27日，张某向周某东分别支付100万元和166900元；2015年8月26日，张某向周某东分别支付100万元和221200元；2015年9月29日，张某向周某东分别支付100万元和192100元；2015年11月5日，张某向周某东支付702400元；2016年1月20日，张某向周某东支付361600元；2016年4月22日，张某向周某东支付216800元。张某为冰城利轩铭公司的法定代表人。

【案件焦点】

如何结合已结款项认定双方关于付款方式的交易习惯，并据此对双方争议的合同条款进行解释。

【法院裁判要旨】

北京市朝阳区人民法院经审理认为：周某东提交的收据载明了货物名称和金额且有冰城利轩铭公司职员的认可，可以证明双方之间形成了事实上的买卖合同关系，该合同关系合法有效。

关于2015年10月，2016年1月、3月、4月收据载明的货款金额。收据中收款人处有周某东签字，双方对此有不同理解，周某东认为收款人处签字只代表认可送货金额，而冰城利轩铭公司则认为周某东在收款人处签字表明其已经收到了相应的货款。在双方对货款交付方式无书面约定的情况下，应依照交易习惯予以确定。根据周某东的银行流水可以看出，2015年5月至9月、11月至12月收据载明的货款金额依次于2015年6月至9月、2015年11月、2016年1月、2016年4月由冰城利轩铭公司的法定代表人张某通过转账方式支付，张某的转账时间与金额能够与收据载明的货款金额相对应，说明依照周某东与冰城利轩铭公司的交易习惯，货款的结算方式是在送货后的次月或之后通过银行转账方式支付。现冰城利轩铭公司主张2015年10月，2016年1月、3月、4月的货款已经支付，但未提交任何有关款项支付的证据，冰城利轩铭公司主张上述货款通过现金支付的主张亦不符合双方之间的交易习惯，故对于冰城利轩铭公司主张该部分货款已经支付的答辩意见，本院不予采信。周某东有权要求冰城利轩铭公司支付2015年10月，2016年1月、3月、4月尚欠的货款。

北京市朝阳区人民法院依照《中华人民共和国民法通则》第一百三十五条，《中华人民共和国合同法》第六十一条、第一百五十九条之规定，判决如下：

一、被告北京冰城利轩铭餐饮管理有限公司于本判决生效之日起七日向原告周某东支付货款1369779元；

二、驳回原告周某东的其他诉讼请求。

冰城利轩铭公司不服一审判决，提出上诉。二审法院同意一审法院的裁判意见。

北京市第三中级人民法院依照《中华人民共和国民事诉讼法》第一百七十条第一款第一项之规定，作出如下判决：

驳回上诉，维持原判。

【法官后语】

买卖合同通常应当具备买方、卖方、单价、数量、付款时间、付款方式等基本要素，但是在餐饮、装修等领域，买卖合同关系往往是一段时间内频繁连续发生，单次的送货金额较小，因此实践中这种类型的买卖合同关系经常表现为送货单的形式。送货单形式上随意性很大，且内容较为简单，一旦发生纠纷极易发生因约定不明对合同条款理解上的分歧。具体到本案来说，周某东的送货凭证为大量收据，即送货单。为了证明冰城利轩铭公司尚欠的货款金额，周某东提交了欠付货款对应的收据，收据中收款人处均有周某东签字，周某东认为收款人处签字只代表认可送货金额，而冰城利轩铭公司则认为周某东在收款人处签字表明其已经收到了相应的货款。从“收款人”的字面意思理解，可以理解为周某东认可收款的事实，但结合本案的具体案情，仅从字面出发对合同进行解释显然失之偏颇。

《合同法》第六十一条规定，合同生效后，当事人就质量、价款或者报酬、履行地点等内容没有约定或者约定不明确的，可以协议补充；不能达成补充协议的，按照合同有关条款或者交易习惯确定。这里的交易习惯是指在交易行为当地或者某一领域、某一行业通常采用并为交易对方订立合同时所知道或者应当知道的做法，或者指当事人双方经常使用的习惯做法。本案中，通过对已结货款对应收据与周某东的银行流水进行比对可以发现，周某东和冰城利轩铭公司之间通常是按月结算，结算方式为在送货后的次月或之后由冰城利轩铭公司的法定代表人通过银行转账方式向周某东支付货款。在冰城利轩铭公司不能提供反证的情况下，应该依据交易习惯对收据中的“收款人”进行解释，即周某东在收款人处签字仅表明其认可送货金额，而不代表其已经收到货款。

值得指出的是，交易习惯一旦认定会对合同履行产生重大影响，因此须结合交易双方较长时间或较多同类型交易行为进行认定。交易习惯的效力是基于当事人意思而产生，从这个角度出发，如果在合同中有明确的条款同某种习惯做法相冲突时，则这种习惯做法就不能被认定为交易习惯。

编写人：北京市朝阳区人民法院 薛泓

70

关于网络交易平台披露经营者信息有效性的认定

——周某诉朱某龙、浙江淘宝网络有限公司买卖合同案

【案件基本信息】

1. 裁判书字号

北京市通州区人民法院（2017）京0112民初1734号民事判决书

2. 案由：买卖合同纠纷

3. 当事人

原告：周某

被告：朱某龙、浙江淘宝网络有限公司（以下简称淘宝公司）

【基本案情】

2016年12月12日，原告周某在朱某龙经营的淘宝店铺购买去火茶100件，共花费2243.8元。收货后，原告周某发现朱某龙出售的去火茶违法添加莲子心，且无生产许可证，故将朱某龙、淘宝公司诉至法院，要求朱某龙退款2243.8元并支付十倍赔偿金22438元，淘宝公司对上述给付义务承担连带责任。本院受理该案后，通过司法专邮向朱某龙送达起诉状副本、开庭传票等诉讼材料，未能成功送达。原告周某称其无法提供朱某龙其他有效联系方式并拒绝公告送达，同时申请撤回对朱某龙的起诉，仅以被告淘宝公司未能提供朱某龙地址和有效联系方式为由，要求被告淘宝公司承担赔偿责任。

被告淘宝公司不同意原告周某的诉讼请求，称淘宝公司作为技术平台，上面有海量的卖家信息，淘宝公司只能对卖家的身份和必要的证件进行审查，淘宝公司已经向原告周某提供了卖家朱某龙的身份信息和食品流通许可证，已经履行了事前审查义务，淘宝公司无法控制淘宝平台上卖家出售的产品及包装标识。法院未能成功送达起诉状副本和开庭传票并不意味着淘宝公司没有提供真实有效的身份信息，淘宝公司提供了卖家的身份证已经指定了有效的且唯一的卖家，卖家逃避履行义务，但淘宝公司已经履行了相应的义务。

【案件焦点】

1. 如何认定网络交易平台提供卖方信息有效性；2. 淘宝公司是否应当承担退货退款及十倍赔偿的责任。

【法院裁判要旨】

北京市通州区人民法院经审理认为：根据查明的事实，原告周某主张被告淘宝公司承担上述责任的主要理由为被告淘宝公司披露的卖家朱某龙的地址和联系方式非真实有效，导致无法向卖家朱某龙送达起诉状副本和开庭传票。对此，本院认为，法律规定网络交易平台提供者不能提供销售者真实名称、地址和有效联系方式情形下承担先行赔付责任的立法本意在于要求网络交易平台提供者对利用网络开展经营活动的经营者的身份进行审查与核实，在消费者与经营者发生争议时能向消费者披露经营者真实身份和经营资质以便消费者通过合法的途径进行维权。本案中，淘宝公司在卖家朱某龙注册时对其身份进行了审核，并披露了朱某龙的名称、地址和联系方式，至于本案未能通过司法专邮向卖家朱某龙有效送达起诉状副本和开庭传票，并不影响原告周某通过诉讼途径继续维权，故对于原告朱某龙的该项主张本院不予采信。综上，北京市通州区人民法院依照《中华人民共和国民事诉讼法》第六十四条第一款之规定，判决如下：

驳回周某的诉讼请求。

【法官后语】

随着互联网应用技术的飞速发展以及互联网普及率的持续攀升，网上购物迅猛发展。集低价、便捷、品类齐全等优点于一身的网购，已经成为不少消费者生活的重要助手。在网络购物人数及交易量猛增的同时，网络购物纠纷频发。为了厘清消费者、经营者以及网络交易平台之间的权责关系，充分保障消费者权益，《消费者权益保护法》第四十四条规定了在网络交易过程中，网络交易平台提供者具有对经营者的资格审核义务、信息披露义务等，若未履行义务，则应承担相应的民事责任。但实践中，关于网络交易平台披露经营者信息有效性的认定却存在不同的声音和探讨。

一、网络交易平台属性及责任承担之相关规定

网络交易平台，是相对于传统购物模式中实体买卖场所而言的，其具有以下属性：1. 虚拟性，即所展示的商品或服务是通过平台展示，而非传统买卖场所的实物陈列；2. 信息海量性，网络交易平台在商品或服务的类别、品种以及数量上远远超过传统买卖场所；3. 高风险性，鉴于网络交易平台的虚拟性，整体运营的管理、对海量信息的甄别以及相关纠纷的处理规则面临巨大挑战。

正是基于签署网络交易平台的特殊属性，《消费者权益保护法》对于网络交易平台的责任做出了特别规定，增加了网络交易平台责任承担的条款，从法律层面对平台责任的归责原则及承担方式进行了确认。该法第四十四条明确规定："消费者通过网络交易平台购买商品或者接受服务，其合法权益受到损害的，可以向销售者或者服务者要求赔偿。网络交易平台提供者不能提供销售者或者服务者的真实名称、地址和有效联系方式的，消费者也可以向网络交易平台提供者要求赔偿；网络交易平台提供者作出更有利于消费者的承诺的，应当履行承诺。网络交易平台提供者赔偿后，有权向销售者或者服务者追偿。网络交易平台提供者明知或者应知销售者或者服务者利用其平台侵害消费者合法权益，未采取必要措施的，依法与该销售者或者服务者承担连带责任。"通过该条规定的梳理可知，网络交易平台未提供销售者或者服务者真实名称、地址和有效联系方式的，消费者可以向网络交易平台提供者要求赔偿。之所以做出这样的制度设计，旨在促使网络交易平台在内部监管及日常运作时必须保有基本的审慎义务，力争构建诚信、有序的良性交易秩序。

二、网络交易平台披露经营者信息有效性的认定

根据前述规定，当平台不能提供销售者或者服务者真实姓名、地址和有效联系方式时，消费者有权要求其承担赔偿责任。那么，对于"不能提供"应当如何理解与使用，笔者认为应当考虑以下因素：

1. 从时间上，网络交易平台应当在消费者提起请求时，提供卖家信息。

在司法实践中，对于卖家信息的提供时间应该以何时为准存在争议。第一种观

点认为，只要在起诉之前，网络交易平台提供了卖家的信息，即可免责。第二种观点认为，网络交易平台应当在起诉之前提供卖家信息，如果起诉之后再行提供将导致信息披露失去意义，不能免责。对此，笔者认为，在网络交易安全的大背景下，不能简单以时间节点标准对网络交易平台是否承担责任进行评价，应当根据案件情况进行综合考量。当前，淘宝、京东等各大网络交易平台在处理交易纠纷时，对于“信息披露”均进行了相应的规定，只有在符合特定条件的情况下才会进行信息披露。信息披露条件的严格程度、流程的设置繁易程度都将会对买卖双方造成重要的影响，条件过于严苛、流程过于繁杂将会对消费者维权不利，反之条件过于宽泛或简化则可能导致卖家尤其是个人卖家信息安全无法得到基本保护。为此，在司法实践中，我们应当平衡好消费者权益保护以及卖家信息安全保护二者之间的关系。对此，笔者认为“信息披露”提供时间应当在交易平台信息披露的一般规则前提下灵活处理，即网络交易平台应当在消费者提起请求和相关证明材料时，披露卖家信息，方便消费者索赔。但如果买方维权请求明显无法律或事实依据，不符合信息披露要求的，网络交易平台有权予以拒绝。对于消费者未申请信息披露或消费者申请信息披露不符合条件的，网络交易平台可以免责。

2. 从内容上，网络交易平台提供的卖家信息应当能够指定有效且唯一的卖家。

根据《消费者权益保护法》第四十四条之规定，网络交易平台应当提供卖家的真实名称、地址和有效联系方式。虽然立法对网络交易平台披露卖家信息的内容进行了明确，但是对于如何理解“真实、有效”，实践中有不同的看法，一种观点认为只要网络交易平台审核并向消费者披露卖家信息即为有效；另一种观点则以能够实际与卖家取得联系作为认定标准。

对此，笔者认为第一种观点更为妥当。因为法律规定网络交易平台提供者不能披露卖家真实名称、地址和有效联系方式情形下承担先行赔付责任的立法本意在于要求网络交易平台提供者对其利用网络开展经营活动的经营者的身份进行审查与核实，在消费者与经营者发生争议时能够向消费者披露卖家真实身份和经营资质以便消费者通过合法途径进行维权。故网络交易平台在卖家入驻时对其身份进行了审核，并披露了涉案卖家的真实姓名、地址和联系方式的情况下，卖家因何原因无法联系并不影响法院通过其他方式送达法律文书，亦不影响消费者通过诉讼途经维护合法权益。

结合本案，淘宝公司在卖家朱某龙注册时对其身份进行了审核，并披露了朱某龙的名称、地址和联系方式，至于本案未能通过司法专邮向卖家朱某龙有效送达起诉状副本和开庭传票，并不影响原告周某通过诉讼途径继续维权。原告周某因本院未能通过司法专邮向卖家朱某龙有效送达起诉状副本和开庭传票并不同意公告送达进而撤回对卖家朱某龙起诉的行为，视为原告周某放弃了向卖家朱某龙主张责任的权利。在此种情况下，原告周某要求淘宝承担责任于法无据，故本院驳回了原告周某的诉讼请求。

编写人：北京市通州区人民法院　梁联林

71

居间合同与买卖合同的认定

——李某忠诉厦门市翼晖新型建材有限公司买卖合同案

【案件基本信息】

1. 裁判书字号

福建省厦门市中级人民法院（（2017）闽02民终4504号民事判决书

2. 案由：买卖合同纠纷

3. 当事人

原告（上诉人）：李某忠

被告（被上诉人）：厦门市翼晖新型建材有限公司（以下简称翼晖公司）

【基本案情】

2013年8月1日，原告李某忠以上海宝冶集团有限公司的名义与被告翼晖公司签订《产品购销合同》，双方约定被告翼晖公司向上海宝冶集团有限公司位于闽南古镇一标段提供蒸压多孔砖，规格240×180×90单价为1.15元，规格240×90×90单价为0.75。除蒸压多孔砖外还提供蒸压加气砼砌块，规格600×200×200，单价为285元。合同生效后，被告履行了供货义务，原告履行了部分付款义务，共向原告支付货款2000000元。2016年4月8日，受原告委托，吴爱辉与被告翼晖公司进行结算对账，签订了《对账汇总表》，双方在《对账汇总表》闽南古镇二期I标宝冶一栏确认：供货总金额为2253685.9元、应付提成280003.9元、已付提成95000元、已付货款2000000元、实际欠款68682元。

【案件焦点】

原告李某忠与被告翼晖公司是否存在居间合同法律关系。

【法院裁判要旨】

福建省厦门市海沧区人民法院经审理认为：法律规定，居间合同是指居间人向委托人报告订立合同的机会或者提供合同的媒介服务，委托人支付报酬的合同。第一，原告并未提供证据证明原告与被告之间系居间合同关系；第二，《产品购销合同》形式上是被告翼晖公司与上海宝冶集团有限公司之间签订，但上海宝冶集团有限公司并不认可，上海宝冶集团有限公司也从未支付过货款给被告，全部货款均由原告李某忠支付给被告翼晖公司，因此本案《产品购销合同》实际为原告李某忠以上海宝冶集团有限公司的名义所实施的合同行为。故本案并不存在居间合同法律关系，本案讼争纠纷应为买卖合同纠纷。根据《对账汇总表》所确认的事实，原、被告双方已经就货款和提成做了最终的结算，提成冲抵后，原告尚欠被告货款68682元。综上所述，原告李某忠请求判令被告向其支付中介服务费没有事实和法律依据，本院不予支持。

福建省厦门市海沧区人民法院依照《中华人民共和国民事诉讼法》第六十四条规定，判决如下：

驳回原告李某忠的诉讼请求。

李某忠不服一审判决，提出上诉。福建省厦门市中级人民法院经审理认为：主张法律关系存在的当事人，应当对产生该法律关系的基本事实承担举证证明责任。因李某忠未提交与翼晖公司或上海宝冶集团有限公司签订的居间合同，李某忠举证的翼晖公司与上海宝冶集团有限公司签订的《产品购销合同》中并未约定李某忠系该合同的居间人为合同当事人提供居间服务，而《产品购销合同》约定的货物单价与翼晖公司给予李某忠实际价格的差价亦不能证明李某忠的居间人身份，《对账汇总表》中虽体现闽南古镇二期I标宝冶工程的“应付提成”及

"已付提成"金额，但该项目最终对账结果是李某忠实际欠款68682元，所体现的法律关系明显与李某忠主张的居间合同不符。综上，李某忠以其为翼晖公司提供居间服务为由要求翼晖公司支付中介服务费的诉讼请求缺乏依据，本院不予支持。李某忠的上诉请求不能成立，应予驳回。一审判决认定事实清楚，适用法律正确，应予维持。

福建省厦门市中级人民法院依照《中华人民共和国民事诉讼法》第一百七十条第一款第一项之规定，判决如下：

驳回上诉，维持原判。

【法官后语】

居间合同是合同法规定的有名合同之一，指的是居间人向委托人报告订立合同的机会或者提供订立合同的媒介服务，委托人支付报酬的合同。而买卖合同是出卖人转移标的物的所有权于买受人。在案件审理过程中，区别合同的性质是居间合同或者是买卖合同对于裁判结果有着基础性的作用。

一、买受人支付价款的合同双方之间是否达成居间合同关系

首先，要看居间人和委托人之间有没有签订居间合同或者类似居间关系的合同。是否通过居间合同进行了权利和义务的约定。在本案中，李某忠主张其与翼晖公司存在居间合同关系，以此为由向翼晖公司要求给付中介服务费。但是在法院查明认定的事实中，却没有双方居间合同的文本，也没有证据表明双方对之间的居间合同关系进行了约定。

其次，要看居间人是否通过向委托人报告订立合同的机会，或者提供了订立合同的媒介服务，以实现委托人与第三人之间签订合同。具体到本案中，就是要看李某忠是否通过实际的行为实现了为翼晖公司与上海宝冶集团签订买卖合同的行为。而在本案中，作为案外人的上海宝冶集团有限公司仅仅签订了一份产品购销合同，并没有参与到与翼晖公司的买卖合同中。而是李某忠以上海宝冶集团有限公司的名义与翼晖公司进行货物的买卖关系。因此，原告李某忠并不是居间合同的居间人，而是参与到了买卖合同的进程中。

二、居间合同与买卖合同的区别

居间合同与买卖合同之间的区别，要看双方合同关系的标的是什么类型。如果是货物买卖，是买卖合同；如果是一方提供信息，报告签约机会，另一方支付费

用，则是居间合同。具体到本案，经审理查明认定，李某忠与翼晖公司之间实际是买卖合同关系。对于在本案中，李某忠以上海宝冶集团有限公司的名义与翼晖公司签订《产品购销合同》。翼晖公司履行了供货义务，而李某忠作为买受人履行了付款义务，并与翼晖公司进行对账结算。在此期间，作为《产品购销合同》买受人的上海宝冶集团有限公司并没有起到任何作为。因此，李某忠实际上承担了上海宝冶集团有限公司的地位。而居间合同中居间人应当只是为委托人提供订立合同的机会，李某忠在与翼晖公司的买卖中的行为不是居间人的义务。因此，在合同关系中，李某忠没有履行居间行为，也就没有向翼晖公司请求中介费的请求权基础，李某忠的诉求缺乏事实和法律依据。

综上，合同关系双方之间的权利义务要看合同关系的具体类型。不同的合同关系产生着不同的法律关系，适用不同的法律规范。因此，要在认定法律事实基础上准确认定合同关系，才能维护双方当事人正当的合同利益。

编写人：福建省厦门市海沧区人民法院　薛自力　宁鑫

72

以订立买卖合同的方式来担保借款之性质认定

——郑某平诉郑某忠、钟某英买卖合同案

【案件基本信息】

1. 裁判书字号

福建省莆田市中级人民法院（2017）闽03民终597号民事判决书

2. 案由：买卖合同纠纷

3. 当事人

原告（被上诉人）：郑某平

被告（上诉人）：郑某忠

被告：钟某英

【基本案情】

2013年10月22日，郑某平（乙方）与郑某忠、钟某英（甲方）签订一份《房屋买卖合同》，合同约定：甲方将位于莆田市涵江区大洋乡大洋村渡口东路×号（房屋面积为188.38平方米）为混合土结构的房屋出卖于乙方，集体土地使用权证号为荔集建（2002）第10001501号，双方约定房屋买卖价格为150万元，合同签订后即生效，房屋所有权归乙方所有。付款方式为乙方在本协议生效后向甲方支付购房款150万元，支付方式为现金及银行转账均可，甲方两年内可以回购房屋，但应按月利率2%向乙方支付已付购房款的利息。郑某平分别于2013年10月22日、同月23日、11月10日支付给郑某忠、钟某英上述房屋购房款60万元、50万元和40万元，共计150万元。在签订《房屋买卖合同》当日，郑某平（甲方）又与郑某忠、钟某英（乙方）签订一份《房屋租赁合同》，约定：甲方将其向乙方购买的上述房屋出租给乙方居住使用，租赁期限为二年（即自2013年10月22日至2015年10月21日），月租金为5000元（每月1号支付当月租金）；乙方逾期交付租金的，除应补交欠租外，仍应按月租金3%以逾期天数计算向甲方支付违约金。此后，郑某忠、钟某英继续占有使用上述房屋，且未向郑某平支付任何租金，郑某忠于2014年11月13日归还郑某平购房款50万元。2015年4月10日，在郑某平的见证下，郑某忠出具一份《保证书》，内容为："本人郑某忠位于涵江区大洋乡大洋村渡口东路×号房屋四开间四层，于2013年10月22号已经以150万元出售给郑某平，因本人经济困难，且经郑某平同意，本人保证于2015年10月12号前将该房屋出售，如果能够及时高价出售，出售款直接返还郑某平，如果无法出售，本人无条件腾空房屋，将房屋交给郑某平。注：（现已还款50万元，利息12万元未还），本单两件，各持壹份。以前结清楚。郑某忠、钟某英系夫妻关系，二人未返还购房款余额，故郑某平向本院提出诉讼请求：1. 判令确认郑某平与郑某忠、钟某英签订的《房屋买卖合同》无效；2. 判令郑某忠、钟某英返还购房款150万元并支付该款自2013年11月10日起至还清之日止按照中国人民银行同期贷款利率计算的利息（暂计至起诉之日止利息约为14.4万元）；3. 判令郑某忠、钟某英支付郑某平租金人民币12万元（2013年10月22日起至2015年10月21日止按每月0.5万元计算）；4. 判令郑某忠、钟某英支付郑某平房屋占有使用费（从2015年10月22日起计至本案判决生效之日止按照每月0.5万元计算，暂计至起诉之日止月6.5万元）。

【案件焦点】

本案法律关系性质是买卖合同纠纷还是借贷合同纠纷。

【法院裁判要旨】

福建省莆田市涵江区人民法院经审理认为：本案为房屋买卖合同纠纷。郑某平与郑某忠、钟某英分属不同的集体经济组织成员，郑某忠将建设在农村集体所有的土地及其房屋转让给非本集体经济组织成员即郑某平，违反了法律强制性规定，故《房屋买卖合同》是无效的。因无效合同取得的财产，郑某忠、钟某英应当予以返还。在郑某忠出具的《保证书》中其确认利息12万元未还，故该利息应计至郑某忠返还购房款50万元之日即2014年11月13日；郑某平的其余经济损失，可酌情按双方口头约定的月利率2%计算。郑某忠有关本案的辩解意见依据不足，本院不予采纳。钟某英经本院合法传唤，无正当理由拒不到庭参加诉讼，本院依法缺席审理和判决。

福建省莆田市涵江区人民法院依照《中华人民共和国土地管理法》第二条第三款、第六十三条，《中华人民共和国合同法》第五十二条第五项、第五十八条及《中华人民共和国民事诉讼法》第六十四条第一款、第一百四十四条的规定，判决如下：

一、郑某平与郑某忠、钟某英签订的《房屋买卖合同》无效；

二、郑某忠、钟某英应在本判决生效后五日内返还郑某平购房款100万元及以该款为基数自2014年11月14日起至购房款还清之日止按月利率2%计算的经济损失；

三、郑某忠、钟某英应在本判决生效后五日内支付郑某平购房款利息12万元。

郑某忠不服原审判决提起上诉。福建省莆田市中级人民法院经审理认为：涉案的《房屋买卖合同》虽然系由被上诉人郑某平与上诉人郑某忠、原审被告钟某英自愿签订，但因三方系非同一集体经济组织成员，故该合同违反了法律关于农村房屋只能在同一集体经济组织成员之间转让的强制性规定，应属无效，一审对此予以认定，是正确的，应予维持。二审中，双方对讼争款项按月利率2%计算利息均无异议，本院予以认定。因涉案合同无效，故被上诉人请求上诉人郑某忠返还尚欠的款项及按照相应利息计算的经济损失，于法有据，应予支持。对于被上诉人郑某平二审提供的一份《保证书》，上诉人郑某忠承认该《保证书》中的内容及签名系其本人书写，故对该《保证书》，本院予以采信。对于尚欠的款项数额，因上诉人郑某忠保管的《保证书》及被上诉人郑某平保管的《保证书》，均明确载明“现已还款50万元”，故应认定上诉人郑某忠只归还50万元，尚欠100万元款项未归还。上诉人郑某忠主张其已归还全部的150万元，但没有提供充分证据予以证实，应承担举证不能的法律责任，故本院对其该主张不予采信。对于利息的起算点，因上述《保证书》中没有载明结算的12万元利息是结算至何时，故按照习惯，应认定该利息系结算至该《保证书》出具的时间止。鉴于被上诉人郑某平自己保管的上述《保证书》落款时间是2015年4月11日，本院酌情认定双方约定的欠12万元利息系计算至该日，故上诉人郑某忠应自2015年4月12日起以未还款数额100万元为基数，按照双方约定的月利率2%支付利息。一审以被上诉人郑某平的主张认定利息起算点不当，本院予以纠正。上诉人郑某忠主张其汇款给被上诉人郑某平媳妇颜某梅的25.1万元系归还本案款项，但由于该些款项系在该《保证书》出具之前汇款，且被上诉人郑某平一审提供的其于2013年8月30日汇款给上诉人郑某忠17万元的记录可以证实双方除本案外还有其他经济往来，上诉人郑某忠在一审中也自认双方在本案房屋买卖之前还有其他经济往来，故在上述《保证书》已经明确载明上诉人郑某忠只还款50万元的情况下，上诉人郑某忠的该主张没有事实和法律依据，本院不予采信。上诉人郑某忠另主张其用现金还款84.9万元，但其没有提供证据予以证实，且被上诉人郑某平对此也予以否认，故本院对其该主张也不予采信。原审被告钟某英经合法传唤未到庭参加诉讼，视为放弃诉讼权利，本院依法缺席审理和判决。对于诉讼费，一审中，被上诉人郑某平有变更过诉讼请求，故一审法院按照变更前的诉讼请求收取诉讼费不当，应予纠正。综上所述，一审法院认定事实基本清楚，但部分处理不当，本院予以纠正。

福建省莆田市中级人民法院依照《中华人民共和国合同法》第五十二条第一款第五项、第五十八条，《中华人民共和国民事诉讼法》第一百七十条第一款第一项、第二项之规定，判决如下：

一、维持莆田市涵江区人民法院（2016）闽0303民初3632号民事判决第一项、第三项；

二、撤销福建省莆田市涵江区人民法院（2016）闽0303民初3632号民事判决第二项、第四项；

三、上诉人郑某忠、原审被告钟某英应在本判决生效之日起五日内返还给被上诉人郑某平购房款100万元及以该款为基数自2015年4月12日起至还清之日止按月利率2%计算的经济损失；

四、驳回被上诉人郑某平的其他诉讼请求；

【法官后语】

近年来，随着我国经济的高速发展，民间借贷活动中逐渐出现并流行一种非典型的担保方式，即借贷关系中的双方当事人在签订了借贷合同之后，再拟定一份房屋买卖合同，其目的在于若借款人到期不能偿还借款，则履行房屋买卖合同，借款人要直接将房屋转让给出借人，以此抵偿借款。人民法院对类似案件大多以“买卖合同纠纷”为案由，以当事人之间的买卖关系为审理对象，但随着此类案件递增，有些法官将其称之为“担保型买卖合同”，并在司法实践中将其案由逐渐由买卖合同纠纷转变为借贷合同纠纷。在这类纠纷中，由于该买卖合同具有不同于一般买卖合同的目的，即以担保借款合同债权实现为目的，最高人民法院将这种《最高人民法院关于审理民间借贷案件适用法律若干问题的规定》第二十四条所述的情形称为之“民间借贷合同与买卖合同混合情形”。

上述案例就是属于“民间借贷合同与买卖合同混合情形”。该案的争议焦点是原、被告之间的法律关系是买卖合同纠纷还是借贷合同纠纷？关于本案法律关系性质的认定问题，笔者认为一、二审均认定本案是房屋买卖合同纠纷，值得商榷，理由如下：1. 从房屋买卖合同约定的内容来看，与一般的房屋买卖合同不同，合同约定郑某忠两年内可以回购房屋，但应按月利率2%向郑某平支付已付购房款的利息，购房合同约定的内容与一般交易习惯不符，且案涉房屋为农村自建房，交易价格高达150万元与其实际价值是否吻合；2.《房屋买卖合同》签订当日，郑某平又与郑某忠、钟某英签订一份《房屋租赁合同》，郑某忠、钟某英继续占有使用上述房屋，且未向郑某平支付任何租金，同样不符合交易习惯；3.《房屋买卖合同》签订后近两年的时间，郑某平没有要求办理相关过户手续，也没有要求交付房屋，郑某忠返还购房款50万元后出具《保证书》，保证其于2015年10月12号前将该房屋出售，出售款直接返还郑某平，上述行为表明郑某平无意购买该房屋，真实意思表示应是出借资金给郑某忠，双方也是按借贷关系互相履行相互的义务，《最高人民法院关于审理民间借贷案件适用法律若干问题的规定》第二十四条规定，当事人以签订买卖合同作为民间借贷合同的担保，借款到期后借款人不能还款，出借人请求履行买卖合同的，人民法院应当按照民间借贷法律关系审理，并向当事人释明变更诉讼请求。当事人拒绝变更的，人民法院裁定驳回起诉。本案中原、被告就借贷达成合意且出借方已经实际将款项交付给借款方，即可认定借贷关系成立。郑某平出借150万元并约定月利率2%利息的行为，可以认定双方之间成立借贷关系，其与郑某忠、钟某英签订购房合同仅有买卖的外观，实质上是为了担保债务的履行，双方当事人之间成立一种非典型的担保关系，故本案应为民间借贷纠纷。

审判实践中法院如何界定案件中是否存在“民间借贷合同与买卖合同混合情形”。在这类纠纷中，当事人往往就同一笔债务先后签订有买卖合同和借款合同，而且同时约定如到期不能履行借款合同，则债务人履行买卖合同，甚至在上述案例中还存在租赁合同，而租金是为了使收取借款产生的利息合理化。而“民间借贷合同与买卖合同混合情形”案件的特点：1. 案件中同时存在两份合同——借贷合同与买卖合同，甚至附带其他相关联的合同，它们看似独立实则紧密联系，买卖合同是以借款关系的成立为前提，买卖关系的出现是手段，借贷关系才是目的。这就使得此种买卖合同与一般的单纯以转移标的物所有权为目的的买卖合同区分开来；2. 两种合同在实践中很难从表面看出联系，需要根据案件情况来具体分析。一旦债务人届时不履行债务，当事人对买卖合同是否具有担保性极易产生纠纷，这也是案件争议的关键所在。3. 买卖合同仅具有买卖的外观，实质上仍是借款合同的担保，具有从属性。买卖合同履行与否取决于债务人是否对主合同的债务进行清偿。它的设立、变更、消灭完全依赖于主合同的变化，因此该买卖合同不可脱离该借款合同而单独存在。

在“民间借贷合同与买卖合同混合情形”的案件中，如果有证据证明当事人就同一笔款项既存在借贷关系，又有买卖关系，而且该买卖关系的存在有担保该债务履行的目的，那么该买卖关系的存在是以借贷关系为前提的，没有借贷法律关系，买卖关系便是无源之水。因此法院审理此类案件若仅认定为买卖合同纠纷，抛弃当事人之间本质的法律关系而审理名义上的法律关系，则法官只能就当事人之间的买卖法律关系进行审理，就无法做到对案件事实的全面审查，从而可能导致片面的、有失公允的判决结果，浪费司法资源。故法院应透过现象看本质，针对“假买卖，真担保”的案件，为了避免实践中混乱，应认定为民间借贷关系，更为合理。

编写人：福建省莆田市涵江区人民法院　卓益林

73

合伙解散时以合同形式进行清算的法律关系识别

——韦某谈等诉韦某见等买卖合同案

【案件基本信息】

1. 裁判书字号

广西壮族自治区南宁市良庆区人民法院（2017）桂0108民初100号民事裁定书

2. 案由：买卖合同纠纷

3. 当事人

原告：韦某谈、韦某增、何某英、何某福、程某华

被告：韦某见、韦某票、梁某锋

【基本案情】

2014年6月13日，高峰林场作为甲方、程某华作为乙方，双方签订一份《林木销售合同》，就相关事项约定如下：根据2014年6月10日公开竞价结果，由乙方采伐销售标的范围内的林木，采伐地点为马山县白山镇新汉村伏汉屯、巴利屯；合同价款为4467154元；合同履约保证金为26.8万元，待合同履行完毕，经甲方确认乙方无违约行为后退还给乙方（不计利息），如乙方违约，合同履约保证金不退；乙方分两期支付前述款项，第一期于2014年6月13日前支付货款268万元及合同履约保证金26.8万元，第二期于2014年6月30日前支付余款1787154元；标的范围内的木材生产采伐须于2014年12月20日前完成，调运须于2014年12月30日前完成；木材及柴火采伐人工费755460元（其中生产用油24482.5升计190963.5元）等费用，合同有效期间内，乙方凭合法票据在该费用额度内实报实销据实结算，乙方所开具的票据涉及的税费由乙方承担；可能存在的风险包括但不限于权属纠纷、村民以各种理由（如农村道路、水利设施、农田、农作物赔偿赞助

等）索要赔偿（补偿）阻挠林木采伐运输等，由该风险产生的一切后果和费用由乙方承担。该《林木销售合同》还就其他事项进行了约定。

2015年3月1日，韦某谈、韦某增、何某英、何某福、程某华（以下简称韦某谈等5人）作为授权方（甲方），韦某见、韦某票、梁某锋（以下简称韦某见等3人）作为接权方（乙方），双方签订一份《活林木授权采伐合同》，就相关事项约定如下：甲方将其承包的高峰林场马山县白山镇新汉村伏汉屯、巴利屯林木采伐权授予乙方采伐；合同价款为294.8万元，未包含地税、国税的费用（此费用由乙方自付）；乙方分两期支付前述款项，第一期于签订合同完毕按投资本金支付140万元，第二期于进场开工之日起第50天（含进场当天）一次性支付余款160万元；除设计费和育林基金等按林木所在地林业局规定应收的款项费用由甲方承担外，其他费用由乙方承担；可能存在的风险包括但不限于权属纠纷、村民以各种理由（如农村道路、水利设施、农田、农作物赔偿赞助等）索要赔偿（补偿）阻挠林木采伐运输等，由该风险产生的一切后果和费用由乙方承担。该《活林木授权采伐合同》还就其他事项进行了约定。

诉讼过程中，韦某谈等5人主张其与韦某见等3人原系合伙关系，后因内部有分歧，韦某谈等5人欲退出合伙，故与韦某见等3人签订案涉《活林木授权采伐合同》。韦某谈等5人主张案涉《活林木授权采伐合同》中约定的合同价款为294.8万元，第一期款项140万元实为韦某见等3人当初的投资款及当时的收益对价，该款项没有实际支付，第二期款项160万元实为韦某谈等5人当初的投资款及当时的收益对价，因案涉林木由韦某见等3人采伐，故该款项由韦某见等3人支付给韦某谈等5人。韦某谈等5人主张向高峰林场支付的合同履约保证金26.8万元系由韦某谈等5人与韦某见等3人共同出资，高峰林场尚未退还该款项，若从160万元中扣减该款项，则该款项应归韦某谈等5人。对韦某谈等5人的前述主张，韦某见等3人予以认可。韦某见等3人主张当初8人在退伙合伙时，还签订有与案涉《活林木授权采伐合同》类似的另外两份《活林木授权采伐合同》，后因履行问题产生另外两案诉讼纠纷。对韦某见等3人的前述主张，韦某谈等5人予以认可。

【案件焦点】

1. 尚欠林木款的数额是多少，韦某见等3人应否向韦某谈等5人支付林木款；2. 韦某见等3人应否向韦某谈等5人支付利息。

【法院裁判要旨】

广西壮族自治区南宁市良庆区人民法院经审查认为：韦某谈等5人与韦某见等3人一致确认双方原系合伙关系，本案系双方退伙时签订案涉《活林木授权采伐合同》后因履行问题而引发的纠纷，故本案的基础法律关系应是合伙关系。韦某谈等5人主张本案的法律关系是买卖合同关系，与本院根据案件事实认定的法律关系存在不一致的情形，经本院释明，韦某谈等5人不变更诉讼请求。据此，韦某谈等5人的起诉不符合起诉条件，应予驳回。

广西壮族自治区南宁市良庆区人民法院依照《中华人民共和国民事诉讼法》第一百一十九条第一项、第三项，《最高人民法院关于适用〈中华人民共和国民事诉讼法〉的解释》第二百零八条第三款和《最高人民法院关于民事诉讼证据的若干规定》第三十五条之规定，裁定如下：

驳回韦某谈、韦某增、何某英、何某福、程某华的诉讼请求。

【法官后语】

随着经济社会的发展，合同形式愈加丰富，法律关系亦越发复杂。如何准确认定案件的法律关系，成为主审法官需要面对的重要课题。例如本案，韦某谈等5人与韦某见等3人原为合伙关系，合伙解散时，8人以案涉《活林木授权采伐合同》的形式进行清算，以此确定财产分割，此后因合同履行问题发生纠纷，引发诉讼。此种情形下，应按买卖合同关系，还是合伙关系审理，成为主审法官的必选难题。

法律关系的准确认定决定着案件的审理方向，是正确裁判的基础。一般情形下，认定法律关系可围绕人与事进行识别，具体可采取以下步骤进行识别：一是纠纷的参与人有哪些，各自的角色、地位如何；二是参与人之间发生了何种事情，事情的脉络是什么；三是参与人之间发生的事情出现了何种障碍，原告的诉请与发生的事情之间存在何种关联。

具体到本案，一是本案涉及的当事人有韦某谈等5人与韦某见等3人，合计8人，此8人以平等地位合作从事林木采伐、销售。二是此8人在合作从事林木采伐、销售过程中，先以程某华名义对外与高峰林场签订案涉《林木销售合同》，尔后此8人分工合作，从事林木采伐、销售。三是此8人在分工合作，从事林木采伐、销售过程中，因内部有分歧，韦某谈等5人欲退出合作，故与韦某见等3人签订案涉《活林木授权采伐合同》，后因韦某见等3人未按照案涉《活林木授权采伐合同》履行义务，致使韦某谈等5人依据案涉《活林木授权采伐合同》主张权利，希望得到退出合作后应得到的分割财产。经过上述步骤的梳理，基本可以认定本案系韦某谈等5人欲退出合作而与韦某见等3人签订案涉《活林木授权采伐合同》后，因履行问题引发的纠纷，再结合韦某谈等5人与韦某见等3人在诉讼过程中一致确认双方原系合伙关系，故本案的基础法律关系应是合伙关系。韦某谈等5人主张本案的法律关系是买卖合同关系，与本院根据案件事实认定的法律关系存在不一致，经本院释明，韦某谈等5人不变更诉讼请求。据此，韦某谈等5人的起诉不符合起诉条件，应予以驳回。

编写人：广西壮族自治区南宁市良庆区人民法院　彭情宝

74

自认规则中“书面材料”的认定

——大连升隆机械有限公司诉贵州常春机械设备有限公司买卖合同案

【案件基本信息】

1. 裁判书字号

辽宁省大连市中级人民法院于（2017）辽02民终9490号民事判决书

2. 案由：买卖合同纠纷

3. 当事人

原告（被上诉人）：大连升隆机械有限公司（以下简称升隆公司）

被告（上诉人）：贵州常春机械设备有限公司（以下简称贵州机械公司）

【基本案情】

2015年4月20日，双方签订了《大连升隆产品代理协议书》，2015年4月21日，双方又签订了《关于大连升隆产品代理协议书的补充协议》。双方约定：由升隆公司提供其生产的配件给贵州机械公司代理销售，贵州机械公司根据升隆公司供货金额预交一定的保证金，待协议终止后如数返还；交货地点为贵州机械公司仓库，运费由升隆公司承担；每个月结算一次，贵州机械公司将销售出去的货款按升隆公司发货价格（出厂价格+运费）支付给升隆公司，多余部分（差额）属于贵州机械公司；合同终止，贵州机械公司应在三日内付清欠升隆公司的货款，逾期承担日万分之五违约金。同时还约定了质量标准、包装标准、验收标准及双方权利义务等。合同签订后，升隆公司从2015年5月29日至2016年6月22日，先后共计8次给贵州机械公司发货，其中链条总成305条、组合件116组、斗尺177个、链板400块、驱动轮100个、支重轮60个。扣除有两次发货贵州机械公司支付运费外，升隆公司发货金额（出厂价+运费）共计2033913元。贵州机械公司于2015年4月1日至2016年7月3日，先后11次向升隆公司付款总计964215元，其中支付保证金30万元，支付货款664215元，2016年9月29日，双方协议解除合同。双方确认了剩余货物的规格型号及数量，其中有13条规格型号不同的链条为废品。贵州机械公司将剩余的货物全部退至升隆公司广州中心库，升隆公司进行了盘点，盘点的货物与双方确认的剩余货物基本一致。2015年9月1日，升隆公司对部分货物进行调价（降价），升隆公司在调价前向贵州机械公司发货3次，在调价后向贵州机械公司发货5次。贵州机械公司将剩余没有销售的货物已全部退还给了升隆公司，按退货规格型号、数量及调价前后的发货价格（出厂价+运费）分别计算出退货金额。经核实计算退货金额总计约为794647元，其中包括贵州机械公司退给升隆公司的13条废链条。现贵州机械公司尚欠升隆公司货款275051元（发货金额2033913元-支付保证金30万元-支付货款664215元-退货金额794647元）。

协议书第一、3条结算方式约定："每月20日为结算日，将上月累计货款支付到甲方（升隆公司）账号。"一审开庭前贵州机械公司提交5份证据：协议书、补充协议书、《大连升隆机械有限公司发往贵阳代理商发货明细》、大连升隆机械有限公司链条断裂维修费用清单、《2016年3月未发货盘点表》，但一审庭审时贵州机械公司表示"我们原来提供过证据，但今天开庭不提供"。升隆公司提交的《大连升隆机械有限公司发往贵阳代理商发货明细》列明：入库时间、调拨单号、名称、规格型号、发货数量、单重、出厂价格、运费、入库单价、发货金额共计10项内容，入库单价与发货金额均把运费计算在内。贵州机械公司提交的《大连升隆机械有限公司发往贵阳代理商发货明细》加盖了该公司公章并列明：入库时间、调拨单号、名称、规格型号、发货数量、单重、出厂价格、运费、入库单价、发货金额、备注共11项内容，入库单价与发货金额亦均把运费计算在内。

【案件焦点】

贵州机械公司应否支付运费。

【法院裁判要旨】

辽宁省瓦房店市人民法院经审理认为：协议书和补充协议是双方当事人的真实意思表示，依法成立并生效。当事人应按约享有权利、履行义务。贵州机械公司向升隆公司支付货款金额应包括运费。升隆公司作为生产商，将其自己生产的产品以出厂价提供给贵州机械公司进行销售。贵州机械公司作为代理商，是升隆公司授权在某一地区的代表，在交付一定数量保证金后，销售由升隆公司提供的产品。待产品销售出去后，将产品出厂价支付给升隆公司，贵州机械公司赚取差价。由于本案送货上门，运费是由升隆公司承担并支付的，故出厂价应包括运费。贵州机械公司向升隆公司支付货款金额实际是两部分：出厂价和运费，运费如果是贵州机械公司支付的应予扣除。因此，贵州机械公司主张应在欠升隆公司货款中扣除运费没有事实依据。现贵州机械公司尚欠升隆公司货款275051元，此款应支付给升隆公司。升隆公司主张违约金的计算方法错误。双方协商解除合同后，贵州机械公司应在三日内付清欠升隆公司货款，逾期承担日万分之五违约金。双方合同解除时间是2016年9月29日，故自2016年10月2日开始，按日万分之五计算。综上，依照《中华人民共和国合同法》第四十四条第一款、第六十条一款、第九十三条第一款、第九十七条、第九十八条、第一百零七条、第一百三十条之规定，判决如下：

一、贵州机械公司于本判决发生法律效力后十日内给付升隆公司货款275051元；

二、贵州机械公司给付升隆公司货款275051元的违约金（自2016年10月2日起至本判决确定给付之日止，按日万分之五计算）；

三、驳回升隆公司的其他诉讼请求。

被告贵州机械公司不服一审判决，提出上诉。

辽宁省大连市中级人民法院经审理认为：当事人均表示对“包括运费在内的货款数额为2033913元没有异议”，争议的焦点为应否从2033913元中扣除运费计算欠付款，实质是贵州机械公司应否支付运费。

经审理查明如下基础事实：1. 协议书第三条约定：运费由贵州机械公司承担；2. 补充协议第二条约定：运费变更为由升隆公司承担，每吨 800 元；3. 一审时，升隆公司提交的《大连升隆机械有限公司发往贵阳代理商发货明细》列明：入库时间、调拨单号、名称、规格型号、发货数量、单重、出厂价格、运费、入库单价、发货金额共 10 项内容，入库单价与发货金额均把运费计算在内。一审审理过程中贵州机械公司提交的《大连升隆机械有限公司发往贵阳代理商发货明细》（加盖了贵州机械公司公章）列明：入库时间、调拨单号、名称、规格型号、发货数量、单重、出厂价格、运费、入库单价、发货金额、备注共 11 项内容，入库单价与发货金额亦均把运费计算在内。依照协议书的约定：运费应当由贵州机械公司承担；依照补充协议的约定：运费变更为由升隆公司承担；依照双方提交的《大连升隆机械有限公司发往贵阳代理商发货明细》，应当认定双方在实践中均认可应支付的发货金额包括运费。

依据上述事实，对“贵州机械公司应否支付运费”作出判断涉及两个问题：

第一，贵州机械公司提交的《大连升隆机械有限公司发往贵阳代理商发货明细》应否采信。贵州机械公司在一审开庭前提交《大连升隆机械有限公司发往贵阳代理商发货明细》，在庭审时，该公司表示不再作为证据提交，该证据未经法院组织举证和质证。依据《最高人民法院关于适用〈中华人民共和国民事诉讼法〉的解释》第九十二条“一方当事人在法庭审理中，或者在起诉状、答辩状、代理词等书面材料中，对于己不利的事实明确表示承认的，另一方当事人无需举证证明”之规定，贵州机械公司提交的《大连升隆机械有限公司发往贵阳代理商发货明细》虽未经举、质证，但仍应推定贵州机械公司认可其真实性，该明细属于《最高人民法院关于适用〈中华人民共和国民事诉讼法〉的解释》第九十二条规定中“书面材料”的范围，明细中列明的发货金额包含运费，对贵州机械公司不利，双方争议的发货金额包括运费，升隆公司无须再举证证明。

第二，“补充协议第二条约定：运费变更为由升隆公司承担”应如何解释。协议书及《大连升隆机械有限公司发往贵阳代理商发货明细》有关运费承担的表述与补充协议第二条的约定相冲突，应如何作出解释。依照《中华人民共和国合同法》第一百二十五条第一款的规定：“当事人对合同条款的理解有争议的，应当按照合同所使用的词句、合同的有关条款，合同的目的、交易习惯以及诚实信用原则，确定该条款的真实意思”，本案中，对补充协议第二条不能孤立地进行理解，应以协议书为基础，并结合履行过程中的其他证据确认该条款的真实意思。协议书第一、3条结算方式约定：“每月20日为结算日，将上月累计货款支付到甲方（升隆公司）账号”，协议书第三条约定：“运费由贵州机械公司承担”，依照双方提交的《大连升隆机械有限公司发往贵阳代理商发货明细》，应认定双方在实践中均认可应支付的发货金额包括运费，综合考虑以上因素，关于补充协议第二条“运费更改为由升隆公司承担”的真实意思应为：运费改由升隆公司先行支付，贵州机械公司应支付的发货金额包含运费。运费的最后承担者应是贵州机械公司，贵州机械公司上诉主张“应当将运费每吨800元从2033913元中扣除计算欠付货款”，与事实不符，不予支持。

辽宁省大连市中级人民法院依照《中华人民共和国民事诉讼法》第一百七十条第一款第一项之规定，判决如下：

驳回上诉，维持原判。

【法官后语】

一、关于民事诉讼中自认的内涵及外延

诉讼中的自认是指当事人就对方当事人的主张的不利于己的事实，于诉讼上陈述其为真实，或称当事人一方所主张的事实，对他方当事人不利，而他方当事人在诉讼上作出承认此项事实的陈述，简言之，自认是对于己不利的事实予以承认的声明或表示，此类声明，在诉讼中通常表现为一方当事人对另一方当事人主张的于其不利的事实予以直接、积极、明确的承认；而作为一种表示，则既可以为明示的作为，也可以是默示的不作为，既可以由当事人自己作出，也可以由经其授权的诉讼代理人作出。

根据《最高人民法院关于适用〈中华人民共和国民事诉讼法〉的解释》第九十二条的规定，诉讼中的自认不限于在法庭上或者法庭具有相似功能的场合作出的承认，在诉讼材料中承认的于己不利的事实，也具有自认的效力，该处的诉讼材料不限于起诉状、答辩状、代理词，应包含合法的其他形式的书面材料。一方当事人“先作为证据提交、后表示不再作为证据提交”的书面材料属于诉讼材料的范畴，如该证据可以证明案件的相关事实，且对提交当事人不利的，人民法院应当确认该事实，另一方当事人无须举证证明。

二、补充协议第二条的理解

依照《合同法》第一百二十五条第一款的规定，当事人对合同条款的理解有争议的，应当按照合同所使用的词句、合同的有关条款、合同的目的、交易习惯以及诚实信用原则，确定该条款的真实意思。本案中协议书与补充协议对运费承担的约定相矛盾，依据双方提交的《大连升隆机械有限公司发往贵阳代理商发货明细》均认可“应支付的发货金额包括运费”，应推定补充协议第二条“运费更改为由升隆公司承担”的真实意思应为：运费改由升隆公司先行支付，贵州机械公司应支付的发货金额包含运费。

编写人：辽宁省大连市中级人民法院　王家永

75

网络购物纠纷案件的管辖法院

——陈某微诉北京宝瑞通典当行有限责任公司、浙江淘宝网络有限公司买卖合同案

【案件基本信息】

1. 裁判书字号

海南省海口市龙华区人民法院（2016）琼0106民初10369号民事裁定书

2. 案由：买卖合同纠纷

3. 当事人

原告：陈某微

被告：北京宝瑞通典当行有限责任公司（以下简称宝瑞通公司）、浙江淘宝网络有限公司（以下简称淘宝公司）

【基本案情】

原告陈某微在淘宝网上向宝瑞通公司购买一块劳力士手表。宝瑞通公司在其淘

宝页面“拍品详情”中注明：手表品牌劳力士，九成新，成交价25300元，表带材质为18K，镶钻及宝石，并承诺所有商品均为正品，支持专柜及权威机构认证，假一赔十。在原告购买前，该公司客服告知原告该手表宝石属于原镶。但原告付款后，客服表示该手表宝石系后镶，且该手表已生产20年，机芯老化。陈某微认为宝瑞通公司构成欺诈，应向其承担十倍赔偿责任，淘宝公司作为网络交易平台，对商家有监督管理义务，应承担连带责任。宝瑞通公司提出管辖权异议，认为根据《淘宝服务协议》“因使用淘宝平台服务所产生及与淘宝平台服务有关的争议，由淘宝与您协商解决。协商不成时，任何一方均可向被告所在地人民法院提起诉讼”的约定，本案应由宝瑞通公司所在地北京市朝阳区人民法院管辖。

【案件焦点】

本案原告住所地法院是否有管辖权；网络购物纠纷如何公平确定管辖法院。

【法院裁判要旨】

海南省海口市龙华区人民法院经审理认为：淘宝网站上的《淘宝服务协议》第十条关于管辖的内容为：“因使用淘宝平台服务所产生及与淘宝平台服务有关的争议，由淘宝与您协商解决。协商不成时，任何一方均可向被告所在地人民法院提起诉讼。”根据《中华人民共和国合同法》第三十九条第二款“格式条款是当事人为了重复使用而预先拟定，并在订立合同时未与对方协商的条款”的规定，该协议管辖条款属于格式条款。在发生争议时法院需要对其中的协议管辖条款的效力进行审查，以排除不合理、不公平的协议管辖条款。《中华人民共和国合同法》第三十九条第一款规定：“采用格式条款订立合同的，提供格式条款的一方应当遵循公平原则确定当事人之间的权利和义务，并采取合理的方式提请对方注意免除或者限制其责任的条款，按照对方的要求，对该条款予以说明。”《中华人民共和国合同法》第四十条规定：“提供格式条款一方免除其责任、加重对方责任、排除对方主要权利的，该条款无效。”《中华人民共和国消费者权益保护法》第二十六条第二款、第三款规定：“经营者不得以格式条款、通知、声明、店堂告示等方式，作出排除或者限制消费者权利、减轻或者免除经营者责任、加重消费者责任等对消费者不公平、不合理的规定，不得利用格式条款并借助技术手段强制交易。格式条款、通知、声明、店堂告示等含有前款所列内容的，其内容无效。”从以上法律规定来看，提供格式条款一方加重对方责任、排除对方主要权利且没有采取合理的方式提请对方注意免除或者限制对方责任的条款无效。本案中，从《淘宝服务协议》协议管辖条款提请原告注意的情况来看，淘宝公司没有采取合理方式提请原告注意该条款。当注册人进入注册页面时，淘宝公司所提供的“同意《淘宝服务协议》”选项，已经默认为选定同意，淘宝公司并没有对注册人直接明示上述条款的具体内容。并且在该协议中，淘宝公司也没有通过合理而又明确的方式让注册人注意到该争议解决条款。本案中的协议管辖条款是夹在大量繁琐资讯中，使原告难以注意到该格式条款的具体内容，故不能认定淘宝公司已经采取了合理方式提请原告注意。从《淘宝服务协议》协议管辖条款是否加重原告的责任来看，该协议管辖条款对消费者不公平、不合理，严重不合理地加重了消费者在管辖方面的负担。对广大消费者而言，网上购物的商品往往价格不高，但其住所地或合同履行地往往与网站或网店商家所在地相隔甚远。如果根据《淘宝服务协议》中关于协议管辖的规定，可能使得网站或网店商家所在地以外的所有消费者负担大量额外的、相比购物价格明显不合理的差旅和时间花费，导致消费者的诉讼权利无法正常实现。因此，根据《中华人民共和国合同法》第三十九条、第四十条、《中华人民共和国消费者权益保护法》第二十六条的规定，《淘宝服务协议》中的协议管辖条款应为对原告无效的格式条款。根据《最高人民法院关于适用〈中华人民共和国民事诉讼法〉的解释》第三十一条“经营者使用格式条款与消费者订立管辖协议，未采取合理方式提请消费者注意，消费者主张管辖协议无效的，人民法院应予支持”的规定，原告主张协议管辖条款无效，事实依据和法律依据充分，应予以支持。

根据《中华人民共和国民事诉讼法》第二十三条“因合同纠纷提起的诉讼，由被告住所地或者合同履行地人民法院管辖”，以及《最高人民法院关于适用〈中华人民共和国民事诉讼法〉的解释》第二十条“以信息网络方式订立的买卖合同，通过信息网络交付标的的，以买受人住所地为合同履行地；通过其他方式交付标的的，收货地为合同履行地。合同对履行地有约定的，从其约定”的规定，快递单显示的收货地址在海南省海口市龙华区，原告的住所地以及合同履行地均在本院辖区，故本院对本案有管辖权。原告主张本院对本案有管辖权的事实依据和法律依据充分，应予以支持。北京宝瑞通公司根据无效的格式条款提出管辖异议的理由不能成立，应不予支持。

海南省海口市龙华区人民法院依照《中华人民共和国民事诉讼法》第二十三

条、第一百五十四条第一款第二项，最高人民法院《关于适用〈中华人民共和国民事诉讼法〉若干问题的意见》第二十条、三十一条之规定，裁定如下：

驳回宝瑞通公司对本案管辖权提出的异议。

宝瑞通公司未上诉。

【法官后语】

本案的社会意义就在于从公平的角度考虑网络购物纠纷的管辖，在否定协议管辖条款效力的基础上，确定以原告住所地法院作为管辖法院。如此处理，方体现网络购物的公平性，也更方便消费者维权，更有利于构建社会诚信体系。

本案中，《淘宝服务协议》协议管辖条款属于格式条款，该条款夹在大量繁琐资讯中，淘宝公司没有通过合理、明确的方式让消费者注意到该争议解决条款；而且该协议管辖条款严重不合理地加重了消费者在诉讼方面的负担，可能使得网站或网店商家所在地以外的所有消费者负担大量额外的、相比购物价格明显不合理《淘宝服务协议》中的协议管辖条款属于对原告无效的格式条款。本案为以信息网络方式订立买卖合同纠纷，快递单显示的收货地址在海南省海口市龙华区，原告住所地及合同履行地均在海南省海口市龙华区人民法院辖区，故海南省海口市龙华区人民法院对本案有管辖权。

"原告就被告"是传统民事案件管辖的基本原则，该原则一定程度上起到防止滥用诉权的作用。从传统的商业行为来说，该原则是公平的。但是在网络购物日渐成为主流消费方式的今天，"原告就被告"原则对消费者而言存在诸多不便，而且对网络消费者不公平。消费者在进行网络购物前需在相应网站进行注册。淘宝网等网络电商一般会在其注册页面显示"同意某某协议"的选项，并默认为消费者选定同意。此类协议中包含的争议解决的管辖条款属于格式条款。若消费者与网络电商发生争议，法院需对协议管辖条款的效力进行审查，以排除不合理、不公平的约定。对广大消费者而言，网上购物的商品往往价格不高，但其住所地或合同履行地往往与网络电商或网店商家所在地相隔甚远。若根据《淘宝服务协议》中关于协议管辖的规定，网购消费者皆应前往被告所在地法院起诉或应诉，必将耗费大量时间、差旅成本，可能导致消费者望而却步，放弃合法维权。故此类协议管辖条款应属于无效条款。

编写人：海南省高级人民法院　钟垂林

图书在版编目（CIP）数据

中国法院2019年度案例．买卖合同纠纷/国家法官学院案例开发研究中心编．—北京：中国法制出版社，2019.5

ISBN 978-7-5216-0163-3

Ⅰ．①中… Ⅱ．①国… Ⅲ．①买卖合同-合同纠纷-案例-汇编-中国 Ⅳ．①D920.5

中国版本图书馆CIP数据核字（2019）第072799号

策划编辑：李小草（lixiaocao2008@sina.cn）
责任编辑：谢雯 张海洋　　封面设计：温培英 李宁

中国法院2019年度案例·买卖合同纠纷
ZHONGGUO FAYUAN 2019 NIANDU ANLI · MAIMAI HETONG JIUFEN

编者/国家法官学院案例开发研究中心
经销/新华书店
印刷/三河市紫恒印装有限公司
开本/730毫米×1030毫米 16开　　印张/19 字数/249千
版次/2019年5月第1版　　2019年5月第1次印刷

中国法制出版社出版
书号ISBN 978-7-5216-0163-3　　定价：58.00元

北京西单横二条2号
邮政编码100031　　传真：010-66031119
网址：http://www.zgfzs.com　　**编辑部电话：010-66071862**
市场营销部电话：010-66033393　　**邮购部电话：010-66033288**

（如有印装质量问题，请与本社印务部联系调换。电话：010-66032926）